Willy Obrist

Das Unbewusste und das Bewusstsein

Bibliografische Information der Deutschen Nationalbibliothek
Die Deutsche Nationalbibliothek verzeichnet diese Publikation in der
Deutschen Nationalbibliografie; detaillierte bibliografische Daten sind
im Internet über http://dnb.d-nb.de abrufbar.

© 2013 by opus magnum, Stuttgart (www.opus-magnum.de)
ISBN: 978-3-939322-77-1

Erstausgabe unter dem Titel: „Archetypen: Natur- und Kulturwissenschaften
bestätigen C. G. Jung. Olten: Walter 1990
Durchgesehene und mit einem Nachwort ergänzte Neuauflage, Version 2.01
Grafik und Layout: Dr. Lutz Müller
Titelbild: Oben und Unten, Hell und Dunkel,Tag und Nacht, Himmel und Erde
als Symbole des Wechselspiels zwischen Bewusstem und Unbewusstem
Herstellung: Book on Demand GmbH., Norderstedt
Alle Rechte vorbehalten.

Willy Obrist

Das Unbewusste und das Bewusstsein

opus magnum

Dr. med. Willy Obrist
Jahrgang 1918, Studium der Philosophie, Geschichte und Medizin. Facharzt
für innere Krankheiten. Nach mehreren Jahren ärztlicher Praxis Ausbildung
zum Analytiker am C. G. Jung-Institut Zürich. Dort langjähriger Dozent für
tiefenpsychologische Theorie.

Seit 1970 Mitarbeiter der Stiftung für Humanwissenschaftliche Grundlagenforschung (Zürich) mit dem Forschungsschwerpunkt Evolution des
Bewusstseins / Wandel des Weltbilds. Mitbegründer der Schweizerischen
Gesellschaft für Religionswissenschaft, der Stiftung für Jungsche Psychologie (Zürich) und der Stiftung zur Förderung der Philosophie (Mönchenglad-
bach).

Der Hirnforscher Gino Gschwend schrieb in der Schweiz. Aerztezeitung
über Willy Obrist: „Dabei gelang ihm für die Evolution des Bewusstseins das,
was seinerzeit Charles Darwin für die Bioevolution gelungen ist: der metho-
disch einwandfreie Nachweis, dass sich eine solche ereignet hat."

Eine Übersicht seiner Werke bei opus magnum findet sich am Ende des
Buches.

Inhalt

Vorwort zur zweiten Auflage

Die erste Auflage dieses Buches erschien 1990 im Walter-Verlag. Der Titel *Archetypen: Natur- und Kulturwissenschaften bestätigen C. G. Jung* wurde damals vom Verlag bestimmt. Für diese zweite Auflage, zu der sich der Verlag opus magnum freundlicherweise bereit erklärt hat, habe ich den Titel *Das Unbewusste und das Bewusstsein* gewählt.

In diesem Buch sollte ja geschildert werden, was diese heute zwar allgemein verbreiteten, jedoch abstrakten Begriffe an geistigen und auch physiologischen Funktionen umfassen. Vor allem sollte auf die alles Begreifen übersteigende Leistung hingewiesen werden, die das Unbewusste in jedem Augenblick unseres Lebens vollbringt. Am ursprünglichen Text habe ich nur unbedeutende Korrekturen vorgenommen.

Da mir aber in den letzten Jahren mehr und mehr klar geworden ist, welch entscheidende Bedeutung die Entdeckung des Unbewussten für den endgültigen Durchbruch beim Wandel der abendländischen Weltsicht hatte, bin ich noch in einem Anhang auf dieses Thema eingegangen.

1. Einführung

Zu Beginn 20. Jahrhunderts wurde der Nachweis erbracht, dass der psychische Prozess zum größten Teil unbewusst verläuft, ja, dass das Ich – das „Zentrum" des Bewusstseins – vom Unbewussten her überwacht, geleitet und befruchtet wird. Diese Entdeckung hatte enorme Konsequenzen: Konsequenzen, die allerdings erst heute in ihrem vollen Ausmaß erfasst werden können. Zum einen bewirkte die Entdeckung des Unbewussten einen Paradigmenwechsel innerhalb der empirischen Psychologie, zum andern erschloss sie ein differenzierteres Verständnis von Wissenschaft, und schließlich führt sie zum entscheidenden Durchbruch in jenem Wandel des Welt- und Menschenbildes, der schon an der Schwelle zur Neuzeit begonnen hat.

Paradigmenwechsel innerhalb der empirischen Psychologie

Der Paradigmenwechsel in der Psychologie kann als Übergang von der Bewusstseinspsychologie zur Tiefenpsychologie umschrieben werden. Er vollzog sich innerhalb der empirischen Psychologie. Diese hatte nämlich im Verlauf des 19. Jahrhunderts die spekulative (philosophische und theologische) Psychologie zur Seite gedrängt. Sie stand auf dem soliden Boden empirisch erworbenen Wissens über die Lebewesen im Allgemeinen und den Menschen im Besonderen und stützte ihre theoretischen Vorstellungen – wie alle empirische Forschung – durch Beobachtungen ab.

Das Menschenbild, von dem die empirische Psychologie ausging, war allerdings das der Aufklärung. Während der Aufklärung war nämlich die Seelenvorstellung der archaischen Zeit zusammengeschrumpft auf die Vernunft: auf das, was wir heute in der Psychologie Bewusstsein nennen. So war denn die empirische Psychologie zu Beginn reine Bewusstseinspsychologie. Zwar erforschte sie vor allem Wahrnehmungsvorgänge, d. h. Vorgänge, die, wie wir heute wissen, zum größten Teil unbewusst verlaufen. Die junge empirische Psychologie fasste diese jedoch – ihrem Paradigma entsprechend – als bewusste Vorgänge auf.

Mit dem empirischen Nachweis eines unbewussten Bereichs der Psyche war das Bewusstseinsparadigma de facto überwunden. Bewusstseinspsychologie war von Tiefenpsychologie abgelöst worden, d. h. von einer Psychologie, deren Modellvorstellung Bewusstsein und Unbewusstes umfasst. Das Bewusstseinsparadigma war jedoch durch die Entdeckung des Unbewussten nur de facto überwunden, denn in der „akademischen" Psychologie wurde das Vorhandensein des Unbewussten bis in die jüngere Zeit nicht – oder wenigstens nicht in gebührendem Maße – rezipiert.

Gewöhnlich vollziehen sich Paradigmenwechsel innerhalb naturwissenschaftlicher Disziplinen – dank der diesen eigenen Sozialstruktur – innerhalb kurzer Zeit. So geschah z. B. der Übergang von der klassischen Physik zur „neuen" – ausgelöst durch die Entdeckung der Relativität von Raum und Zeit sowie durch die Entdeckung, dass die Energie bzw. Wirkung gequantelt ist – innerhalb weniger Jahrzehnte. Da ist es doch erstaunlich, dass der Übergang von der Bewusstseinspsychologie zur Tiefenpsychologie heute, mehr als ein Jahrhundert nach der Entdeckung des Unbewussten, noch kaum vollzogen ist. Im tieferen Grund hängt dies mit den erwähnten Konsequenzen zusammen, die die Entdeckung des Unbewussten hatte, vor allem mit denen für das Welt- und Menschenbild. Da geht es eben nicht um bloße Informationsvermittlung, sondern um Bewusstwerdung, und vor dieser schrecken die meisten Menschen zurück. Zwar geht es, wie Thomas Kuhn gezeigt hat, bei jedem Wechsel eines wissenschaftlichen Paradigmas um Bewusstwerdung. In unserem Fall jedoch scheinen jene seelischen Schichten berührt zu werden, die der Bewusstwerdung besonders hartnäckigen und oft auch heftigen Widerstand entgegensetzen. Weshalb dies so ist, werden wohl die späteren Ausführungen besser verstehen lassen.

Hier sei nur ein vordergründiger Anlass zur verzögerten Rezeption erwähnt. Es ist dies die Tatsache, dass die Bewusstseinspsychologie aus der Physiologie, die Tiefenpsychologie hingegen aus der Psychopathologie hervorgegangen ist. So wie die Physiologie sich mit dem normalen Funktionen des Lebendigen befasst, befasste sich die junge empirische Psychologie von Anfang an mit normalen Vorgängen des Seelenlebens. Die Entdeckung des Unbewussten geschah hingegen beim Bemühen um die Heilung seelischer Krankheiten, jener seelischen Störungen, die man seitdem – um sie von den Psychosen, den eigentlichen „Geisteskrankheiten", abzugrenzen – Neurosen nennt.

Tiefenpsychologie war somit zu Beginn medizinische Psychologie. Erst in einem zweiten Schritt ging sie daran, Modellvorstellungen der normalen unbewusst-bewussten Psyche zu erarbeiten, und erst diese Modellvorstellungen sind es, die als neues Paradigma bezeichnet werden können. Zu dieser Herkunft aus unterschiedlichen Denkbereichen kam noch, dass die Bewusstseinspsychologie seit jeher an der philosophischen Fakultät angesiedelt war, und dass man sich dort – bei der tiefen Kluft zwischen den Fakultäten – kaum darum kümmerte, was im medizinischen Bereich vor sich ging.

Humanwissenschaft und tiefenpsychologische Theorie

Erst in jüngster Zeit sind die Klüfte zwischen den Fakultäten wenigstens teilweise überbrückt worden: durch das Aufkommen interdisziplinärer humanwissenschaftlicher Forschung. Den Anstoß dazu gab das immer weiter um sich greifende Gefühl, dass wir uns in Bezug auf das Welt- und Menschenbild sowie in Bezug auf ethische Normen und Sinngebung in einer Krise befinden. Mehr und mehr Menschen wurde bewusst, dass sich in all dem ein Wandel vollzogen hat. Was sich dabei jedoch im Kern gewandelt hat, konnte vom Standpunkt einer einzelnen Disziplin nicht erfasst werden. So kamen denn einige Forscher auf die Idee, außerhalb des Universitätsbetriebs Arbeitsgemeinschaften aus Vertretern möglichst vieler Disziplinen zu bilden: interdisziplinäre, die Fakultätsgrenzen übergreifende Arbeitsgemeinschaften, die sich zum Ziel setzten, ein zeitgemäßes, erfahrungswissenschaftliches (d. h. nicht philosophisches und auch nicht theologisches) Welt- und Menschenbild zu erarbeiten.

Mit diesem Ziel wurde 1970 in Zürich die Stiftung für Humanwissenschaftliche Grundlagenforschung gegründet. Der Stifter, Marc A. Jaeger, erklärte nun in seinem Arbeitsprogramm, zur Erreichung dieses Zieles sei es unerlässlich, die Ergebnisse der Tiefenpsychologie in die Betrachtung zu integrieren. Als ich zur Mitarbeit in dieser Stiftung eingeladen wurde, wurde mir bald klar, dass es hierzu vorerst einmal nötig sei, die tiefenpsychologische Theorie aufzuarbeiten. Mir war nämlich schon seit einiger Zeit bewusst geworden, dass die wissenschaftliche Tiefenpsychologie zwei unterschiedliche Forschungszweige umfasst: einen theoretischen und einen hermeneutischen. Bei der theoretischen Tiefenpsychologie geht es darum, aufgrund von Beobachtungen Modellvorstellungen der unbewusst-bewussten Psyche zu erarbeiten.

Ziel der hermeneutischen Tiefenpsychologie hingegen ist es, die Bildersprache des Unbewussten zu erforschen: den Bedeutungsgehalt der Bilder und Geschehensabläufe zu entschlüsseln, mittels deren das Unbewusste die Botschaften codiert, die es in Träumen, Visionen und Wachfantasien ins Bewusstsein sendet. Aufarbeiten musste man zu Beginn der Siebzigerjahre die tiefenpsychologische Theorie deshalb, weil sich bis dahin – wegen seiner Bedeutung für die Praxis – vor allem der hermeneutische Zweig entfaltet hatte, der theoretische hingegen vernachlässigt worden war.

Allerdings war ein voll ausgereiftes Modell vorhanden: jenes Modell, das als neues Paradigma bezeichnet werden kann. Zwischen 1900 und 1920 war es – in zwei Etappen – entwickelt worden. Die erste Etappe ist mit dem

Namen Freud verbunden, die zweite mit dem Namen Jung.Freud verstand das Unbewusste noch als etwas, das im Verlauf eines individuellen Lebens durch Verdrängen und Vergessen zustande kommt und das – durch Bildung gefühlsgeladener Komplexe – Störungen des Bewusstseins verursacht. Seit 1910 entwickelte Jung – aufgrund einer neuartigen Methode – ein umfassenderes Modell. Neben dem von Freud nachgewiesenen Bereich des Unbewussten, den er als persönliches (d. h. im Verlauf eines persönlichen Lebens zustande gekommenes) Unbewusstes bezeichnete, wies er das Vorhandensein eines „überpersönlichen" bzw. „kollektiven" Unbewussten nach. Mit diesen Ausdrücken meinte Jung – in heutiger Sprache ausgedrückt – ein phylogenetisch erworbenes Unbewusstes: das Gesamt der „angeborenen" Erkenntnis-, Verhaltens- und Entwicklungsmuster (siehe Abb. 1).

Krönung des jungschen Modells war der Nachweis, dass die gesamte Psyche im Unbewussten zentriert ist: dass das ganzheitliche Funktionieren der Psyche, einschließlich des Bewusstseins, letztlich vom Unbewussten her geregelt wird. Das im Unbewussten gelegene, spontanaktive Ganzheitszentrum bezeichnete Jung, um es vom Ich, dem Zentrum des Bewusstseins zu unterschieden, als Selbst. Erst mit diesem Modell von Jung war das neue Paradigma der Psychologie ausgereift. (Freud hat zwar später sein Modell noch etwas modifiziert, unter anderem durch Einführung des Es und des Überich, doch verblieb er innerhalb seines personalistischen Modells befangen.)

Nachdem Jung den paradigmatischen Durchbruch in der Theorie geschafft hatte, wandte er sich für den Rest seines Lebens fast ausschließlich der hermeneutischen Arbeit zu. Erstens entsprach dies wohl mehr seiner persönlichen Neigung. Zweitens aber ist zu bedenken, dass ihm auch beim Knacken des Bildercodes des Unbewussten der entscheidende Durchbruch gelungen war.

Seine theoretischen Vorstellungen hat Jung nie systematisch dargestellt. Dazu kommt, dass er die Gewohnheit hatte, Dinge mehr anzudeuten, als klar zu benennen. Entwickelt hatte er seine Theorie anhand von Fallbeispielen, und zwar Schritt für Schritt. Einige Male setzte er allerdings zu systematischer Darstellung an, doch ist er jeweils bald wieder zu hermeneutischen Erörterungen abgeschweift. Theoretische Bemerkungen flossen Jung sozusagen unter der Hand in die hermeneutischen Arbeiten ein. Sie sind über sein ganzes Werk verstreut.

Da die Schüler Jungs fast nur hermeneutisch arbeiteten, begnügten sie sich zur Darstellung der theoretischen Seite mit dem Zitieren einzelner, aus dem Zusammenhang gerissener Sätze des Meisters, was häufig zu Unklarheiten und Missverständnissen führte. Für interdisziplinäre Arbeit war dieses Vor-

Positivistisch
Psyche =
Bewusstsein

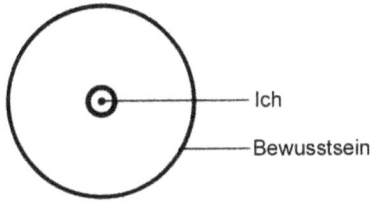

— Ich

— Bewusstsein

Freud
(früh)

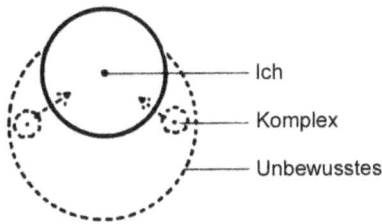

— Ich

— Komplex

— Unbewusstes

Jung

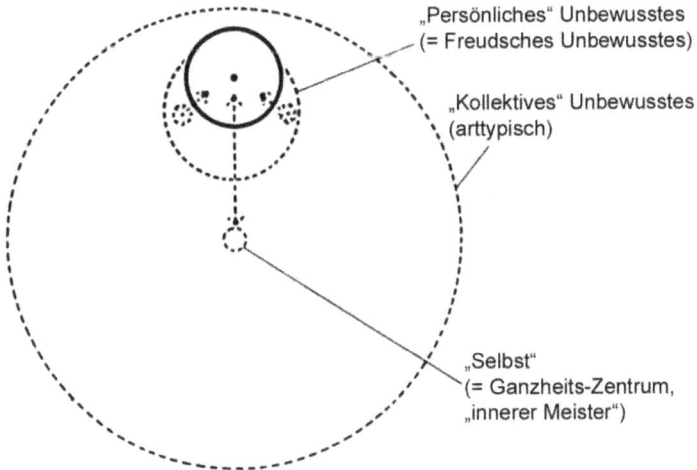

„Persönliches" Unbewusstes
(= Freudsches Unbewusstes)

„Kollektives" Unbewusstes
(arttypisch)

„Selbst"
(= Ganzheits-Zentrum,
„innerer Meister")

Abb. 1: Modellvorstellungen der Psyche © Willy Obrist

15

gehen nicht mehr brauchbar. Nun wurde es dringend notwendig, die theoretischen Vorstellungen Jungs klar und prägnant herauszuarbeiten und sie zudem in einer Sprache zu formulieren, die von heutigen Naturwissenschaftlern verstanden wird. Dazu war es nötig, alle theoretischen Bemerkungen Jungs zusammenzustellen, sich über deren genaue Bedeutung im jeweiligen Kontext Rechenschaft zu geben und sie miteinander in Beziehung zu setzen. Bei dieser Aufarbeitung erst zeigte sich die geniale Einfachheit und Klarheit des jungschen Modells.

Im Verlauf von zwei Jahrzehnten interdisziplinärer Arbeit, während denen ich mich vor allem mit der Evolution des Bewusstseins befasste, zeigte sich mir immer deutlicher, dass nun die Vorstellungen der Biologen und der Tiefenpsychologen konvergieren. Das hätte früher niemand erwartet. Um 1920, als Jung sein Modell vollendet hatte, war die Biologie noch durch und durch mechanistisch. Die Vorstellung unbewusster geistiger Vorgänge passte damals nicht ins Bild der Natur. Man war noch überzeugt, auch der menschliche Geist lasse sich schließlich auf physikalisch-chemische Vorgänge zurückführen. Wenn damals Tiefenpsychologen vom Unbewussten sprachen, bezeichneten Biologen dies als mystisch, was im Jargon so viel wie unwissenschaftlich bedeutete. Dazu kam, dass das neue Menschenbild, das mit der Modellvorstellung der unbewusst-bewussten Psyche unabdingbar gekoppelt ist, den damals noch etablierten Menschenbildern widersprach: sowohl dem unter Materialisten gültigen Ich-zentrierten Menschenbild der Aufklärung als auch dem auf ein jenseitiges Wesen zentrierten der Theologen und der „christlichen Biologen".

Seither haben beide überlieferten Menschbilder Risse bekommen, was ja schließlich der Anlass zur Bildung humanwissenschaftlicher Forschungsgruppen war. Anderseits haben die biologischen Wissenschaften mächtig nachgezogen. Nicht nur hat sich im Zuge der Entfaltung von Molekular-, Zell- und Entwicklungsbiologie, von Verhaltensforschung und Neurobiologie das Wissen über das Lebendige geradezu exponentiell vermehrt. Eine völlig neue Sicht des Lebendigen ist an die Stelle der mechanistischen getreten. Das Wissen darüber, dass auf allen Stufen des Lebendigen ständig unbewusst Information verarbeitet wird, ist unter Biologen zur Selbstverständlichkeit geworden. Bemüht man sich auch nur einigermaßen, die Ergebnisse der Einzeldisziplinen zusammenzuschauen, so sieht man, dass das Modell der im Unbewussten zentrierten unbewusst-bewussten menschlichen Psyche, das Jung in genialer Voraussicht entworfen hat, und das seinerzeit in der wissenschaftlichen Welt sozusagen in der Luft hing, seither von der biologischen Forschung Stein um

16

Stein untermauert worden ist. Biologen haben dies nicht mit Absicht getan. Es ist ihnen auch nicht daran gelegen, zu zeigen, dass ihre Forschung das tiefenpsychologische Modell bestätigt hat. Dies ist eine Aufgabe, die dem interdisziplinär arbeitenden Tiefenpsychologen überlassen bleibt.

Nachdem mir nun der Walter-Verlag den Auftrag erteilt hat, die tiefenpsychologische Theorie wissenschaftlich aufzuarbeiten und dies in einem allgemein verständlichen Buch darzustellen, sehe ich eine doppelte Aufgabe vor mir. Erstens geht es darum, den Inhalt dieser Theorie herauszuarbeiten. Es ist geradezu unglaublich, wie groß die Unwissenheit darüber ist. Dies zeigt sich z. B. darin, dass heute noch die Mehrheit derer, die sich zu den Gebildeten zählen, Tiefenpsychologie mit Psychoanalyse, d. h. mit der längst überholten Theorie von Freud, gleichsetzt. Fragt man dann nach, was sie darunter verstehen, bekommt man höchstens etwas über Verdrängung und Widerstand, über Es und Überich zu hören. Anlässlich des 50. Todestages von Freud zeigte sich auch, dass die Koryphäen der psychoanalytischen Schule sich vor allem um psychopathologische und psychotherapeutische Probleme kümmern, und dass sie sich sogar noch darüber streiten, ob Tiefenpsychologie eine hermeneutische oder eine empirische Wissenschaft sei.

So scheint es mir denn als Erstes wichtig zu sein, sich über die erkenntnistheoretischen Grundlagen der Tiefenpsychologie Klarheit zu verschaffen und sich Rechenschaft zu geben, wie diese sich – als Wissenschaft – unter den übrigen Wissenschaften ausnimmt: worin sie sich von den herkömmlichen Wissenschaften unterscheidet und weshalb, aber auch, was sie mit diesen gemeinsam hat. Auf diesem Fundament erst möchte ich die Theorie entwickeln. Ich möchte jedoch nicht einfach die fertige Theorie systematisch darstellen. Es scheint mir dienlicher, die Stationen des Weges nachzuzeichnen, über die Freud und Jung nacheinander – und jeder Schritt für Schritt – in das bis dahin unbekannte Gebiet eingedrungen sind. Dies soll im ersten Teil geschehen. Im zweiten Teil geht es dann darum, eine Antwort zu suchen auf die Frage: „Wie nimmt sich das, was die Pioniere der Tiefenpsychologie das Unbewusste nannten, im Licht dessen aus, was man heute über die Lebewesen weiß?"

2. Tiefenpsychologie als Erfahrungswissenschaft

Tiefenpsychologie, ein neuer Typ von Wissenschaft

Bei Diskussionen über Tiefenpsychologie begegnet man immer wieder der Meinung, Tiefenpsychologie sei keine Wissenschaft. Versucht man dann, der Sache auf den Grund zu gehen, stellt sich häufig heraus, dass dabei der Wunsch der Vater des Gedankens ist. Wenn man nämlich Tiefenpsychologie als eine Art von Philosophie hinstellt, ist man der Verpflichtung enthoben, die Konsequenzen, die sich aus der Entdeckung des Unbewussten für das Weltbild ergeben, anzuerkennen. Am offensichtlichsten ist diese Tendenz natürlich bei Theologen und theologisch geprägten Religionswissenschaftlern. Sie findet sich aber auch bei jenen Vertretern profaner Disziplinen, die zwar bei ihrer wissenschaftlichen Arbeit der Moderne verpflichtet, im Grund ihrer Seele aber noch der archaischen Weltsicht verhaftet sind: die zumindest am Sonntag oder am Sabbat noch mühelos auf archaische Weltsicht umschalten. Gegen solche Widerstände sind allerdings – das hat gerade die tiefenpsychologische Praxis ergeben – alle rationalen Argumente wirkungslos.

Drei Typen von Wissenschaft
Korrigierbar hingegen dürfte das erwähnte Vorurteil gegen die Tiefenpsychologie dann sein, wenn es nur auf Unkenntnis beruht: auf der Unkenntnis der Tatsache, dass mit der Tiefenpsychologie nicht einfach ein neuer Zweig am Baum der empirischen Wissenschaften entstanden ist, sondern ein neuer Typ empirischer Wissenschaft. Bedenken wir, dass die Natur-, Geistes- und Sozialwissenschaften zwar heute für die Wissenschaft gehalten werden, dass sie jedoch nie der einzige Typ von Wissenschaft gewesen sind. Als sie nämlich im Verlauf der Neuzeit unter vielen Geburtswehen entstanden, haben sie sich selber als damals neuartiger Typ von Wissenschaft von dem bis dahin allein gültigen Wissenschaftstyp – von der Theologie – abgesetzt.

Wollen wir somit das Neuartige an der Tiefenpsychologie erfassen, müssen wir sie mit beiden vor ihr entstandenen Typen von Wissenschaft vergleichen. Am tiefgründigsten erfassen wir deren gegenseitiges Verhältnis, wenn wir es unter dem Blickwinkel der Bewusstseinsevolution betrachten. Dann erweist es sich nämlich nicht als lineares Hintereinander im Ablauf der Zeit, sondern als dynamisches Dreiecksverhältnis. Die drei Typen von Wissenschaft erweisen sich dann als Ausdruck verschiedener Etappen eines dialektisch verlaufenen Prozesses, der alle Lebensbereiche umfasst: als Ausdruck des Übergangs von dem seit der Steinzeit gültigen archaischen Selbst- und Weltverständnis zu der Art des Weltverstehens, die man heute als neues Bewusstsein bezeichnet. Um jedoch diesen Prozess, der einem phylogenetischen Entwicklungsschritt gleichkommt, nachvollziehen zu können, müsste man sich vorerst mit dem in den Siebzigerjahren gefundenen erfahrungswissenschaftlichen Ansatz zur Erforschung der Bewusstseinsevolution vertraut machen, und dazu ist hier noch nicht der Ort.

Beschränken wir uns stattdessen hier auf den Vergleich der erkenntnistheoretischen Voraussetzungen, die den drei Typen von Wissenschaft zugrunde liegen. Natürlich unterscheiden sich die drei schon bezüglich des Objekts, auf das sich ihr Interesse richtet. Der entscheidende Unterschied liegt jedoch in deren Auffassung vom Wahrnehmbaren bzw. Erkennbaren. Das erkenntnistheoretische Fundament aller Theologien ist der Begriff „übernatürliche Offenbarung": die Vorstellung, übernatürliche Geistwesen hätten sich den Menschen mitgeteilt, sei es vom „Jenseits" her (in einer „Erscheinung", „Entrückung" oder durch „Inspiration"), sei es – wie im Falle des Christentums – durch direkte Rede während ihrer „Erdenwanderung" als „inkarniertes" Geistwesen. Nun ist es ein Grundaxiom der theologischen Erkenntnistheorie (Fundamentaltheologie), dass Offenbarung vom Menschen nicht aktiv herbeigeholt werden kann: dass sie geschieht, wann und wie es dem übernatürlichen Wesen beliebt. Der theologischen Wissenschaft bleibt nur übrig, das „offenbarte Wort Gottes" auszulegen. Theologie ist somit ihrem Wesen nach deutende (hermeneutische) Wissenschaft. Allerdings liegt ihr ein völlig anderes Verständnis von Hermeneutik zugrunde als der Tiefenpsychologie. Wir werden darauf ausführlich zurückkommen.

Die in der Neuzeit entstandenen Natur-, Geistes- und Sozialwissenschaften verstehen sich – im Unterschied zur Theologie – als empirische: als Erfahrungswissenschaften unter der stillschweigenden Voraussetzung, dass der Mensch neue Erfahrung aktiv gewinnen kann. Allerdings lassen sie nur einen eingeschränkten Erfahrungsbegriff gelten. Der archaische Mensch unterschied noch zwischen einem Sehen mit den Augen des Leibes (=Sinneserfahrung) und einem Sehen mit den Augen der Seele. Übernatürlich Offenbartes wurde nach theologischer Vorstellung mit den „Augen der Seele" wahrgenommen. Für die Wissenschaften vom neuzeitlichen Typus hingegen galt das „Sehen mit den Augen des Leibes" als einzige Möglichkeit, Information über die objektive Wirklichkeit zu gewinnen. Als empirisch erwiesen galt nach neuzeitlichem Wissenschaftsverständnis ein Faktum nur dann, wenn es mit den sinnlichen Wahrnehmungssystemen – eventuell mit instrumentell erweiterten – nachgewiesen werden konnte.

Diese Selbstbeschränkung des Wissenschaftlers war seinerzeit unbedingt notwendig. Sie allein machte es möglich, den bis dahin unbedenklich geübten, auf unkontrolliertem Fantasieren beruhenden „Gewinn von Information" zu überwinden. Hand in Hand mit dem Informationsgewinn nach neuzeitlichem Wissenschaftsverständnis wurden Natur und Geschichte Schritt für Schritt entmythisiert: wurden die überlieferten naturerklärenden und historischen Mythen – die mythischen „Theorien" über Natur und Geschichte – eliminiert. Die bewusste Beschränkung wissenschaftlichen Forschens auf das sinnlich Wahrnehmbare wird methodischer Positivismus genannt. Die empirischen Wissenschaften, die auf dem Boden dieser erkenntnistheoretischen Voraussetzung entstanden – die traditionellen Natur- und Kulturwissenschaften –, können als positivistische Wissenschaften – als empirische Wissenschaften vom positivistischen Typ – bezeichnet werden.

Unter dem Einfluss der Aufklärungsphilosophie hat sich dann der methodische Positivismus zum weltanschaulichen Positivismus (Materialismus) ausgeweitet: zur expliziten Aussage, was mit den Sinnesorganen nicht wahrgenommen werden könne, existiere nicht. Vor dem Hintergrund dieser (eingeschränkten) Weltsicht hat sich dann – vor allem in unserem Jahrhundert – die Wissenschaftstheorie entfaltet. Sie ist das, was von der einst umfassenden Naturphilosophie – der „Grundlagenphilosophie" im Unterschied zur Sokratischen bzw. Lebensphilosophie – übrig geblieben ist.

Wissenschaftstheoretiker verstehen ihre Arbeit als philosophische Reflexion über die erkenntnistheoretischen Voraussetzungen der Wissenschaft. Dabei merken sie nicht, dass sie Wissenschaft mit Wissenschaft vom positivistischen Typ gleichsetzen. So müssen denn Wissenschaftstheoretiker immer wieder „beweisen", dass Tiefenpsychologie keine empirische Wissenschaft ist.

Es zeigt sich hier wieder einmal, was sich bei der Erforschung der Bewusstseinsevolution immer wieder zeigt: der Wandel des Welt- und Menschenbildes wurde nicht durch die Philosophie bewirkt, sondern durch das Bemühen von Forschern, ihr Wissen über die Welt zu vermehren. Dabei wurden in hartem Ringen um das Objekt – und auch mit viel Selbstkritik – Methoden entwickelt, mit deren Hilfe es gelang, immer weiter hinter die Fassade des Augenscheins vorzudringen. Die Entdeckungen, die auf diese Weise gemacht wurden, haben dann de facto die Sicht der Welt verändert. Die philosophische Reflexion der Konsequenzen der Entdeckungen kam immer erst hinterher. Jeder Philosoph kann nur auf dem Boden des Wissensstands sei-

ner Zeit reflektieren. Dies setzt allerdings auch voraus, dass er diesen Wissensstand zur Kenntnis nimmt.

Sinneswahrnehmung und innere Wahrnehmung

Zum Wissensstand unserer Zeit gehört nun einmal auch das Wissen um die
Existenz eines arteigenen, phylogenetisch erworbenen Unbewussten. Postuliert wurde ein unbewusster Bereich der Psyche schon seit der Mitte des 19.
Jahrhunderts. Damals schon wurden – vor allem im angelsächsischen Raum
– Phänomene beobachtet, die sich mittels des Bewusstseinsparadigmas nicht
erklären ließen. Besonders akut wurde die Sache, als der amerikanische Expe-
rimentalpsychologe William James religiöse „Bekehrungen" untersuchte, die
sich damals in der protestantischen Erweckungsbewegung häuften. Seine
Analyse ergab, dass sich „Bekehrungen" jeweils schon lange bevor der betreffende Mensch davon irgendetwas bemerkte, in diesem vorbereiteten und dass
dann die „neue Sicht der Dinge" – als völlig überraschendes Ereignis – plötzlich in den Bewusstseinsraum einbrach. James postulierte, wie viele andere vor
und neben ihm, einen unbewussten, d. h. dem Bewusstsein nicht verfügbaren
Bereich der Psyche. Lange Zeit blieb dies jedoch ein bloßes Postulat, da man
über keine Methode verfügte, mit der man die Existenz eines Unbewussten
schlüssig nachweisen konnte.

Eine solche Methode gefunden zu haben, ist das säkulare Verdienst von
Sigmund Freud. Die hauptsächlichsten Elemente seiner Methode waren das
freie Assoziieren und die Analyse der Träume. Indem Freud den bis dahin
der wissenschaftlichen Erforschung nicht für würdig erachteten Traum ernst
nahm, tat er einen genialen Griff, der unabsehbare Folgen hatte. Eine Folge
war natürlich die, dass es nun möglich war, einen bisher unbekannten Bereich
der Wirklichkeit zu erschließen. Es ergab sich aber noch eine andere, meistens
kaum beachtete Folge. Sie ergab sich so nebenbei, ist aber in Hinblick auf
den empirischen Charakter der Tiefenpsychologie von entscheidender Bedeutung. Es wurde nämlich ersichtlich, dass Träume nicht, wie man bis dahin
aufgrund des positivistischen Menschenbildes angenommen hatte, vom Ich
gemacht werden, sondern dass das Ich sie als fertige Gebilde wahrnimmt: dass
sie dem Ich Information über den unbewussten Bereich der Psyche zuführen.
Dies war gleichbedeutend mit der Einsicht, dass Information über die objektive – nicht zum Subjekt, d. h. zum bewussten Ich, gehörende – Wirklichkeit nicht nur über die sinnlichen Wahrnehmungssysteme ins Bewusstsein
gelangt. Damit war der positivistische Empiriebegriff, auf den sich bis dahin
die Erfahrungswissenschaften ausschließlich stützten, erweitert worden.

Der neu entdeckte Informationsstrom wird heute als innere Wahrnehmung bezeichnet. In seiner vollen Bandbreite und auch in seiner vollen Bedeutung für die Entstehung und Entwicklung des Ich konnte er allerdings erst später – nach den weiterführenden Arbeiten von C. G. Jung – erkannt werden. Man versteht jetzt darunter all jene Inhalte, die in Träumen, Visionen, Wachfantasien, Intuitionen und Evidenzerlebnissen ins Bewusstsein fließen (siehe Abb. 2).

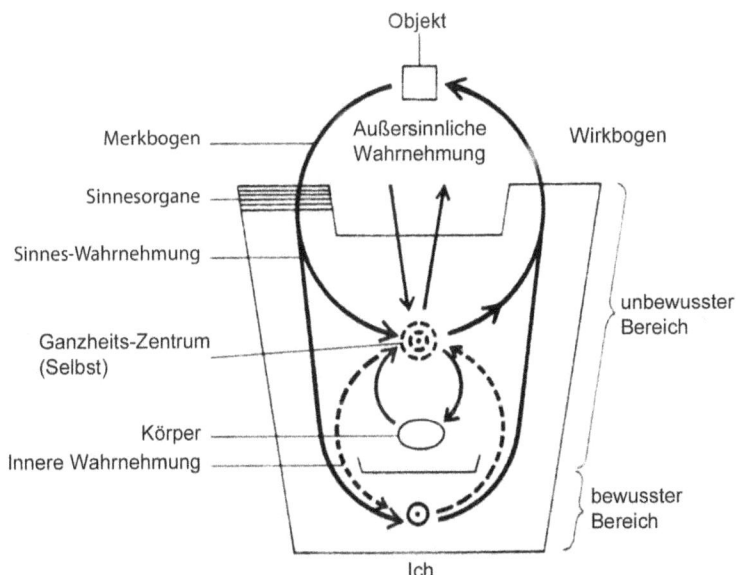

Abb. 2: Der Informationsfluss in der Psyche © Willy Obrist

Die Sinneswahrnehmung fließt zum größten Teil direkt in den unbewussten Bereich. Nur ein kleiner Teil davon erreicht das Ich und das Bewusstsein. Es ist das Selbst, das die verschiedenen ihm zufließenden Informationsströme integriert. Es sind dies die verschiedenen Qualitäten (optische, akustische usw.) der ihm von außen zufließenden Sinneswahrnehmung, ferner die Wahrnehmung aus dem eigenen Körper sowie die vom Ich her kommenden Rückmeldungen. All das wird – im Sinne kybernetischer Informationsverarbeitung – noch verglichen mit den „angeborenen Sollwerten". Als Ergebnis dieser Integrationsprozesse sendet das Selbst dann als Wirkimpulse entweder direkt in die Außenwelt oder in den Körper oder – auf dem Kanal der inneren Wahrnehmung – ins Bewusstsein bzw. zum Ich. Je nach Bewusstseinszustand – Wachsein, Schlaf oder sog. außergewöhnlicher Bewusstseinszustand – erreichen diese Botschaften das Ich in Gestalt von Impulsen, Emotionen, Fantasien, Träumen oder von Visionen. Dabei sind sie oft in einer Bildersprache kodiert. Diese zu erforschen ist Aufgabe der Tiefenpsychologie.

Die Erweiterung des Empiriebegriffs hatte aber damals erst de facto stattgefunden. Weder Freud noch Jung haben diese Tatsache bewusst erfasst. Jung
hat zwar gegenüber Positivisten immer wieder betont, er sei Empiriker. Er vermochte jedoch nie zu artikulieren, inwiefern sich seine Auffassung von Empirie von derjenigen positivistischer Wissenschaftler unterschied. Klar erkennbar
wurde dies erst in den siebziger Jahren im Zug interdisziplinär humanwissenschaftlicher Arbeit.

Erst beim Ringen um Verständigung zwischen Tiefenpsychologen, positivistischen Wissenschaftlern und Theologen wurde klar, dass diese verschiedene Typen von Wissenschaft vertreten, dass diese Typen auf unterschiedlichen erkenntnistheoretischen Voraussetzungen beruhen und dass die
Verschiedenheit der erkenntnistheoretischen Voraussetzungen mit der Evolution des Bewusstseins zusammenhängt: dass die drei Typen von Wissenschaft
Ausdruck verschiedener Entwicklungsstufen des Bewusstseins sind. Entscheidend hierfür war, dass die bis dahin als selbstverständlich vorausgesetzte philosophische Begriffsbestimmung von Bewusstsein durch eine erfahrungswissenschaftliche ersetzt werden konnte: durch eine, die sich aus der evolutionären
biologischen Kognitionsforschung ergab. Wir werden später darauf zurückkommen.

Konsequenzen der Entdeckung der inneren Wahrnehmung

Die Entdeckung der inneren Wahrnehmung hatte Konsequenzen für das
Selbstverständnis der bisherigen Wissenschafts-Typen, allerdings Konsequenzen sehr unterschiedlicher Art. Betrachten wir zuerst die für die positivistischen Wissenschaften. Für deren Methoden – die geistigen Instrumente
der traditionellen empirischen Wissenschaften – sowie für deren Selbstverständnis als Fachdisziplinen ergaben sich keine Folgen. An der Arbeitsweise
eines Physikers, eines Chemikers, eines Biologen und auch eines Historikers
hat sich dadurch nichts geändert. Folgen hatte es lediglich für die Auffassung,
unter welchen Bedingungen eine Aussage als wissenschaftlich bzw. empirisch
erwiesen anzuerkennen ist.

Es muss nun zur Kenntnis genommen werden, dass der bisherige Empiriebegriff durch die Entdeckung der inneren Wahrnehmung erweitert worden
ist: dass somit auch die Tiefenpsychologie – der Zweig der Psychologie, der
sein Augenmerk vor allem auf das richtet, was mit dem inneren Informationsstrom ins Bewusstsein fließt (siehe Abb. 2) – eine empirische Wissenschaft ist.
Für ein ersprießliches interdisziplinäres humanwissenschaftliches Gespräch ist
dies unabdingbare Voraussetzung.

Viel tiefgreifendere Folgen als für den positivistischen Wissenschaftstyp hatte die Entdeckung der inneren Wahrnehmung für den archaischen: für die Theologie. Ist das erkenntnistheoretische Fundament der positivistischen Wissenschaften durch diese Entdeckung lediglich verbreitert worden, wurde durch sie das Fundament der Theologie abgebaut, um dann – um 180 Grad gedreht – als Fundament eines anderen Wissenschaftstyps sowie eines völlig andern Weltverständnisses – wieder aufgebaut zu werden. Dies zu erkennen war allerdings nicht Sache von Tiefenpsychologen allein. Es zeigt sich hier mit besonderer Deutlichkeit, dass es zwar Sache von Fachdisziplinen ist, Forschungsmethoden zu erarbeiten und mit diesen Entdeckungen zu machen, dass Vertreter von Fachdisziplinen allein jedoch kaum je in der Lage sind, die Konsequenzen, die sich aus ihren Entdeckungen ergeben, in vollem Ausmaß zu beurteilen, besonders dann, wenn die Entdeckungen Konsequenzen für das Weltbild haben. Und um Konsequenzen für das Weltbild geht es gerade bei der Beurteilung der Folgen, die die Entdeckung der inneren Wahrnehmung für die Theologie hatte. Das erkenntnistheoretische Fundament der Theologie ist, wie erwähnt, der Begriff „übernatürliche Offenbarung". Im Rahmen der Erforschung der Bewusstseinsevolution – einer prinzipiell interdisziplinären Angelegenheit – hat sich nun ergeben, dass dieser Begriff einem für die archaische Weltsicht typischen Denkmuster entspricht.

Der Kulturvergleich in der geografischen Breite und in der Tiefe der Zeit hat nämlich gezeigt, dass allen früheren Kulturen, einschließlich der des christlichen Mittelalters, ein allgemeines Grundmuster des Selbst- und Weltverstehens zugrunde lag. Ich nenne es das archaische (siehe Abb. 3, nächste Seite).

Der archaische Mensch unterschied an der Wirklichkeit zwei Bereiche: einen sichtbaren „diesseitigen" und einen unsichtbaren „jenseitigen". Den „jenseitigen" Bereich stellte er sich von unsichtbaren Wesen bewohnt vor: einerseits von solchen, die einst Menschen gewesen sind – den „weiterlebenden Toten" (Ahnen) –, anderseits von autochthon metaphysischen Wesen, d. h. von solchen, die immer schon „jenseitig" waren. Von den „jenseitigen" Wesen nahm er an, sie seien dem Menschen überlegen. Insbesondere schrieb er ihnen drei Fähigkeiten zu: die Fähigkeit, auf das „Diesseits" einzuwirken, und zwar nicht durch natürliche Ursache-Wirkungs-Ketten, sondern durch bloßes Wollen; ferner die Fähigkeit, einen „irdischen" Leib anzunehmen, d. h. sich zu „inkarnieren"; schließlich die Fähigkeit, sich dem Menschen mitzuteilen bzw. zu offenbaren. Alles Wissen über die „jenseitige Welt" schrieb der archaische Mensch einem Offenbarungsvorgang zu.

jenseitige
Dimension
(=Berg-Geist)

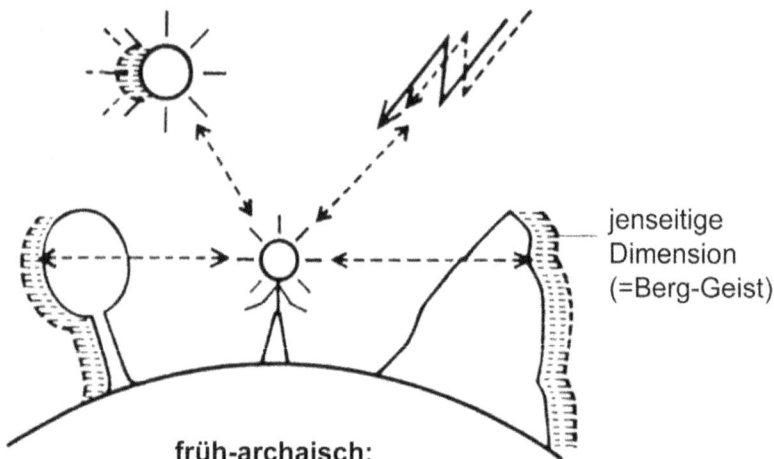

früh-archaisch:
innerlich Wahrgenommenes wird auf
sinnlich-wahrnehmbare Dinge projiziert

Übernatur

Natur

spät-archaisch:
nach dem „Hochschieben des Himmels"

Abb. 3: Archaisches Welt- und Selbstverständnis © Willy Obrist

Im Hinblick auf die Entdeckung der inneren Wahrnehmung ist nun für die Theologie die Frage von entscheidender Bedeutung, wie sich der archaische Mensch den Vorgang der „übernatürlichen Offenbarung" vorgestellt hat. Knapp zusammengefasst kann man sagen: als Empfang von Botschaften in Visionen („Erscheinungen", „Entrückungen"), in großen Träumen oder durch Inspiration. In der christlichen Fundamentaltheologie versucht man zwar gegenwärtig, diese Tatsache zu kaschieren. Um die überholte Position noch halten zu können, spricht man jetzt häufig von Geschichtsoffenbarung. Das ist deshalb möglich, weil der christliche Mythos ein historisierter – auf die Person Jesu projizierter – Mythos ist.

Es darf jedoch nicht übersehen werden, dass hinter dem Ausdruck „Geschichtsoffenbarung" nicht das Geschichtsverständnis der neuzeitlichen historischen Wissenschaften steht, sondern die archaische Vorstellung vom unmittelbaren Einwirken eines jenseitigen Wesens auf das Geschick der Menschen sowie – im Neuen Testament – die ebenfalls archaische Vorstellung von der Inkarnation eines jenseitigen Wesens. Weil – entsprechend dem christlichen Mythos – vorausgesetzt wird, Jesus sei der inkarnierte, „vor aller Ewigkeit aus dem Vater hervorgegangene Sohn Gottes" gewesen, gilt als „bewiesen", dass das, was er sagte – respektive was ihm später von den Gemeindetraditionen und den Evangelisten in den Mund gelegt wurde –, göttliche Offenbarung sei.

Ein Vertreter der historisch-kritischen Bibelwissenschaft – Willi Marxsen hat zwar nachgewiesen, dass gerade das zentrale Mythologem des christlichen Mythos – das Mythologem der Auferstehung Jesu – auf ein visionäres Erlebnis des Petrus zurückgeht, und die Erforschung der Urgeschichte des Christentums hat gezeigt, wie sich um diesen Kristallisationskern innerhalb weniger Jahrzehnte der christliche Mythos ausformte. Solche Fakten werden jedoch von Fundamentaltheologen in der Regel verdrängt, und es werden fadenscheinige Ausflüchte erdacht. So wird z. B. gesagt, bei der Auferstehungsvision des Petrus habe es sich eben um eine objektive, nicht „nur subjektive" Vision gehandelt. Nun ist die Vision einer der zentralen Forschungsgegenstände der Tiefenpsychologie. In der tiefenpsychologischen Praxis hat man es immer wieder mit Visionären zu tun und kann diese eingehend explorieren. Außerdem steht eine reiche Literatur über Visionäre zur Verfügung: sowohl Berichte über in der Vision Geschautes als auch – was besonders aufschlussreich ist – Berichte von solchen, die Visionäre beobachtet und auf die Probe gestellt haben.

Die Vision erwies sich als eine Art Traum, der im sogenannten außergewöhnlichen Bewusstseinszustand – weder im Schlaf noch im Wachsein –

empfangen wird. Sie ist ein Spontanphänomen und überfällt den Menschen im Wachsein. Die Sinneswahrnehmung wird – je nach Grad der Vision – entweder stark reduziert oder ganz ausgeschaltet. Oft befindet sich der Visionär – von außen betrachtet – in tiefem Koma. Atmung, Puls und Körpertemperatur können reduziert sein. Subjektiv aber hat der Visionär das Gefühl, er sei wach, wacher sogar als sonst. Zudem glaubt er – und das ist im Hinblick auf unser Thema das Entscheidende – ein Geschehen zu schauen, das sich außerhalb von ihm abspielt. Dieses erscheint ihm realer als alles, was er sonst gesehen hat. Er glaubt, in eine reale Landschaft zu schauen, konkrete Personen und ein reales Geschehen zu sehen.

Meistens ist eine Vision mit Audition verbunden. Die tiefenpsychologische Forschung hat nun eindeutig erwiesen, dass dieser spontane Eindruck trügt: dass es sich wie beim Traum um einen aus dem Inneren – aus dem Unbewussten – kommenden Bilderstrom handelt. Vor der Entdeckung des Unbewussten und der inneren Wahrnehmung konnte nicht erkannt werden, dass der spontane Eindruck trügt. So wurden denn auch Berichte von Visi-

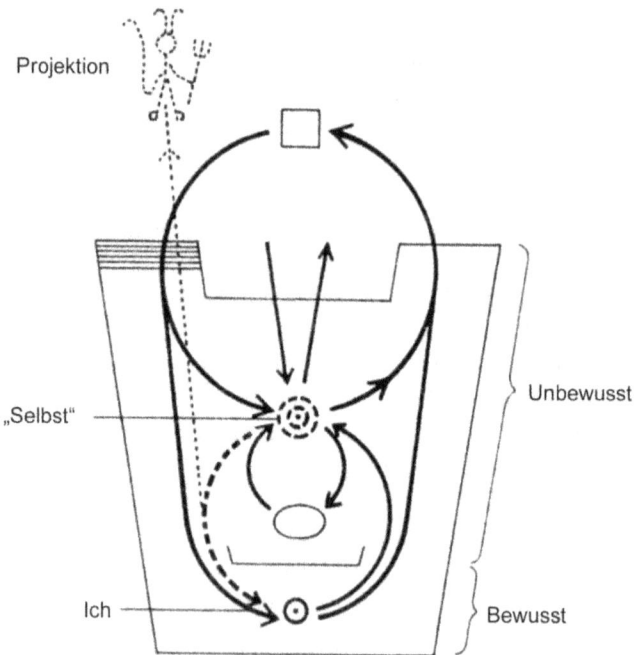

Abb. 4: Der Vorgang der Projektion © Willy Obrist

onären über das von ihnen Geschaute wörtlich verstanden. Man nennt dies konkretistisches Verständnis (konkretistische Apperzeption) des innerlich Wahrgenommenen. Die ethnologische Forschung hat ergeben, dass früher – auf niedrigeren Entwicklungsstufen des Bewusstseins – auch Träume, ja sogar Wachfantasien konkretistisch aufgefasst (apperzipiert) wurden.

Den Sachverhalt, dass etwas außen geschaut wird, das in Wirklichkeit von innen kommt, nennt man Projektion. Die Projektion ist ein in der tiefenpsychologischen Praxis universell zu beobachtendes Phänomen. Sie kommt in allen möglichen Variationen und Abstufungen vor. Sehr viele aus dem Unbewussten kommende Inhalte werden zuerst in der Projektion wahrgenommen. Ein wesentlicher Teil individueller Bewusstwerdung besteht darin, das Projizierte als etwas zu einem selbst Gehörendes zu erkennen (siehe Abb. 4).

Die tiefenpsychologische Erforschung der Vision gab uns den Schlüssel zum Verständnis der archaischen Weltsicht. Dank der Kenntnis des Projektionsvorgangs können wir nun die oft so abstrus und fremd erscheinenden Denk- und Verhaltensmuster des archaischen Menschen als in sich logisches System verstehen. Durch die Entdeckung, dass bei der Vision auch heute noch der spontane Eindruck trügt, wurde aber gleichzeitig die archaische Weltsicht überwunden.

Durch diese Entdeckung ereignete sich der entscheidende Durchbruch bei jenem Evolutionsschritt des abendländischen Bewusstseins, der zu Beginn der Neuzeit begann. Nun lässt sich auch die Funktion des methodischen Positivismus erkennen. Er schuf durch erfahrungswissenschaftliche Erforschung von Natur und Kultur jenes solide Fundament, von dem aus dann der unbewusste Bereich der Psyche nachgewiesen und der innere Bilderstrom entdeckt werden konnte. Indem dabei das konkretistische Verständnis des innerlich Wahrgenommenen auch bei der Vision durch das symbolistische abgelöst wurde, wurde die „jenseitige Welt" des archaischen Menschen ins Innere hineingeklappt.

Natürlich wurde in Tat und Wahrheit nichts hineingeklappt, das vorher außen gewesen wäre. Es wurde lediglich erkannt, dass es sich bei den Vorstellungen über eine jenseitige Welt und jenseitige Wesen immer schon um bildhafte Gestaltungen des Unbewussten gehandelt hat. Mit der Überwindung der archaischen Weltsicht wurde auch das erkenntnistheoretische Fundament der Theologie – der archaische Offenbarungsbegriff – überwunden.

Zwar stützt sich auch die Tiefenpsychologie bei ihren Untersuchungen auf „Offenbartes", denn Träume und Visionen sind Spontanphänomene, die man nicht willkürlich herbeiholen kann. Aber seit der Entdeckung des Unbewussten weiß man, dass diese „Offenbarungen" nicht vom Himmel herabkommen, sondern aus den Tiefen der Seele. Die Entdeckung des Unbewussten und die daraus resultierende Modellvorstellung der Psyche bzw. des psychischen Prozesses hatte somit auch für die Theologie einen Paradigmenwechsel zur Folge, allerdings einen, der das Ende der Theologie – als Wissenschaft vom Willen des sich offenbarenden Gottes – bewirkte. Theologische Fakultäten werden zwar, wegen des ungeheuren Beharrungsvermögens von Institutionen, weiterhin bestehen bleiben. Aber was bisher christliche Theologie war, wird in Zukunft zu Christianistik werden: zur Wissenschaft vom Christentum, d. h. zu einer religionswissenschaftlichen Disziplin analog der Judaistik, Islamistik, Hinduistik usw. Als ernst zu nehmende Gesprächspartner bei humanwissenschaftlichen Gesprächen werden aber nur noch Theologen infrage kommen, die diesen Schritt vollzogen haben. Theologen, die noch dem archaischen Weltbild verhaftet sind, werden – bezüglich ihrer Denkschemata – nun zum Gegenstand ethnologischer Forschung werden, ebenso wie dies bisher Eskimos, Buschmänner, Papuas usw. gewesen sind.

Tiefenpsychologie: eine Natur- und Kulturwissenschaft

Wenden wir uns nun der Wissenschaft neuartigen Typs zu, die aus der Entdeckung der inneren Wahrnehmung bzw. des Unbewussten hervorging: der Tiefenpsychologie. Inwiefern deckt sie sich mit den bisher bekannten Wissenschaften, inwiefern unterscheidet sie sich von diesen? Unter den positivistischen Wissenschaften sind es die medizinischen und die Sprachwissenschaften, mit denen die Tiefenpsychologie eine gewisse Ähnlichkeit hat. Wie die medizinischen Wissenschaften ging auch die Tiefenpsychologie aus dem Bemühen um die Heilung krankhafter Zustände hervor. Ebenso wie die Medizin bemühte sie sich um eine erfahrungswissenschaftlich fundierte – nicht nur mythische – Erfassung sowohl des kranken wie des gesunden Zustandes. Was in den medizinischen Wissenschaften die pathologische Anatomie und Physiologie sind, ist in der Tiefenpsychologie die Neurosenlehre. Der normalen Anatomie, Physiologie und allgemeinen Biologie hingegen entspricht die theoretische Tiefenpsychologie. Ebenso wie in der Medizin sind auch in der Tiefenpsychologie die von der Wissenschaft erarbeiteten Einsichten über das normale und krankhafte Geschehen wegweisend für den angewandten Zweig: für Psychotherapie und Psychagogik.

Die theoretische Tiefenpsychologie erarbeitet, wie erwähnt, Modellvorstellungen der unbewusst-bewußten Psyche, über den Informationsfluss zwischen Psyche und Außenwelt sowie zwischen Unbewusstem und Bewusstsein, über Selbstregulation der Psyche, über Projektionsvorgänge usw. Ihre Modell-vorstellungen erarbeitet sie – wie alle Erfahrungswissenschaften – aufgrund von Beobachtungen. Das „Feld", auf dem die Wechselwirkung zwischen Bewusstsein und Unbewusstem unter geradezu optimalen Bedingungen beobachtet werden kann, ist die analytische Sprechstunde. Die Phänomene, die hier beobachtet werden, sind zwar Spontanphänomene. Sie können nicht – oder doch nur in sehr beschränktem Ausmaß – experimentell hervorgerufen werden. Man ist hier – ebenso wie in der Astronomie – aufs Beobachten allein angewiesen. Aber die in der „analytischen Situation" gemachten Beobachtungen über das Funktionieren der Psyche können von anderen Analytikern – bei anderen Analysanden – nachvollzogen und nachgeprüft werden. – Eine weitere Aufgabe der theoretischen Tiefenpsychologie besteht darin, ihre Vorstellungen über den psychischen Prozess in die von den Biowissenschaften erarbeiteten Vorstellungen von Struktur und Funktion des Lebewesens „Mensch" – insbesondere auch über dessen kognitive Fähigkeiten – einzuordnen. Mit ihrem theoretischen Zweig ist die Tiefenpsychologie somit den Naturwissenschaften zuzurechnen.

Nun ging aber die Entdeckung und Erforschung des Unbewussten über die Analyse von Träumen, Visionen und Wachfantasien vor sich. Indem es C. G. Jung gelang, den Bildercode, in dem die Botschaften des Unbewussten chiffriert sind, zu entschlüsseln, erweiterte er die Möglichkeiten des Forschens auf dem hermeneutischen Zweig der Tiefenpsychologie: auf jenem Zweig, der sich der Erforschung der Sprache des Unbewussten widmet. Die Methode, die dabei angewendet wird, ähnelt der der vergleichenden Sprachforschung. Ist somit die Tiefenpsychologie mit ihrem theoretischen Zweig den Naturwissenschaften zuzurechnen, gehört sie mit ihrem hermeneutischen Zweig zu den Geisteswissenschaften. Dieser Doppelaspekt der Tiefenpsychologie ergibt sich aus ihrer Blickrichtung. Indem sie ihr Augenmerk auf die Wechselwirkung zwischen Unbewusstem und Bewusstsein richtet, blickt sie gerade auf jene Übergangszone, in der der Mensch sowohl als Natur- als auch als Kulturwesen in Erscheinung tritt.

Tiefenpsychologie: eine existenzielle Wissenschaft
Nicht nur mit den beiden Zweigen des positivistischen Wissenschaftstypus berührt sich die Tiefenpsychologie. Auch mit der Theologie hat sie etwas Grundlegendes gemeinsam: etwas, das den positivistischen Wissenschaften ganz und gar nicht eignet. Die Tiefenpsychologie kann nämlich, ebenso wie die Theologie, als existenzielle Wissenschaft bezeichnet werden. Daraus erge-

ben sich Konsequenzen für die Art des Forschens, für die Ausbildung des Forschers sowie für die Stellung der Tiefenpsychologie im heutigen Universitätsbetrieb.

Versuchen wir zuerst zu umschreiben, was mit dem etwas ungewöhnlichen Ausdruck „existenzielle Wissenschaft" gemeint ist. Beginnen wir mit der Unterscheidung zwischen objektivierender und existenzieller Einstellung. Aufgrund seiner psychischen Struktur kann und muss der Mensch alternierend zwei grundverschiedene Haltungen einnehmen, will er das Leben bewältigen. Einerseits muss er fragen, wie die „Dinge, die die Welt ausmachen", strukturiert sind und funktionieren. Diese Einstellung nenne ich die objektivierende. Bei existenzieller Einstellung hingegen geht es darum, richtig – im Sinne ethisch richtigen Handelns – zu leben. Bei objektivierender Einstellung fragt der Mensch somit nach dem Wahren, bei existenzieller hingegen nach dem Richtigen.

Nun ist es eine der grundlegenden Einsichten der Tiefenpsychologie, dass der Mensch bei der Frage nach dem individuell Richtigen – bei der Frage nach dem für ihn richtigen Tun in seiner konkreten Situation – dann, wenn er sich der menschlichen Natur gemäß verhält, die innere Wahrnehmung mit berücksichtigen muss: dass die individuell richtigen (schwerwiegenden) Entscheidungen nicht vom Ich allein gefällt werden können, wie man bei positivistischer Weltsicht glaubte, sondern dass sie sich durch Optimierung der Intentionen des Ich mit denen des Selbst ergeben (vgl. insbesondere ab Kapitel Selbstregulation, S. 122 ff.).

Beim Evolutionsschritt vom tierischen Primaten zum Menschen, d. h. mit dem In-die-Welt-Treten von Bewusstsein bzw. eines Ich, ging nämlich die problemlose, situationsgerechte, unbewusste Integration der divergierenden Instinktmotivationen verloren. Zwar gewann der Mensch mit der Fähigkeit zu Bewusstheit die Fähigkeit, die Frage nach dem Wahren zu stellen und beim Suchen nach einer Antwort auf diese Frage immer weiter hinter die Fassade des bloßen Augenscheins vorzudringen. Diesen Gewinn an Erkenntnisfähigkeit musste er jedoch mit dem Verlust des unbewusst geregelten Verhaltens bezahlen. Es wurde ihm der Zwang zu ethischem Handeln auferlegt: der Zwang, nunmehr in einem mühsamen Optimierungsprozess sich ständig um das richtige Handeln zu bemühen.

Das Ich ist spontanaktiv. Für die Beantwortung der Frage nach dem Wahren sind ihm – abgesehen von der beschränkten Leistungsfähigkeit des menschlichen Erkennens – keine Schranken gesetzt. Bei der Beantwortung der Frage nach dem Richtigen hingegen setzte die Natur der expansiven Tendenz des Ich – in Form der arttyptischen Strukturen – ziemlich enge Schranken. Aus diesem Grund wird das Ich vom Unbewussten her oft korrigiert. Da das arttypische Programm psychischer Entwicklung im Unbewussten gespeichert ist, wird das Ich zudem noch fortlaufend zu Veränderung veranlasst. Damit stoßen wir auf einen kategorialen Unterschied zwischen Sinneswahrnehmung und innerer Wahrnehmung: einen Unterschied, der sich ganz entscheidend auf den Charakter einer Wissenschaft auswirkt, je nachdem sie sich mit sinnlich oder mit innerlich Wahrgenommenem befasst.

Worin nun besteht dieser Unterschied? Einer wurde schon erwähnt: Sinneswahrnehmung kann vom Ich aktiv angestrebt werden, innere hingegen nicht. Für den positivistischen Forscher wirkt sich dies dahin gehend aus, dass er in freier Entscheidung bestimmt, was er untersuchen will, d. h., mit welchen speziellen Methoden er aktiv hinter die Fassade des Augenscheins vordringen will. Innere Wahrnehmung geschieht, und zwar wann und in welcher Form es dem Unbewussten beliebt, wobei das Unbewusste zum Teil das arteigene Entwicklungsprogramm für das Ich in Gang bringt, zum anderen auf Fehleinstellungen des Ich reagiert. Der tiefenpsychologische Forscher ist deshalb, wie erwähnt, auf reine Beobachtung angewiesen. Er muss daneben stehen und zuschauen, was da vor sich geht.

Ein weiterer – der in Hinblick auf den existenziellen Charakter der Tiefenpsychologie entscheidende – Unterschied besteht darin, dass Sinneswahrnehmung das Ich unverändert lässt, innere Wahrnehmung hingegen ihrer Natur nach das Ich wandelt. Die innere Wahrnehmung vermittelt dem Ich eben nicht neutrale Information wie die Sinneswahrnehmung, sondern – in der Sprache der Kybernetik ausgedrückt – Wirkimpulse. Das Wirkende an ihr kann unter zwei Aspekten gesehen werden. Erstens unter dem semantischen, denn sie vermittelt dem Ich korrigierende, sinn- und zielgebende sowie „erleuchtende" Botschaften, die das Ich befolgen sollte. Zweitens aber wirkt sie auch unmittelbar wandelnd auf das Ich. Wegen ihres Wirkcharakters ist innere Wahrnehmung von Erleben begleitet.

Aus diesem Grund spricht man denn auch besser von innerer Erfahrung wobei Erfahrung in dem Sinne gemeint ist, in dem man früher von religiöser Erfahrung sprach. Es ist die Erfahrung der aus dem Unbewussten auf das Ich einwirkenden „Mächte", der integrierenden wie der desintegrierenden. Tritt bei der inneren Erfahrung das Selbst, die zentrale Integrationsinstanz, selber in Aktion – sei es bildlich erschaubar in Traum oder Vision, sei es als bildlose Erfahrung –, wird das Erleben numinos. Dann findet das statt, was bei archaischem Weltverständnis als Gotteserlebnis bezeichnet wurde.

Derartiges Erleben ist meistens ambivalent. Einerseits wird das Vorhandensein von etwas Übermächtigem, dem unbedingter Gehorsam zu schulden ist, erlebt, was erschreckt und erschüttert; andererseits führt dies zum Gefühl des Aufgehobenseins in etwas Größerem. Auf jeden Fall ist ein Ich nach intensivem innerem Erleben nicht mehr das gleiche wie vorher. Ein numinoses Erlebnis kann auf einen Schlag die für die psychische Ganzheit entscheidende Wandlung herbeiführen. Meistens geht die Wandlung Schritt für Schritt, vom Ich kaum bemerkt, vor sich. Der Paukenschlag eines numinosen Erlebnisses ereignet sich vor allem dann, wenn das Ich „verhärtet" ist und die leisen Regungen des Selbst nicht wahrnimmt (z. B. Bekehrungserlebnis). Weil Sinneswahrnehmung das Ich nicht verändert, konnte für die positivistischen Wissenschaften das Objektivitätspostulat mit voller Härte durchgezogen werden. In diesem Punkt ist zwar durch das Aufkommen der Hochenergiephysik eine gewisse Verunsicherung eingetreten. Da man dort die Komponenten des Atoms nur dadurch „sichtbar" machen kann, dass man eine Unmenge von Energie in den Beschleuniger hineinpumpt, diese Komponenten aber selber „nur" aus Energie bestehen, verändert man dort beim Beobachten notwendigerweise das Objekt.

Unterdessen hat man, da es stabile Elementarteilchen gibt, die Sache wieder in den Griff bekommen. Manche haben indessen diesen für die Hochenergiephysik charakteristischen Sachverhalt auf die Beobachtung der gesamten Wirklichkeit extrapoliert. Sie haben behauptet, durch jede Beobachtung – selbst durch bloßes Anschauen – werde das Objekt verändert, die Unterscheidung zwischen Subjekt und Objekt sei durch die neue Physik überwunden worden.

Das scheint mir ein Missverständnis zu sein. Im Grunde genommen wurde durch die Hochenergiephysik nur die Einsicht Kants bestätigt, dass es dem Menschen nicht möglich ist, das „Ding an sich" zu erkennen: dass unsere Erkenntnis weit außen an Grenzen stößt. An der Gültigkeit des Objektivitätspostulats wurde dadurch nichts geändert. Dieses besagt nämlich nur, der Forscher solle bei seiner Arbeit alles nur Subjektive, d. h. seine eigenen Vorurteile, ausschalten. Gültigkeit hat das Objektivitätspostulat für alle Wissenschaften, gleichgültig, ob diese sich mit sinnlicher oder mit innerer Wahrnehmung befassen. Da nun aber das innerlich Wahrgenommene das Ich verändert, ist dem Objektivitätspostulat in der tiefenpsychologischen Forschung schwieriger nachzukommen als in der positivistischen.

In eine Analyse begibt sich nämlich der Mensch in der Regel nur dann, wenn er mit dem Leben nicht mehr zurechtkommt, oft sogar erst dann, wenn er sich in einer seelischen Notlage befindet. Da geht es dann primär um existenzielles Bemühen: darum, in gemeinsamer Arbeit herauszufinden, was für diesen individuellen Menschen das Richtige ist, bzw. welchen Weg ihm sein Unbewusstes weist. Dabei wird der Analytiker nicht nur mit seinem Fachwissen gefordert, sondern ebenso sehr mit seiner ganzen Person. Existenzielle Zuwendung zum Analysanden kommt bei der tiefenpsychologischen „Feldarbeit" an erster Stelle. Wenn ich die Tiefenpsychologie als existenzielle Wissenschaft bezeichne, dann vor allem deshalb, weil hier die „Feldarbeit" nicht in erster Linie der Forschung willen betrieben, sondern als existenzielle Hilfe verstanden wird.

Zuwendung schließt jedoch genaues Beobachten nicht aus, ebenso wenig theoretische Überlegungen. Allerdings erfordert hier das Beobachtenkönnen wegen des emotionalen Involviertseins des Analytikers in den Prozess große Kritikfähigkeit. Damit der Analytiker diese Aufgabe erfüllen kann, wird von ihm eine Lehranalyse verlangt. Eine Aufgabe der Lehranalyse besteht zwar darin, das „Handwerk" – die tiefenpsychologische Methode – sozusagen im Selbstversuch zu erlernen. Ein ebenso wichtiges Ziel der Lehranalyse ist jedoch die Schulung zur Selbstkritik. Dabei soll der Analytiker seine eigenen Schwächen – vor allem seine unbewussten Gefühle und Wünsche – kennen lernen, sodass er mit den Gefahren des emotionalen Involviertseins bei der „Feldarbeit" – vor allem mit dem Phänomen der Übertragung und Gegenübertragung – umzugehen lernt.

Diese Aufarbeitung des persönlichen (vgl. S. 51 ff.) Unbewussten hat zum einen die Funktion, den Analytiker davor zu bewahren, den oft sehr raffinierten (unbewussten) Manövern der Analysanden auf den Leim zu gehen und dadurch den Erfolg der Analyse zu gefährden; zum andern aber fördert sie die Fähigkeit des Analytikers zu kritischem Beobachten der Seelenvorgänge, die sich vor seinen Augen abspielen.

Theologie: einst eine existenzielle Wissenschaft

Weil die Tiefenpsychologie eine existenzielle Wissenschaft ist und weil aus diesem Grund für die Ausbildung eine Lehranalyse gefordert werden muss, konnte die Tiefenpsychologie nicht in den heutigen Universitätsbetrieb integriert werden. Wir werden darauf zurückkommen. Vorerst gilt es die Frage zu beantworten: Wie konnte dann die Theologie, die ich ja auch als existenzielle Wissenschaft bezeichnet habe, sich an den Universitäten etablieren und wie konnten sich so viele ehemalige Priesterseminare zu theologischen Fakultäten emporstilisieren? Dies war nur möglich, weil die Theologie sich während der

Neuzeit – vor allem im 20. Jahrhundert – von ihrer existenziellen Basis abgetrennt hat.

Um zu erkennen, inwiefern die Theologie ebenfalls eine existenzielle Wissenschaft ist bzw. war, müssen wir in frühere Zeiten zurückblenden. Die vergleichende Religionswissenschaft hat ergeben, dass die Funktion aller Religionen darin bestand, den Menschen zum „Heil" – in heutiger Sprache ausgedrückt zur psychischen Ganzheit – zu führen: den Menschen bei der Verwirklichung des arteigenen Entwicklungsprogramms behilflich zu sein. Da Religionen sich vor dem Hintergrund der archaischen Weltsicht entfalteten, verstanden sie seelische Ganzheit nicht als Hand-in-Hand-Gehen des Ich mit dem Selbst, sondern als In-Übereinstimmung-Bringen des menschlichen Willens mit dem göttlichen. Aus dem professionellen Bemühen um „Heil" haben sich in allen Religionen Schulen der Spiritualität entwickelt.

Im Christentum waren dies die Mönchs- und Nonnenorden, im Islam die Sufi-Gemeinschaften, im Hinduismus die Joga-Schulen und in der chinesischen Religion der Taoismus. Der Buddhismus war ursprünglich gar keine Religion, sondern eine aus dem Hinduismus hervorgegangene Schule der Spiritualität. Das hauptsächlichste Ziel spiritueller Schulung war es, den Menschen darauf vorzubereiten, „Offenbarung ad hoc", d. h. innere Wahrnehmung, zu empfangen.

Als sich nun im christlichen Mittelalter die Theologie zu einer eigentlichen Wissenschaft entwickelte, bestanden neben den dabei entstehenden Universitäten die christlichen Schulen der Spiritualität als gleichwertige und gleich geachtete Gebilde. Zusammen mit den Universitäten bildeten diese eine existenziell ausgerichtete, sich gegenseitig befruchtende Zweieinheit. Weil damals sozusagen alle Universitätslehrer Mönche waren, hatten sie eine spirituelle Schulung – einer Lehranalyse zu vergleichen – hinter sich.

Zudem waren sie durch ihr Eingebundensein in einen Orden zu lebenslangem Bemühen um religiöse existenzielle Einstellung angehalten. Die dabei gemachten inneren Erfahrungen flossen dann in die wissenschaftliche Arbeit ein. Weil damals innere Erfahrung als „Inspiration durch den Heiligen Geist" verstanden wurde, somit als „übernatürliche Offenbarung" galt, gewährleistete dieses ständige Einfließen in die wissenschaftliche Arbeit die Weiterentwicklung der Einsichten über „Heilswahrheiten" und den „Willen Gottes". Außerdem wirkte diese noch aus echter religiöser Haltung (im Sinne der „fides qua creditur") heraus unternommene theoretische Arbeit auf die Seelsorge zurück.

In unserem Jahrhundert ist dann die spirituelle Tradition fast völlig verkümmert. Von ihrer existenziellen Basis abgeschnitten, ist die Theologie dabei weitgehend verkopft. Im Bestreben, als zeitgemäße Wissenschaftler ernst genommen zu werden, haben Theologen den archaischen Charakter ihrer erkenntnistheoretischen Voraussetzungen weitgehend verdrängt und kaschiert, und haben zudem eine Menge positivistischer Disziplinen – vor allem historische und soziologische – an ihren Fakultäten angesiedelt.

Tiefenpsychologie in den heutigen Universitätsbetrieb nicht integrierbar

Weil die Ausbildung in Tiefenpsychologie eine Lehranalyse erfordert, kann diese, wie gesagt, in den heutigen Universitätsbetrieb nicht integriert werden. Dies ist deshalb nicht möglich, weil die Lehranalyse etwas grundlegend anderes ist als jene praktischen Übungen und Seminarien, die zur Ausbildung in einer positivistischen Disziplin gehören. Bei der Lehranalyse geht es darum, sich voll, mit seiner ganzen psychischen Existenz in einen Reifungsprozess hineinzubegeben und bereit zu sein, sich auch entgegen den bewussten – eventuell aus Komplexen stammenden – Absichten und Wünschen wandeln zu lassen, wenn das Unbewusste dies fordert.

Diese Bereitschaft setzt bedingungslose Ehrlichkeit sich selbst gegenüber voraus: eine Haltung, die in der spirituellen Tradition als lautere Gesinnung – das Gegenteil von Nützlichkeitsdenken – bezeichnet wurde. Für jeden, der mit unserem auf bloßes Lehren eingestellten Universitätsbetrieb vertraut ist, dürfte klar sein, dass die Forderung, sich in lauterer Gesinnung einem solchen Prozess zu unterziehen, sich im Rahmen eines üblichen Studienganges nicht erheben lässt. Dazu kommt, dass die Ausbildung zum Analytiker auch eine gewisse Reife vom Lebensalter her voraussetzt.

Aus diesem Grund wird als Voraussetzung dazu nicht nur der Abschluss eines Studiums in einer akademischen Disziplin verlangt, sondern auch mehrere Jahre Arbeit in diesem Beruf. All diese Gründe führten dazu, dass die Ausbildung in Tiefenpsychologie außerhalb der Universitäten geschieht: in eigenständigen Instituten.

Folgen der Ansiedlung außerhalb der Universitäten

Dies wiederum hatte schwerwiegende Folgen für das weitere Schicksal der Tiefenpsychologie. Wissenschaft hat nämlich auch einen sozialen Aspekt. Sowohl ihre Entwicklung als auch ihre Selbstreinigung von überholten Theorien ist abhängig von gewissen gesellschaftlichen Strukturen, in welche die an den Universitäten tätigen Wissenschaftler eingebettet sind.

Die Universitätsstruktur ermöglicht vor allem Kommunikation. Sie ist eine Art Arena, in der divergierende Ansichten miteinander in Wettbewerb treten können und müssen: in einen Wettbewerb nach anerkannten Spielregeln, aus dem – wenigstens in den Naturwissenschaften – die Theorie als Sieger hervorgeht bzw. überlebt, die am besten begründet ist. Weil die Tiefenpsychologie sich außerhalb der Universitäten ansiedeln musste, stand ihr diese Arena nicht zur Verfügung. So konnte das neue Paradigma vom inneren Informationsstrom und vom strukturierten, zentrierten, arteigenen Unbewussten nie mit dem herkömmlichen von der alleinigen Gültigkeit der Sinneswahrnehmung in einen echten Wettbewerb treten. Es ergab sich die schon erwähnte, für die wissenschaftliche Welt paradoxe Situation, dass an den Universitäten in Form der dort etablierten akademischen Psychologie fast ein Jahrhundert lang ein überholtes Paradigma unangefochten weiterlebte.

Vielleicht hätte sich allerdings selbst unter diesen erschwerten Umständen mit der Zeit die Kunde herumgesprochen, dass der Empirie-Begriff erweitert worden und dass die Tiefenpsychologie im vollen Sinn eine empirische Wissenschaft ist, wenn dies von Tiefenpsychologen mit genügender Begründung vertreten worden wäre. Gerade dies geschah aber nicht; und dass es nicht geschah, war seinerseits Folge der Tatsache, dass die Tiefenpsychologie sich wegen der Lehranalyse in den Universitätsbetrieb nicht integrieren ließ. Die Ansiedlung der Tiefenpsychologie außerhalb der Universitäten hatte nämlich auch schwerwiegende Folgen für ihre innere Entwicklung.

Wie in anderen jungen Wissenschaften bildeten sich auch in der Pionierzeit der Tiefenpsychologie verschiedene „Schulen". Das Fehlen einer gewachsenen Institution führte nun dazu, dass diese divergierenden Auffassungen nicht in offener Auseinandersetzung miteinander in Wettbewerb treten konnten. Dazu kam, dass in der Tiefenpsychologie von Anfang an die Therapie im Zentrum des Interesses stand, die Theorie – besonders die der normalen Psyche – hingegen nicht. Nun neigen therapeutische Schulen – auch in der Medizin – dazu, so etwas wie Glaubensgemeinschaften mit der dazugehörenden Intoleranz zu werden. An die Stelle des Gesprächs der Schulen miteinander trat deshalb Polemik gegeneinander.

Dies verminderte noch einmal die Möglichkeit, theoretische Differenzen auszutragen. Zu all dem kam – oder war eine Folge davon – dass bei der Verzweigung in immer neue „Schulen" der tiefenpsychologische Impuls – aufs Ganze gesehen – mehr und mehr erlahmte. Wie ein Geschoss wiederum zur Erde zurückkehrt, wenn die Schubkraft erschöpft ist, kehrte die psychotherapeutische Bewegung, die mit Freud und Jung einen eigentlichen Höhenflug begonnen hatte, am Anfang der Fünfzigerjahre wieder auf das positivistische Niveau zurück. Dies ist in dem Sinn zu verstehen, dass die Schulen, die jeweils den Ton anzugeben wussten, sich mehr und mehr wieder der positivistischen Sichtweise näherten.

Als dann in den Sechzigerjahren mit dem Aufkommen der Transpersonalen Psychologie – dem „wissenschaftlichen" Exponenten der New-Age-Bewegung – wiederum der Ruf nach der vom Positivismus vernachlässigten Dimension aufkam, griff diese „Schule" nicht etwa auf die Entdeckungen der Pionierzeit zurück, sondern übernahm kritiklos mythische Theorien gnostischer Religionen. Damit regredierte sie gar in die archaische, durch die Entdeckung des Unbewussten einst überwundene Weltsicht.

Begonnen hat der Niedergang damit, dass zurzeit des Nationalsozialismus sozusagen die gesamte Schule von Freud – die „psychoanalytische" – nach den USA emigrierte und sich dort, obwohl ihre Modellvorstellung der Psyche ebenso wie ihre Traum- und Neurosetheorie schon überholt war, mächtig ausbreitete und große Popularität gewann. Hinzu kam, dass eine Auffächerung in mehrere sogenannte neopsychoanalytische „Schulen" stattfand: in therapeutische „Schulen", die in ihrer Theorie dem Unbewussten immer weniger Bedeutung zumaßen. Nach dem Krieg fluteten diese Lehren nach Europa zurück. Dort verbanden sie sich in den Sechzigerjahren mit marxistischem Gedankengut. Es entstand eine psychoanalytisch eingefärbte neomarxistische Ideologie, die zwar die akademische Jugend wie ein Buschfeuer entflammte, jedoch mit psychologischer Wissenschaft nichts mehr zu tun hatte.

Die eigentliche Rückkehr zu der einst durch die Entdeckung des Unbewussten überwundenen positivistischen Psychologie vollzog sich in den USA. Sie begann mit der Gesprächstherapie von Carl Rogers und gipfelte – in den Fünfzigerjahren – in der Verhaltenstherapie. Von dieser „Schule", deren theoretischer Hintergrund der Behaviorismus war, wurden neurotische Symptome als falsche und schädliche Gewohnheiten verstanden, die durch Umgewöhnung beseitigt werden können. Der lebensgeschichtliche Hintergrund, die einmalige persönliche Entwicklungsgeschichte und die ganze Theorie des Unbewussten interessierte dabei nicht mehr.

Im darauf folgenden Jahrzehnt schlug das Pendel scheinbar in die andere Richtung zurück: durch das Aufkommen der Humanistischen Psychologie. Als etwas grundlegend Neues glaubte sich diese dadurch zu profilieren, dass sie das sogenannte medizinische Modell verwarf und durch das Modell der Persönlichkeitsentfaltung ersetzte: dadurch, dass sie anstelle von Psychotherapie Psychagogik postulierte. Psychagogik hatte zwar schon C. G. Jung nach der Entdeckung des Individuationsprozesses eingeführt. Das eigentlich Neue an der Humanistischen Psychologie war jedoch, dass sie den Boden der Empirie verließ und sich der philosophischen Spekulation hingab. Ihre Lieblingsphilosophen waren Husserl und Heidegger.

Schon bald verdrängte die Transpersonale Psychologie die Humanistische. Ihr Begründer war der einstige Humanistische Psychologe Abraham Maslow. Die Geburtsstunde der Transpersonalen Psychologie war die der New-Age-Bewegung, und diese ging aus der Studentenrevolte der USA hervor. War diese Rebellion in Europa unter neomarxistischer Ideologie verlaufen mit dem Ruf nach Veränderung der Gesellschaft, stand in den USA von Anfang an die Überzeugung im Vordergrund, bei der zu erstrebenden Erneuerung gehe es nicht primär um die Erneuerung einer Klasse, einer Partei oder Institution, sondern um Erneuerung in der Seele des einzelnen Menschen.

Die amerikanische Studentenbewegung war in erster Linie antipositivistisch. Sie richtete sich gegen die durch den Positivismus herbeigeführte Rationalisierung aller Lebensbereiche und die dadurch bewirkte Entfremdung des Menschen von sich selbst und von der Natur. So postulierten denn die studentischen Rebellen die Suche nach bisher verschütteten Bereichen der Erfahrung: sowohl der unmittelbar sinnlichen Erfahrung in Kontakt mit der Natur, in Erotik und Sex, als auch nach innerer Erfahrung. Wegleitung zum Gewinn innerer Erfahrung fanden sie in den indianischen Ekstasetechniken (Schamanismus) und in den im ostasiatischen Raum entwickelten Meditationsmethoden. Sich zu versetzen in den durch Meditationsmethoden (und Drogen) erreichbaren sogenannten außergewöhnlichen Bewusstseinszustand, war das Ziel der Transpersonalen Psychologie.

Als „Schule", die sich als wissenschaftliche verstand, fragten die Transpersonalen Psychologen auch danach, zu was für einer Wirklichkeit man in diesem Zustand Zugang bekomme. Dabei griffen sie jedoch nicht auf die erfahrungswissenschaftlich fundierte Theorie dieses Zustands zurück, die sich aus der Entdeckung des inneren Informationsstromes und des Unbewussten ergeben hatte, sondern auf die von ihren östlichen Meditationslehrern – vor dem Hintergrund eines archaischen Weltbilds – entwickelten mythischen.

Es waren die naturerklärenden Mythen, die zum sogenannten gnostischen Religionstyp gehören. Religionen vom gnostischen Typ liegt ein charakteristischer Schöpfungsmythos zugrunde. Während die Schöpfungsmythen der theistischen Religionen von einem personalen Weltenschöpfer berichten, erzählen die Mythen vom gnostischen Typ, „am Anfang" habe eine unpersönliche göttliche Fülle (Pleroma) bestanden. Ein Teil dieser „Fülle" sei dann herabge-

flossen (emaniert), und bei diesem Herabfließen seien immer niedrigere Sphä-
ren und niedrigere Geist-Wesen entstanden, zuletzt der „mit Materie behaf-
tete" Mensch.

Charakteristisch für das menschliche Selbstverständnis in den vor diesem
Hintergrund entstandenen Religionen war die Annahme, der Mensch ent-
halte noch einen Rest göttlicher Substanz, und diesen Rest könne er durch
Bewusstwerdung (Gnosis) gleichsam vermehren und sich so der „göttlichen
Fülle" wiederum annähern. Es war die Meinung, Gnosis finde vor allem in
ekstatischen Zuständen (heute: in außergewöhnlichen Bewusstseinszuständen) statt, mögen diese spontan auftreten oder durch Meditationspraktiken
erreicht werden. Die Vorstellungswelt der Transpersonalen Psychologie (und
der gesamten New-Age-Bewegung) kann als neognostisch bezeichnet werden,
da sie ihre Terminologie an die heute übliche adaptiert hat. Statt von einer
göttlichen Fülle z. B. spricht man von einer kosmischen Intelligenz, an der der
Mensch über den unbewussten Teil seiner Seele partizipiert.

Theorie-Reinheit, -Verwilderung und -Defizit in der Schule von C. G. Jung

Was geschah in dieser Zeit in der Schule von C. G. Jung? Kurz gesagt: sie hat
den Rückbildungsprozess in Richtung positivistische Psychologie nicht mit-
gemacht. Gewisse Tendenzen zu einer Rearchaisierung zeichneten sich zwar
ab, doch blieb diese Schule im Kern davon unberührt: die Theorie, durch
die seinerzeit der paradigmatische Durchbruch geschah (S. 30 ff.), ist – aufs
Ganze gesehen – in ihrer ursprünglichen Reinheit erhalten geblieben.

Der hauptsächlichste Grund für dieses glückliche Geschick ist wohl darin
zu sehen, dass die Schüler Jungs sich kaum mit theoretischen Problemen
befasst haben und sich ihr Interesse fast ausschließlich auf die Sprache des
Unbewussten konzentrierte. Die Weichen für diese Entwicklung wurden von
Jung selber gestellt, allerdings ohne bewusste Absicht. Wie erwähnt, hatte er
sein geniales Modell, das den paradigmatischen Durchbruch brachte, zwischen 1910 und 1920 entwickelt. Von dort an widmete er sich in seiner wissenschaftlichen Arbeit fast nur noch der Hermeneutik: der Erforschung der
Sprache des Unbewussten, zu deren Entschlüsselung er ja den entscheidenden
Beitrag geleistet hatte.

Dabei beschäftigte er sich vorwiegend mit historisch manifest gewordenen
Gestaltungen des Unbewussten: mit Mythen, Märchen und Sagen, mit Dog-
men, vor allem aber mit dem alchemistischen Schrifttum. Es war eine seiner großen Taten, den Nachweis erbracht zu haben, dass dieses Schrifttum

– neben viel Unsinn – eine Fülle von bildhaften Darstellungen seelischer Wandlungsprozesse enthält.

Die Beschreibung des „Opus" durch die spirituellen alchemistischen Autoren war für Jung auch insofern wichtig, als er darin eine Bestätigung seiner Entdeckung fand, dass der seelische Reifungsprozess (Individuationsprozess) sich nach einem charakteristischen Muster vollzieht. Die Interesserichtung des späteren Jung beeinflusste das Vorgehen seiner Schüler. Fast die gesamte Literatur, die aus der Schule von Jung hervorging, besteht – soweit sie sich nicht mit therapeutischem Problem befasst – aus Arbeiten auf dem hermeneutischen Zweig. Die Theorie Jungs von Struktur und Funktion der normalen Psyche wurde in diesen Werken meistens in der Einleitung kurz skizziert; dies beschränkte sich in der Regel auf das Anhäufen von Jung-Zitaten, wobei die Fakten, auf die Jungs Theorie sich stützte, mehr und mehr dem Blick entschwanden. Eine eigenständige, auf sorgfältiger empirischer Arbeit beruhende Vertiefung und Differenzierung der Theorie geschah kaum, ebenso wenig ernsthafte Versuche eines Brückenschlags zu anderen Disziplinen, die – mit anderen Methoden – unbewusste Systeme erforschten.

So kam es in der Schule von Jung mit der Zeit – trotz „Reinerhaltung" der Theorie – zu einem Theorie-Defizit in einem doppelten Sinn. Erstens gegenüber dem, was man heute über unbewusste Vorgänge wissen könnte, wenn man mit der tiefenpsychologischen Methode mehr darüber geforscht hätte; zweitens aber auch gegenüber dem Wissen, das andere Disziplinen unterdessen über unbewusste kognitive Systeme erarbeitet haben. Es blieb aber nicht nur beim Theorie-Defizit. Bei manchen Jungianern fand – in dieses Vakuum hinein – ein erschreckender Wildwuchs unkontrollierter Fantasien – ein eigentlicher Rückfall in mythisches Theoretisieren – statt. Besonders hervorgetan hat sich dabei die sogenannte Franzianische Richtung, die dem „kollektiven" Unbewussten kosmische Dimensionen und dem Selbst göttliche Qualitäten zuwies.

Der Archetyp-Begriff Schlüssel zum Unbewussten und zum Mythos

Von den Pionieren der Tiefenpsychologie waren Freud und Jung die einzigen, deren Entdeckungen für die Theorie der normalen Psyche bleibende Bedeutung hatten. Dabei bestimmte Freud die erste Etappe dieser Disziplin, Jung – 19 Jahre jünger, also schon der nächsten Gelehrtengeneration angehörend – eröffnete die zweite und schaffte dabei, wie erwähnt, den eigentlichen paradigmatischen Durchbruch. Das Problem, aus dessen Lösung sich der Durchbruch ergab, war die Frage nach dem Bedeutungsgehalt der Gestaltungen des Unbewussten. Freud hatte zwar entdeckt, dass die Träume vom Ich wahrgenommen werden und dass sie Botschaften aus dem Unbewussten ins Bewusstsein bringen. Offen stand aber noch die Frage: Welches ist der Inhalt dieser Botschaften? Aus heutiger Sicht: Wie kann man die Bildersprache, in der sie codiert sind, entschlüsseln?

Die Frage nach der Bedeutung der „archaischen Elemente"

Auf die verschlungenen Pfade dieses Erkenntnisprozesses soll hier nicht eingegangen werden. Für uns ist nur jene Schlussphase interessant, in der der eigentliche Durchbruch geschah. Das Phänomen, an dem sich die entscheidende Diskussion entzündete, waren die – damals sogenannten – archaischen Elemente in Träumen. Es handelte sich dabei um Traumgestalten und Traumgeschehen, wozu dem Träumer keine für die Deutung hilfreichen Assoziationen aus seiner eigenen Lebensgeschichte einfielen. Vielfach waren es „fantastische" Figuren und Geschehensabläufe, wie sie auch in Mythen vorkommen: z. B. Wesen, die sich in der sinnlich erfahrbaren Welt nicht vorfinden, oder ein Geschehen, das den Naturgesetzen wie auch den Regeln der Logik zuwiderläuft. Die Frage war, ob diesen „archaischen Elementen" eine Funktion im psychischen Prozess zukomme.

In der Beantwortung dieser Frage schieden sich die Geister der beiden Forscher. Freud sah in den „archaischen Elementen" lediglich Relikte aus früheren Zeiten der Menschheitsentwicklung, archaische Reste, die nicht weiter Bedeutung hatten, mit anderen Worten: phylogenetische Rudimente, so wie z. B. das menschliche Steißbein ein funktionsloses Rudiment des Schwanzes unserer phylogenetischen Vorfahren ist. Jung hingegen vermutete, die „archaischen Elemente" seien gerade das Bedeutungsvolle in den Botschaften des Unbewussten; sie seien die Inhalte, die der Weiterentwicklung des Bewusstseins den Weg weisen.

Diese unterschiedlichen Ansichten hatten ihren Grund sowohl in den unterschiedlichen Interessenrichtungen als auch in der unterschiedlichen Persönlichkeitsstruktur der beiden Forscher. Freud interessierte sich vor allem für Neurosen, d. h. für psychische Krankheiten, Jung hingegen mehr für die normale Psyche. Dazu kam, dass Freud noch dem kausalanalytischen Denken verhaftet war, Jung hingegen von Anfang an mehr dem synthetisch-ganzheitlichen. Freud suchte deshalb die einzelnen psychischen Elemente und Mechanismen aufzudecken, um aus diesen dann das Ganze zusammenzusetzen. Zudem war das Unbewusste für ihn in erster Linie etwas, das Störungen verursacht.

Jung hingegen ging von der Ganzheit der Psyche aus: von einer Ganzheit der Person, zu der – neben dem Bewusstsein – auch das Unbewusste als integrierendes Element gehört. Stand somit Freud noch mit beiden Beinen in der mechanistischen Weltsicht des 19. Jahrhunderts, so neigte Jung in seiner Betrachtung der Psyche schon zu jener systemischen Sicht, die sich dann später auch in den übrigen naturwissenschaftlichen Disziplinen durchsetzte: zu einer Sicht der raumzeitlichen Gebilde, deren konstituierende Begriffe Ganzheit, Transformation unter Aufrechterhaltung der Ganzheit sowie Selbstregulation sind. Bei dieser Verschiedenheit der Interessen und der persönlichen Voraussetzungen ist es nicht erstaunlich, dass die beiden Forscher bei der Frage nach der Funktion und Bedeutung der „archaischen" Traumelemente zu verschiedenen Ergebnissen kamen.

Der Katalysator

Die Entscheidung wurde herbeigeführt durch eine gemeinsame Vortragsreise in die USA im Jahre 1909. Während die beiden Forscher sonst an getrennten Orten lebten – Freud in Wien, Jung in Zürich –, waren sie nun sieben Wochen lang beisammen. Dabei deuteten sie sich gegenseitig ihre Träume. Es war vor allem die Interpretation eines Traumes, die bei Jung den entscheidenden Durchbruch – aber auch die Trennung von Freud – herbeiführte. Jung beschreibt das Ereignis in seinen Erinnerungen (Jung, 1962, S. 163 ff.) wie folgt:

> Ich war in einem mir unbekannten Hause, das zwei Stockwerke hatte. Es war „mein Haus". Ich befand mich im oberen Stock. Dort war eine Art Wohnzimmer, in welchem schöne alte Möbel im Rokokostil standen. An den Wänden hingen kostbare alte Bilder. Ich wunderte mich, dass dies mein Haus sein sollte und dachte: Nicht übel! Aber da fiel mir ein, dass ich noch gar nicht wisse, wie es im unteren Stock aussähe. Ich ging die Treppe hinunter und gelangte in das Erdgeschoss. Dort war alles viel älter, und ich sah, dass dieser Teil des Hauses etwa aus dem 15. oder aus dem 16. Jahrhundert stammte. Die Einrichtung war mittelalterlich, und die Fußböden bestanden aus rotem Backstein. Alles war etwas dunkel. Ich ging von einem Raum in den anderen und dachte: Jetzt muss ich das Haus doch ganz explorieren! Ich kam an eine schwere Tür, die in den Keller führte. Ich stieg hinunter und befand mich in einem schön gewölbten,

sehr altertümlichen Raum. Ich untersuchte die Wände und entdeckte, dass sich zwischen den gewöhnlichen Mauersteinen Lagen von Backsteinen befanden; der Mörtel enthielt Backsteinsplitter. Daran erkannte ich, dass die Mauern aus römischer Zeit stammten. Mein Interesse war nun aufs höchste gestiegen. Ich untersuchte auch den Fußboden, der aus Steinplatten bestand. In einer von ihnen entdeckte ich einen Ring. Als ich daran zog, hob sich die Steinplatte, und wiederum fand sich dort eine Treppe. Es waren schmale Steinstufen, die in die Tiefe führten. Ich stieg hinunter und kam in eine niedrige Felshöhle. Dicker Staub lag am Boden, und darin lagen Knochen und zerbrochene Gefäße wie Überreste einer primitiven Kultur. Ich entdeckte zwei offenbar sehr alte und halb zerfallene Menschenschädel. – Dann erwachte ich. [...]

Was Freud an diesem Traum vor allem interessierte, waren die beiden Schädel. Er kam immer wieder auf sie zu sprechen und legte mir nahe, in ihrem Zusammenhang einen Wunsch herauszufinden. Was ich denn über die Schädel dächte? Und von wem sie stammten? Ich wusste natürlich genau, worauf er hinauswollte: dass hier geheime Todeswünsche verborgen seien. [...]

Es war mir deutlich, dass das Haus eine Art Bild der Psyche darstellte, d. h. meiner damaligen Bewusstseinslage mit bis dahin unbewussten Ergänzungen. Das Bewusstsein war durch den Wohnraum charakterisiert. Er hatte eine bewohnte Atmosphäre, trotz des altertümlichen Stils. Im Erdgeschoss begann bereits das Unbewusste. Je tiefer ich kam, desto fremder und dunkler wurde es. In der Höhle entdeckte ich Überreste einer primitiven Kultur, d. h. die Welt des primitiven Menschen in mir, welche vom Bewusstsein kaum mehr erreicht oder erhellt werden kann. [...]

Viele Fragen hatten mich an den Vortagen des Traumes brennend beschäftigt: Auf welchen Prämissen beruht die freudsche Psychologie? Zu welcher Kategorie des menschlichen Denkens gehört sie? In welchem Verhältnis steht ihr fast ausschließlicher Personalismus zu den allgemeinen historischen Voraussetzungen? Mein Traum gab die Antwort. Er ging offenbar zurück bis in die Grundlagen der Kulturgeschichte, einer Geschichte aufeinander folgender Bewusstseinslagen. Er stellte etwas wie ein Strukturdiagramm der menschlichen Seele dar, eine Voraussetzung durchaus unpersönlicher Natur. [...]

Nach Zürich zurückgekehrt, nahm ich mir ein Buch über babylonische Ausgrabungen vor und las verschiedene Werke über Mythen. Dabei fiel mir die „Symbolik und Mythologie der alten Völker" von Friedrich Creuzer in die Hände, und das zündete! Ich las wie besessen und arbeitete mich mit brennendem Interesse durch einen Berg von mythologischem und schließlich auch gnostischem Material hindurch und endete in einer totalen Verwirrung. Ich befand mich in einem ähnlichen Zustand der Ratlosigkeit wie seinerzeit in der Klinik, als ich den Sinn psychotischer Geisteszustände zu verstehen suchte. Ich kam mir vor wie in einem imaginären Irrenhaus und begann, all die Kentauren, Nymphen, Götter und Göttinnen in Creuzers Buch zu „behandeln" und zu analysieren, als wären sie meine Patienten. Bei dieser Beschäftigung konnte ich nicht umhin, die nahe Beziehung der antiken Mythologie zur Psychologie der Primitiven zu entdecken, was mich zu einem intensiven Studium letzterer veranlasste. [...]

Mitten in diesem Studium stieß ich auf das Fantasiematerial einer mir unbekannten jungen Amerikanerin, Miss Miller. Das Material war von meinem verehrten väterlichen Freunde Theodore Flournoy in den „Archives de Psychologie" (Genf) publiziert worden. Ich war sofort vom mythologischen Charakter der Fantasien beeindruckt. Sie wirkten wie ein Katalysator auf die in mir aufgestauten, noch ungeordneten Gedanken. Allmählich formte sich aus ihnen und aus der von mir erworbenen Kenntnis der Mythen das Buch über die „Wandlungen und Symbole der Libido".

Das Ergebnis der „Katalyse"

Die Einsichten, zu denen Jung bei dieser „Katalyse" gelangte, können unter sieben Punkten zusammengefasst werden:

a. Die „archaischen Elemente" in Träumen sind sinnträchtige Sprachfiguren des Unbewussten: in einer Bildersprache codierte Aussagen über psychische Sachverhalte.

b. Mythen sind – gleich wie Träume – als Gestaltungen des Unbewussten zu verstehen. Im Rückblick auf diese Entdeckung schrieb Jung (1954, S. 6 f.): „Man hat sich in der Mythenforschung bisher immer mit solaren, lunaren, meteorologischen, Vegetations- und anderen Hilfsvorstellungen begnügt. Dass die Mythen aber in erster Linie psychische Manifestationen sind, welche das Wesen der Seele darstellen, darauf hat man sich bisher so gut wie gar nicht eingelassen."

c. Träume, die viele „archaische Elemente" enthalten, sind – ebenso wie Mythen – als Texte aufzufassen, und es ist möglich, den Bedeutungsgehalt dieser Texte zu verstehen. Erschlossen werden kann ihre Bedeutung durch Methoden, die denen der vergleichenden Sprachforschung verwandt sind. Am ergiebigsten ist dabei der Vergleich von Mythen, da deren Bedeutung in der Regel durch theologische Spekulation sowie durch Riten (in denen Mythen dramatisiert werden) schon teilweise erschlossen ist.

d. Die kaum überblickbare Vielfalt der als archaische Elemente bezeichneten Gestalten und Geschehnisse in Träumen und Mythen kann auf einige wenige Grundformen oder Bedeutungskategorien zurückgeführt werden. Diese Kategorien bezeichnete Jung zuerst als Urbilder; später (ab 1918) gebrauchte er dafür den Ausdruck Archetypen. So gibt es z. B. einen Archetypus des Bergenden und einen des Hinaustretens in die Ungeborgenheit (auch Archetypus des Weiblichen und des Männlichen genannt), einen Archetypus des Übergangs (von einer Einstellung des Ich zu einer anderen, differenzierteren), einen Archetyp der überholten Einstellung, des Versuchers, der hilfreichen Kräfte usw.

e. Der gleiche Archetyp (das gleiche Bedeutungsmuster) wird durch sehr verschiedenartige Bilder veranschaulicht. So wird z. B. der Archetyp des Bergenden dargestellt durch das Bild der Mutter, der Kirche, der Stadt oder der Universität, durch das Bild des Paradieses, des Reiches Gottes oder des himmlischen Jerusalem; ferner durch das Bild der Höhle, der Quelle oder des tiefen Brunnens, der Materie, der Unterwelt oder des Mondes oder der Blume als Gefäß (Rose, Lotus) oder durch irgendeine Hohlform (Schraubenmutter, Gebärmutter, Backofen, Kochtopf). Bilder, die der Veranschaulichung eines Archetyps dienen, werden archetypische Bilder genannt. Es ist also zwischen Archetyp und archetypischem Bild zu unterscheiden.

f. Alle Bilder, die den gleichen Archetyp veranschaulichen, sind als Synonyme der Sprache des Unbewussten aufzufassen.

g. Weil die gleichen archetypischen Bedeutungsmuster in Mythen aller Zeiten und Breiten sowie in Träumen und Visionen heutiger Menschen verschiedenster Herkunft (namentlich auch bei Träumern, die die betreffenden Mythen nachweislich nicht kannten) vorkommen, sind sie als für die Spezies Homo sapiens typische Muster des Welterfassens zu verstehen.

Dieser ursprüngliche Archetypbegriff deckt sich im Kern mit dem in der neueren Literaturwissenschaft gebräuchlichen Ausdruck „Topos", der dort dazu dient, Texte nach den in ihnen auftretenden Denk- und Ausdrucks-Schemata zu ordnen. Er deckt sich mit ihnen jedoch nur im Kern. Das Bedeutungsfeld von Archetypus war nämlich von Anfang an größer als das von Topos, denn der Archetypbegriff implizierte, wie gesagt, von Anfang an die Aussage, die mit ihm bezeichneten Bedeutungsmuster seien artspezifisch. Mit anderen Worten: Der Archetypbegriff war, obwohl mit geisteswissenschaftlichen Methoden gewonnen, von Anfang an in der Biologie verankert.

Der Archetypbegriff als Schüssel-Begriff

Im Rückblick auf seine geistige Entwicklung schrieb Jung gegen Ende seines Lebens: „Damals erlebte ich einen Augenblick ungewöhnlicher Klarheit. Ich dachte: jetzt besitzest du einen Schlüssel zur Mythologie und hast die Möglichkeit, alle Tore zur unbewussten menschlichen Psyche zu öffnen." (Jung, 1962, S. 174) In erster Linie sah Jung wohl im Archetypbegriff einen Schlüssel zur Erforschung des Unbewussten. Sein Gedankengang dürfte ungefähr folgender gewesen sein: Mit diesem Begriff kann man die Mythen verstehen. Durch Vergleich von Mythen kann man die Sprache des Unbewussten am besten erschließen, und wenn man die Sprache des Unbewussten kennt, kann man aus dem, was in Träumen, Visionen und Fantasien dargestellt wird, Rückschlüsse auf die Struktur des Unbewussten ziehen.

Dass die Erschließung des Mythos – zusammen mit der des Unbewussten – auch Folgen für die christliche Religion habe, hat Jung wohl damals schon geahnt. Es muss aber ausdrücklich festgehalten werden, dass er sich – abgesehen von „Augenblicken ungewöhnlicher Klarheit" – im Grunde seines Herzens nie ganz von der archaischen Weltsicht gelöst hat. Aus diesem Grund sind seine Äußerungen über die Religion seltsam oszillierend und widersprüchlich. Es ist deshalb unergiebig, wenn man, wie immer wieder versucht wird, sich über die Konsequenzen der Entdeckung des Unbewussten für die Religion durch Exegese von Jungs Schriften Klarheit verschaffen will.

Eine bahnbrechende Entdeckung zu machen und alle Konsequenzen derselben durchzudenken, scheint eben zweierlei zu sein. So hat ja auch Freud durch die Erweiterung des Empiriebegriffs de facto die positivistische Weltsicht überwunden, ist jedoch sein Leben lang Positivist geblieben. Auch hat Max Planck viele Konsequenzen, die sich aus seiner Entdeckung, dass die Energie bzw. Wirkung gequantelt ist, ergeben, nie akzeptieren können. Jung hat auch gar nie die Absicht gehabt, eine Veränderung des Weltbilds herbeizuführen. Der ursprüngliche Archetypbegriff ergab sich einzig und allein aus dem Ringen um das Verständnis der sogenannten archaischen Elemente in

Träumen von Analysanden. Zudem ist Folgendes zu bedenken: jene Mythen, durch die Jung zu der Einsicht kam, dass Mythen Gestaltungen des Unbewussten sind, waren die der klassischen Antike und des Vorderen Orients. Es waren Mythen, die ohnehin als heidnisch und somit für die (einzig wahre) christliche Religion unerheblich galten. Folgen für unser christliches Weltbild hatte die Einsicht, dass Mythen Gestaltungen des Unbewussten sind, erst später, als sich nicht mehr übersehen ließ, dass auch das „Glaubensgut" der christlichen Religion ein Mythos ist. Ergeben hat sich dies jedoch nicht aus Forschungen von Psychologen, sondern von Theologen: von historisch-kritischen Exegeten und von Urgeschichtlern des Christentums.

In ihrem vollen Ausmaß konnten die Folgen, die die Entdeckung des Unbewussten für das christliche Weltbild hatte, jedoch erst erfasst werden, nachdem es auch noch gelungen war, einen erfahrungswissenschaftlichen Ansatz zur Erforschung der Evolution des Bewusstseins zu finden. Ich habe dies alles ausführlich dargestellt insbesondere in meinen Büchern *Die Mutation des Bewusstseins* und *Religiosität ohne Religion*, wie auch in der Zusammenfassung meines Werkes: *Die Mutation des europäischen Bewusstseins*.

Der Archetypbegriff als Schlüssel zum Unbewussten
Kommen wir nun auf die Bedeutung des Archetypbegriffs für die Erschließung der Psyche zu sprechen. Als Jung erkannte, dass er den Schlüssel zum Verständnis des Mythos gefunden hatte, sah er darin, wie gesagt, vor allem die Möglichkeit gegeben, „alle Tore der unbewussten Psyche zu öffnen". Je mehr nämlich der Sinngehalt der Mythen – der historisch wirksam gewordenen Gestaltungen des Unbewussten – durch vergleichende Analyse freigelegt wurde, desto besser konnten die von Analysanden vorgelegten Träume verstanden werden: desto besser konnte erkannt werden, wie das Unbewusste auf eine gegebene Bewusstseinslage reagiert und auch, wie das Unbewusste oft eine Änderung der bewussten Einstellung erzwingt.

Um jedoch den empirischen Charakter der Erschließung des Unbewussten voll zu erfassen, dürfen wir unseren Blick nicht ausschließlich auf die Erhellung des Sinngehalts der Mythen – auf den hermeneutischen Aspekt der Tiefenpsychologie – richten. Die Methode, mit der es den Pionieren der Tiefenpsychologie gelang, Struktur und Funktion des dem Bewusstsein nicht direkt zugänglichen Bereichs der Psyche zu erschließen, war nämlich im Prinzip die gleiche, mit der später die Verhaltensforscher die „Innerlichkeit" der Tiere erschlossen. In beiden Fällen wurde aus beobachtbaren Äußerungen lebendiger Wesen auf deren „Innerlichkeit" geschlossen. Die prinzipielle Gleichheit des methodischen Vorgehens in Verhaltensforschung und Tiefenpsychologie zu sehen, scheint mir deshalb wichtig, weil, wie erwähnt, heute noch allzu viele behaupten, der Begriff des Unbewussten sei ein philosophischer Begriff, und man könne ihn (weil er nicht ins Konzept passt) einfach wegdiskutieren.

Allerdings beschränkten sich die Verhaltensforscher von Anfang an auf den positivistischen Empiriebegriff. Sie taten dies „bewusst", wollten sie sich doch von ihren Vorgängern, den „einfühlenden" Tierpsychologen, absetzen. Dem tiefenpsychologischen Vorgehen liegt hingegen, wie gesagt, der erweiterte Empiriebegriff zugrunde, sogar gerade jener Bereich, um den Freud den positivistischen erweitert hat. Die Verwendung verschieden umfangreicher Empiriebegriffe hängt zusammen mit dem unterschiedlichen Blickwinkel, unter dem die beiden Forschungsrichtungen die Lebewesen betrachten.

Die Äußerungen, die die Verhaltensforschung ins Auge fasst, sind Äußerungen der Motorik: Bewegungen, Haltungen, unartikulierte Laute, also sinnlich Wahrnehmbares. Die Äußerungen, von denen die Tiefenpsychologie ausgeht, sind hingegen „Texte", die dem Analysanden über die innere Wahrnehmung zufließen: Texte, deren Bedeutungsgehalt vom Menschen verstanden werden kann. Wegen der Herkunft aus unterschiedlichen Wahrnehmungskanälen besteht eine kategoriale Verschiedenheit des Beobachtungsmaterials. Zur Erläuterung, wie dies gemeint ist, sind Gedankengänge der Semiotik (der Wissenschaft von den Zeichen) hilfreich. Die Semiotik unterscheidet verschiedene Arten von Zeichen. Gemäß semiotischer Terminologie sind die motorischen Äußerungen, welche die Verhaltensforschung beobachtet, Symptome oder Anzeichen: Zeichen, aus denen kausalanalytisch auf den Zustand des Zeichengebers geschlossen werden kann. – Die Fantasien (das ist der Oberbegriff für Träume, Visionen und Wachfantasien) hingegen sind in der Terminologie der Semiotik den Symbolen zuzuordnen: den Zeichen, die primär Bedeutung (semantischen Gehalt) vermitteln, und zwar einen semantischen Gehalt, der das unmittelbare Verstehen übersteigt. Aus dem Bemühen um das Verstehen der Fantasien ging, wie gezeigt, der semantisch-hermeneutische Zweig der wissenschaftlichen Tiefenpsychologie hervor.

Persönliches und „kollektives" Unbewusstes

Fantasien sind jedoch nicht nur als Symbole aufschlussreich. Sie können – abgesehen von ihrem semantischen Gehalt – auch als Anzeichen genommen werden. Aus ihrem bloßen Vorhandensein kann nämlich zurück geschlossen werden auf den Zeichengeber: auf die Struktur des Systems, das sie hervorbringt.

50

In diesem Sinn nahm Jung die Tatsache, dass es archetypische Fantasien gibt, zum Ausgangspunkt jener Überlegung, die zum Begriff des arteigenen (des „kollektiven") Unbewussten führte. Nachdem sich durch vergleichende Analyse herausgestellt hatte, dass die Vielfalt der Fantasiebilder sich auf einige wenige „archetypische" Grundmuster von Bedeutung zurückführen lässt und dass diese Grundmuster – wegen ihres universellen Vorkommens – für die menschliche Art typisch sind, ergab sich folgender kausalanalytischer Schluss: Im unbewussten Bereich der menschlichen Psyche müssen arteigene Strukturen vorhanden sein, aus denen diese Fantasien hervorgehen.

Mit anderen Worten: Das Unbewusste enthält nicht nur Vergessenes und Verdrängtes, wie Freud damals noch annahm, sondern es ist strukturiert, und seine Struktur ist etwas phylogenetisch Erworbenes, d. h., sie wird zusammen mit dem übrigen Erbgut von Generation zu Generation weitergegeben. Da es sich bei den von Jung nachgewiesenen archetypischen Fantasien und den von Freud ins Auge gefassten offensichtlich um Inhalte verschiedener Herkunft bzw. Genese handelt, drängte sich eine terminologische Unterscheidung auf. Die Gesamtheit der im Verlauf eines individuellen Lebens durch Vergessen und Verdrängen unbewusst gewordenen Inhalte nannte Jung das persönliche Unbewusste. Die Gesamtheit der phylogenetisch erworbenen, bei der Geburt „mitgebrachten" Strukturen bezeichnete er als überpersönliches bzw. kollektives Unbewusstes.

Wie schon erwähnt, bedeuten in der Terminologie von Jung, die ja schon lange vor dem Aufkommen der Verhaltensforschung geschaffen wurde, die Ausdrücke überpersönlich und kollektiv das, was man heute phylogenetisch erworben nennt. Wenn ich im Folgenden vom Unbewussten spreche, meine ich immer dieses „kollektive) bzw. arteigene, denn dieses allein ist interessant für die Theorie der normalen Psyche sowie für den Brückenschlag zwischen Tiefenpsychologie und Biologie.

Im Zusammenhang mit dem Begriff des „kollektiven" Unbewussten ist auf eine terminologische Nachlässigkeit Jungs hinzuweisen: darauf dass er den Terminus Archetyp in drei verschiedenen Bedeutungen gebrauchte. Fortan bezeichnete er nämlich nicht nur die Bedeutungs-Grundmuster, die der Vielfalt der archetypischen Bilder zugrunde liegen, als Archetypen, sondern auch die Strukturen, die diese Bedeutungsmuster hervorbringen. Da er aus dem Vorhandensein solcher Strukturen den Begriff des „kollektiven" Unbewussten abgeleitet hatte, sagte er oft auch, das „kollektive" Unbewusste bestehe aus Archetypen. Als er schließlich erkannte, dass die gesamte Psyche im Unbewussten zentriert ist und dass dieses Zentrum, das er das „Selbst" nannte, die archetypischen Bilder hervorbringt, bezeichnete er dieses als Archetypus an sich.

Es ist zu bedenken, dass Jung sich schrittweise in ein bis dahin unerschlossenes Gebiet vorantastete und dass er sich dabei ausschließlich des tiefenpsychologischen methodischen Zugangs bediente. Heute, da wir auch die Ergebnisse jener Disziplinen kennen, welche die (unbewusste) „Innerlichkeit" der Lebewesen mithilfe des methodischen Zugangs der Biologie erschlossen, können wir erstens die mittels der tiefenpsychologischen Methode erkannten Sachverhalte in eine umfangreichere Sicht einordnen; zweitens müssen wir versuchen, die Terminologie zu vereinheitlichen: zu überlegen, welche gleichartigen Sachverhalte durch die mittels unterschiedlichem methodischem Zugang zustande gekommenen Terminologien benannt werden. Darauf soll im zweiten Teil dieses Buches eingegangen werden.

Das Objektiv-Psychische

Mit dem Nachweis des arteigenen, jeweils schon vor der Entstehung eines bewussten Ich vorhandenen Unbewussten ist ein Wirklichkeitsbereich erschlossen worden, der zur objektiven, d. h. außerhalb des Bewusstseins „gelegenen" Wirklichkeit gehört. Diese Aussage ist für jeden, der tiefenpsychologische Felderfahrung hat, eine Selbstverständlichkeit. Für den Außenstehenden, auch für den, der sich über Lektüre um Verständnis der Tiefenpsychologie bemüht, ist sie dies nicht ohne Weiteres.

Es besteht hier eine ähnliche Schwierigkeit, wie sie sich bei der Rezeption quantenmechanischer Gedankengänge einstellt bei einem, der von der klassischen Naturwissenschaft oder gar von einer Geisteswissenschaft herkommt. Jedenfalls ist die Tatsache, dass beim heutigen Wissensstand zwischen Subjektiv- und Objektiv-Psychischem unterschieden werden muss, vom allgemeinen Bewusstsein – auch von dem der meisten akademischen Psychologen – noch so wenig rezipiert worden wie die Tatsache, dass das positivistische Empirie-Verständnis erweitert worden ist. Immer noch wird alles Psychische – alles, was aus der Psyche kommt – bedenkenlos als „nur subjektiv" bezeichnet. Aus diesem Grund sei hier etwas weiter ausgeholt.

Wie später noch ausgeführt werden soll, ist das charakteristische Merkmal von Bewusstsein die Fähigkeit, zwischen Ich (Subjekt) und Nicht-Ich (Objekt) zu unterscheiden. Tiere besitzen diese Fähigkeit noch nicht. Sie trat beim Evolutionsschritt vom Tier zum Menschen erstmals in die Welt. Weil diese Fähigkeit zur Natur des Menschen gehört, muss er – im Unterschied zum Tier – zwischen Subjekt und Objekt unterscheiden.

Mit anderen Worten: Mit dem Auftreten von Bewusstsein trat notwendigerweise die Unterscheidung zwischen Subjekt und Objekt in die Welt. Dies sei betont gegenüber dem Gedanken, durch die neue Physik sei die Subjekt-Objekt-Spaltung überwunden worden. Überwunden wurde lediglich der Glaube an die Möglichkeit absoluter Objektivität. Das Allverbundenheitsgefühl, das sich in außergewöhnlichen Bewusstseinszuständen einstellen kann und das eine zentrale Stellung im Denken der New-Age-Leute einschließlich der Transpersonalen Psychologen einnimmt, ist lediglich Folge der Tatsache, dass in diesen Zuständen das Ich reduziert und das sogenannte Partizipationserleben des frühen Menschen wieder belebt wird.

Ein charakteristisches Funktionsmerkmal des Bewusstseins bzw. des Ich ist ferner, dass dieses die objektive Wirklichkeit nur dadurch erfassen kann, dass es sie in Begriffspaare zerlegt. Konrad Lorenz drückte dies so aus: „Die Einteilung der phänomenalen Welt in Gegensatzpaare ist ein uns angeborenes Prinzip, ein apriorischer Denkzwang urtümlicher Art." (Lorenz, 1988, S. 238)

Nun drückt sich die Evolution – die fortschreitende Komplexitätszunahme – des Bewusstseinssystems darin aus, dass die Unterscheidung immer differenzierter wird: dass das Ich einerseits sich seiner selbst immer mehr als vom Nicht-Ich Getrennten bewusst wird und dass es anderseits das Nicht-Ich (die objektive Wirklichkeit) immer differenzierter erfasst. Noch wenig differenziertes bewusstes Erfassen des Nicht-Ich während der archaischen Zeit drückte sich unter anderem darin aus, dass damals – wegen Nichtdurchschaubarkeit des Projektionsvorgangs – neben dem sinnlich erfahrbaren „Diesseits" ein ebenfalls außen vorgestelltes „Jenseits" angenommen wurde und dass man zudem glaubte, es handle sich dabei um zwei Wesenheiten, von denen jede für sich allein existieren könne.

Damals bestand übrigens neben dem Diesseits-Jenseits-Dualismus auch ein Dualismus von Leib und Seele. Auch von diesen beiden Gebilden nahm man an, jedes könne für sich allein existieren. Zudem nahm die Seele eine eigenartige Doppelstellung ein. Einerseits „war" sie Trägerin des „Lichts des menschlichen Verstandes" (heute würden wir sagen des Bewusstseins), gehörte somit zu „dieser" Welt. Anderseits stellte man sich vor, sie komme vom „Jenseits" her und werde – nach dem „irdischen" Tod – wieder dorthin entschweben. In dieser Hinsicht „war" sie ein „jenseitiges" Wesen. Dass der archaische Mensch dies nicht als Widerspruch empfand, ist übrigens auch ein Kennzeichen wenig entwickelten Bewusstseins.

In der ersten Phase des großen Evolutionsschritts wurde durch Ausbildung des weltanschaulichen Positivismus die Vorstellung sowohl einer „jenseitigen"

Welt als auch einer Seele aus dem Weltbild eliminiert. Da die Aufklärung die Seele der archaischen Weltsicht auf die Vernunft (Bewusstsein) reduziert hatte, war die junge empirische Psychologie eine Psychologie ohne Seele. Alles Psychische galt als dem Ich direkt verfügbar: Die ganze Psyche wurde dem subjektiven Bereich zugeordnet.

Die Entdeckung des arteigenen Unbewussten war nun gleichbedeutend mit der Wiederentdeckung der Seele). Der Ausdruck unbewusst impliziert die Bedeutungen „vom Ich nicht direkt erkennbar" und „dem Ich nicht verfügbar". Als gesehen werden konnte, dass durch die Entdeckung des Unbewussten die „jenseitige Welt" des archaischen Menschen in die menschliche Seele hereingeklappt worden ist – dass das, was der archaische Mensch sich als „jenseitige Wesen" vorstellte, immer schon seelische Mächte gewesen sind – und man zudem wieder erlernte, das Wirken dieser Mächte zu erfahren, wurde man gewahr, dass das Unbewusste nicht nur dem Ich nicht direkt verfügbar ist, sondern dass das Ich letztlich dem Unbewussten untergeordnet ist: dass es von diesem – wenn auch „an langer Leine" – geführt wird.

Seitdem durch den Nachweis der inneren Wahrnehmung die Enge der positivistischen Weltsicht gesprengt worden ist, müssen wir in der objektiven Wirklichkeit wiederum zwei Bereiche unterscheiden: einerseits die Außenwelt, zu der im Grunde genommen auch unser eigener Körper gehört, anderseits das Unbewusste. Der evolutionäre Gewinn des großen Entwicklungsschritts – das differenziertere Unterscheidungsvermögen, das dieser Schritt brachte – besteht darin, dass wir diese beiden Bereiche nicht mehr als gesonderte Wesenheiten sehen müssen, von denen jede für sich allein existieren kann, sondern lediglich als zwei Aspekte der an sich einheitlichen raumzeitlichen Wirklichkeit.

Diese unistische Betrachtungsweise wurde möglich durch den Erwerb des komplementären Denkens, das ebenfalls ein evolutionärer Gewinn ist, den der große Entwicklungsschritt des Bewusstseins brachte. Ich sagte absichtlich nicht „zwei Aspekte des Menschen", sondern „der raumzeitlichen Gebilde". Gemeint sind damit zumindest die Lebewesen, denn was die evolutionäre biologische Kognitionsforschung untersucht, sind arteigene Unbewusste verschiedensten Evolutionsgrades: von dem der Amöbe bis zu dem des Primaten. Gehen wir nämlich von der erfahrungswissenschaftlichen Definition von Bewusstsein als eines kognitiven Systems aus, das zur Unterscheidung von Ich und Nicht-Ich fähig ist, sind die kognitiven Systeme der Tiere und Pflanzen als nicht bewusste bzw. als unbewusste Systeme zu bezeichnen. Allerdings benötigen die Biologen diese Ausdrücke nicht, da sie ja an ihren Untersuchungsobjekten nicht wie die Tiefenpsychologen zwischen einem bewussten und einem unbewussten Bereich unterscheiden müssen.

Die Autonomie des Unbewussten

Die Entdeckung der Autonomie des Unbewussten war ebenso revolutionär wie die Entdeckung, dass der unbewusste Bereich der Psyche zur objektiven Wirklichkeit gehört. Autonomie – die Fähigkeit, nach eigenen Gesetzen zu leben – wurde bis dahin nur dem Bewusstsein bzw. dem Ich zugeschrieben. Zwar bezeichnete man in der Physiologie schon zu der Zeit, als das Unbewusste entdeckt wurde, das vegetative Nervensystem – den Teil des Nervensystems, der z. B. das Funktionieren des Verdauungstrakts und des Herz-Kreislauf-Systems steuert – als das autonome. Mit Autonomie wollte man in diesem Fall gerade hervorheben, dass dieser Teil des Nervensystems nicht vom „Willen", d. h. vom Ich beeinflusst werden kann: dass es sich hierin unterscheidet vom zerebrospinalen Teil, der die quer gestreifte, „willkürliche" Muskulatur innerviert. Dass das vegetative Nervensystem ein Teil dessen ist, was die Pioniere der Tiefenpsychologie das Unbewusste nannten, vermochte man aber damals – bei der Abschottung der Disziplinen – noch nicht zu sehen. Jedenfalls herrschte zu jener Zeit unter positivistischen Wissenschaftlern noch die Überzeugung, dass „in geistigen Belangen" der „Wille" absolut frei sei.

Diese Überzeugung wurde nur schrittweise korrigiert. Ein erster Schritt war Freuds Nachweis, dass es einen psychischen Bereich gibt, der vom Ich nicht beeinflusst werden kann. Die Vorstellung einer echten Autonomie des Unbewussten implizierte dies jedoch noch nicht. Wie erwähnt, verstand Freud die Theorie vom Unbewussten noch als Theorie zur Erklärung der Neurosen. Die dem Bewusstsein nicht zugänglichen Inhalte sah er noch in den „Komplexen": in den Gefühlen und Wünschen, die, weil sie mit den Vorstellungen des sozialen Milieus nicht vereinbar waren, aus dem Bewusstsein verdrängt wurden und – nun unbewusst geworden – sich zu gefühlsgeladenen, neurotische Symptome verursachenden Komplexen zusammenballten. Später rechnete er zum Unbewussten noch das Überich: die Summe der internalisierten gesellschaftlichen Normen. Auch war Freud noch der Meinung, das Unbewusste könne durch die psychoanalytische Methode sozusagen entleert werden. Deshalb sein Postulat: „Wo Es ist, muss Ich werden."

Aber schon die Vorstellung, dass der Mensch wegen seiner Komplexe „nicht Herr im eigenen Hause" sei, erregte damals heftigen Widerspruch, einen Widerspruch, der Freud zu der berühmt gewordenen Aussage veranlasste, seine Entdeckung bedeute eben – nach denen von Galilei und von Darwin – die dritte Kränkung der Menschheit. Dass dies nur für die positivistische „Menschheit" etwas Neues war, nicht aber für die archaische, die immer schon von den „Versuchungen des Teufels" und dem „Wirken des Heiligen Geistes" gewusst hat, vermochte Freud nicht zu sehen.

Zur endgültigen Relativierung der Vorstellung vom „absolut freien Willen" – und damit zur Einsicht in den autonomen Charakter des Unbewussten – führte erst die Entdeckung des arteigenen Unbewussten. Vollzogen hat sich dieser Prozess, wie gezeigt, vor allem über das Ringen um das Verständnis der Träume und deren Funktion im psychischen Prozess. Als es gelungen war, den Bedeutungsgehalt der „archaischen" Traumelemente zu verstehen, war Freuds Traumtheorie – die Theorie, Träume seien Wunscherfüllungen – überholt.

Es wurde erkennbar, dass Träume häufig die bewusste Einstellung korrigieren, dass sie z. B. sagen: „Sieh, diese negativen Eigenschaften hast du", „Das machst du falsch", „So solltest du es machen". Vertieft wurde die Einsicht in die Autonomie des Unbewussten, als man nicht nur dessen Reaktion auf die momentane Bewusstseinslage ins Auge fasste, sondern dessen Wechselwirkung mit dem Bewusstsein über längere Zeiträume hinweg. Da zeigte es sich, dass das Unbewusste die Entwicklung des Ich leitet und fördert: dass es ihm Zielvorstellungen und schöpferische Impulse zukommen lässt, dass es das Ich auf die vorgegebenen Ziele hin führt und drängt, dass es das Ich sogar, wenn dieses uneinsichtig ist, mit überlegener Gewalt zwingen kann, den vorgegebenen Weg zu gehen.

Zur Gewissheit, dass das Unbewusste autonom – eigenständig, und mächtig – ist, gelangte Jung allerdings nicht allein dadurch, dass er Analysanden beobachtete, sondern erst durch eigene Erfahrung, und zwar durch Erfahrung in einer seelischen Krise. Als nämlich Jung in dem Buch „Wandlungen und Symbole der Libido" seine weiterführende Sicht des Unbewussten dargelegt hatte, wandte sich Freud sowie dessen gesamte Anhängerschaft von ihm ab und verfemte ihn als Abtrünnigen. Jung, damals noch sehr ehrgeizig, sah seine Aussicht auf eine glänzende wissenschaftliche Karriere, die sich damals abzeichnete, zerrinnen. Hinzu kam, dass er damals 38 Jahre alt war, sich also an jenem Punkt seiner Lebenskurve befand, den er später als Wende der Lebensmitte bezeichnen sollte. Seine bisherigen Wertmaßstäbe sah er infrage gestellt. Um eine neue Orientierung – seinen eigenen Mythos, wie er es später nannte – zu finden, unternahm er das, was oft als Selbstexperiment bezeichnet wird: die existenzielle Auseinandersetzung mit seinem Unbewussten. Worum es dabei ging, zeigt uns ein Traum, den Jung zu Beginn dieses Unternehmens, am 18. Dezember 1913, hatte (Jung, 1962, 183 f.):

Ich fand mich mit einem unbekannten braunhäutigen Jüngling, einem Wilden, in einem einsamen, felsigen Gebirge. Es war vor Tagesanbruch, der östliche Himmel war schon hell, und die Sterne waren am Erlöschen. Da tönte über die Berge das Horn Siegfrieds, und ich wusste, dass wir ihn umbringen müssten. Wir waren mit Gewehren bewaffnet und lauerten ihm an einem schmalen Felspfad auf. Plötzlich erschien Siegfried hoch oben auf dem Grat des Berges im ersten Strahl der aufgehenden Sonne. Auf einem Wagen aus Totengebein fuhr er in rasendem Tempo den felsigen Abhang hinunter. Als er um eine Ecke bog, schossen wir auf ihn, und er stürzte, zu Tode getroffen. Voll Ekel und Reue, etwas so Großes und Schönes zerstört zu haben, wandte ich mich zur Flucht, getrieben von Angst, man könnte den Mord entdecken. Da begann ein gewaltiger Regen nieder zu rauschen, und ich wusste, dass er alle Spuren der Tat verwischen würde. Der Gefahr, entdeckt zu werden, war ich entronnen, das Leben konnte weitergehen, aber es blieb ein unerträgliches Schuldgefühl. [...]

Jungs Kommentar dazu:

Siegfried stellt das dar, was die Deutschen verwirklichen wollten, nämlich den eigenen Willen heldenhaft durchzusetzen. „Wo ein Wille, da ist ein Weg!" Dasselbe wollte auch ich. Aber das war nun nicht mehr möglich. Der Traum zeigte, dass die Einstellung, welche durch Siegfried, den Helden, verkörpert war, nicht mehr zu mir passte. Darum musste er umgebracht werden. Nach der Tat empfand ich ein überwältigendes Mitgefühl, so als sei ich selber erschossen worden. Darin drückte sich meine geheime Identität mit dem Helden aus, sowie das Leiden, das der Mensch erlebt, wenn er gezwungen wird, sein Ideal und seine bewusste Einstellung zu opfern. Doch dieser Identität mit dem Heldenideal musste ein Ende gesetzt werden; denn es gibt Höheres, dem man sich unterwerfen muss, als der Ich-Wille. [...]

Der braunhäutige Wilde, der mich begleitet und die eigentliche Initiative zur Tat ergriffen hatte, ist eine Verkörperung des primitiven Schattens. Der Regen zeigt an, dass die Spannung zwischen Bewusstsein und Unbewusstem sich löste.

Da Jung keinen Analytiker hatte, dessen begleitender Führung er sich hätte anvertrauen können, sah er sich gezwungen, allein herauszufinden, welchen Weg ihn sein Unbewusstes führen wolle. Da er außerdem einen starken Druck des Unbewussten spürte, glaubte er nicht einfach auf weitere Träume warten zu können. Er versuchte, „aktiv" zu ergründen, was das Unbewusste von ihm wolle. Die Technik, die er dazu erfand, nannte er deshalb später „Aktive Imagination". Diese Art von Imagination ist seither ein wertvolles Hilfsmittel in Psychotherapie und Psychagogik geworden. Unter anderen Namen ging sie in andere „Schulen" ein. Um hier wenigstens einen Eindruck zu vermitteln, worum es dabei geht, seien einige Stellen aus Jungs „Erinnerungen" (Jung, 1962, 184 ff.) angeführt:

Um die Fantasien zu fassen, stellte ich mir oft einen Abstieg vor. Einmal bedurfte es sogar mehrerer Versuche, um in die Tiefe zu gelangen. Das erste Mal erreichte ich sozusagen eine Tiefe von dreihundert Metern, das nächste Mal war es schon eine kosmische Tiefe. Es war wie eine Fahrt zum Mond, oder wie ein Abstieg ins Leere. Zuerst kam das Bild eines Kraters, und ich hatte das Gefühl, ich sei im Totenland. Am Fuß einer hohen Felswand erblickte ich zwei Gestalten, einen alten Mann mit weißem Bart und ein schönes junges Mädchen. Ich nahm meinen Mut zusammen und trat ihnen wie wirklichen Menschen gegenüber. Aufmerksam hörte ich auf das, was sie mir sagten. [...]

Philemon und andere Fantasiegestalten brachten mir die entscheidende Erkenntnis, dass es Dinge in der Seele gibt, die nicht ich mache, sondern die sich selber machen und ihr eigenes Leben haben. Philemon stellte eine Kraft dar, die ich nicht war. Ich führte Fantasiegespräche mit ihm, und er sprach Dinge aus, die ich nicht bewusst gedacht hatte. Ich nahm genau wahr, dass er es war, der redete und nicht ich. Er erklärte mir, dass ich mit den Gedanken so umginge, als hätte ich sie selbst erzeugt, während sie nach seiner Ansicht eigenes Leben besäßen wie Tiere im Walde, oder Menschen in einem Zimmer, oder wie Vögel in der Luft: „Wenn du Menschen in einem Zimmer siehst, würdest du auch nicht sagen, du hättest sie gemacht, oder du seist für sie verantwortlich", belehrte er mich. So brachte er mir allmählich die psychische Objektivität, die „Wirklichkeit der Seele" bei. [...]

Worauf es vor allem ankommt, ist die Unterscheidung zwischen dem Bewusstsein und den Inhalten des Unbewussten. Diese muss man sozusagen isolieren, und das geschieht am leichtesten, indem man sie personifiziert und dann vom Bewusstsein her einen Kontakt mit ihnen herstellt. Nur so kann man ihnen die Macht entziehen, die sie sonst auf das Bewusstsein ausüben. Da die Inhalte des Unbewussten einen gewissen Grad von Autonomie besitzen, bietet diese Technik keine besonderen Schwierigkeiten. Etwas ganz anderes ist es, sich überhaupt mit der Tatsache der Autonomie unbewusster Inhalte zu befreunden. Und doch liegt gerade hierin die Möglichkeit, mit dem Unbewussten umzugehen. [...]

Meine Wissenschaft war das Mittel und die einzige Möglichkeit, mich aus jenem Chaos herauszuwinden. Sonst hätte mir das Material angehaftet wie Kletten oder Sumpfpflanzen. Ich verwandte große Sorgfalt darauf, jedes einzelne Bild, jeden Inhalt zu verstehen, ihn – soweit dies möglich ist – rational einzuordnen und vor allem im Leben zu realisieren. Das ist es, was man meistens versäumt. Man lässt die Bilder aufsteigen und wundert sich vielleicht über sie, aber dabei lässt man es bewenden. Man gibt sich nicht die Mühe, sie zu verstehen, geschweige denn, die ethischen Konsequenzen zu ziehen. Damit beschwört man die negativen Wirkungen des Unbewussten herauf. [...]

Ganz allmählich zeichnete sich in mir eine Wandlung ab.

Sensitivität

Mit Absicht habe ich Jung so ausführlich zu Wort kommen lassen. Erstens ist in dem Bericht über sein „Selbstexperiment" fast alles enthalten, worauf es bei der existenziellen Auseinandersetzung mit dem Unbewussten ankommt, insbesondere auch der Hinweis auf die ethische Komponente: darauf, dass man die Weisungen des Unbewussten im Leben befolgen soll. Zweitens aber gewähren diese Texte auch Einblick in eine Begabung Jungs, die zu kennen für das Verständnis seines Werks unerlässlich ist.

Jung gehörte nämlich zu jenen Menschen, bei denen – in einem Bild ausgedrückt – die Membran, die das Bewusstsein vom Unbewussten trennt, in hohem Grade durchlässig ist: bei denen der innere Informationsstrom besonders leicht und ausgiebig zum Fließen kommt. Bei solchen Menschen ereignen sich leicht und häufig Visionen. In der Regel sind für sie Visionen nicht so sehr erschütternd, sondern einfach ein vertrautes Ereignis.

Ebenso vertraut sind ihnen aus eigener Erfahrung sogenannte parapsychische Phänomene wie Gedankenlesen, Hellsehen und Präkognition.

Bekannt ist z. B. die präkognitive Vision, in der Jung ein Jahr vor dem Ausbruch des Ersten Weltkriegs dessen Ausbreitung und Verwüstungen schaute und in der er sah, dass die Schweiz von diesem Geschehen verschont bleiben werde (Jung, 1962, S. 179).

> Im Oktober (1913), als ich mich allein auf einer Reise befand, wurde ich plötzlich von einem Gesicht befallen: Ich sah eine ungeheure Flut, die alle nördlichen und tief gelegenen Länder zwischen der Nordsee und den Alpen bedeckte. Die Flut reichte von England bis nach Russland und von den Küsten der Nordsee bis fast zu den Alpen. Als sie die Schweiz erreichte, sah ich, dass die Berge höher und höher wuchsen, wie um unser Land zu schützen. Eine schreckliche Katastrophe spielte sich ab. Ich sah die gewaltigen gelben Wogen, die schwimmenden Trümmer der Kulturwerke und den Tod von ungezählten Tausenden. Dann verwandelte sich das Meer in Blut. Dieses Gesicht währte etwa eine Stunde, es verwirrte mich und machte mir übel. Ich schämte mich meiner Schwäche.
> Es vergingen zwei Wochen, dann kehrte das Gesicht unter denselben Umständen wieder, nur die Verwandlung in Blut war noch schrecklicher. Eine innere Stimme sprach: „Sieh es an, es ist ganz wirklich, und es wird so sein; daran ist nicht zu zweifeln."

Die Tiefenpsychologie hat für Menschen mit derartiger Begabung – obwohl sie immer wieder mit solchen zu tun hat – keinen Fachausdruck. In der Parapsychologie werden sie als Sensitive bezeichnet. Allerdings wird hier mit diesem Ausdruck ein bestimmter Aspekt dieses Menschentyps benannt. Die Parapsychologie ist zwar ebenso wie die Tiefenpsychologie eine Wissenschaft vom Unbewussten. Sie interessiert sich jedoch nicht für die Wechselwirkung zwischen dem Bewusstsein und dem Unbewussten, sondern für die sogenannte außersinnliche Wahrnehmung: für jene Wahrnehmung der Außenwelt, die nicht über die bekannten Sinnesorgane geht (nicht zu verwechseln mit der inneren Wahrnehmung, die zwischen dem Unbewussten und dem Bewusstsein stattfindet). Es handelt sich dabei um jene Wahrnehmungsart, die bei Gedankenlesen, Hellsehen usw. eine Rolle spielt.

Bezüglich der Theoriebildung ist die Parapsychologie allerdings noch nicht so weit wie die Tiefenpsychologie. Im jetzigen Stadium muss sie sich darauf beschränken, derartige Phänomene zu dokumentieren: nachzuweisen, dass sie vorkommen, wobei sie im Einzelfall sowohl physikalisch erklärbare Sachverhalte als auch Selbsttäuschung und Betrügereien ausschließen muss.

Dass es solche Phänomene gibt, hat die wissenschaftliche Parapsychologie erwiesen. Auch hat sie – und das ist für unsere Betrachtung wichtig – den Nachweis erbracht, dass „außersinnlich" wahrgenommene Information nicht unmittelbar ins Bewusstsein fließt, sondern ins Unbewusste, und dass das Unbewusste dann entscheidet, ob und wie viel davon ins Bewusstsein aufsteigen soll. Aus diesem Grund kann der Sensitive nicht über seine Begabung zum bewussten Innewerden von „außersinnlich" Wahrgenommenem verfügen. Er kann sich – z. B. wenn Versuche mit ihm angestellt werden – nur bemühen, günstige Bedingungen dafür zu schaffen, dass es geschieht. Ob es dann geschieht, hat er nicht in der Hand. Steigt „außersinnlich" Wahrgenommenes ins Bewusstsein auf, dann geschieht dies über den inneren Informationsstrom.

So gibt es denn nicht nur Telepathie im Wachzustand, sondern auch telepathische Träume und Visionen. Hier berührt sich das Forschungsgebiet der Parapsychologie mit dem der Tiefenpsychologie. In der analytischen Praxis hat man es denn auch häufig mit Sensitiven im Sinn der Parapsychologie zu tun. Es zeigt sich nun, dass diese Menschen nicht nur eine Begabung für „außersinnliche" Wahrnehmung haben, sondern dass ganz allgemein deren „Durchlässigkeit" für Botschaften aus dem Unbewussten außergewöhnlich groß ist: dass bei ihnen der innere Informationsstrom besonders leicht zum Fließen kommt, besonders intensiv ist, und dass solche Menschen z. B. aktive Imagination nicht mühsam erlernen und einüben müssen, sondern dass sich diese bei ihnen sozusagen von selbst einstellt.

Es scheint mir deshalb gerechtfertigt, den Ausdruck „Sensitive" auch in der Tiefenpsychologie – und hier in einem erweiterten Sinn – anzuwenden. C. G. Jung wäre in diesem Fall als ein in hohem Grad Sensitiver zu bezeichnen, und seine Sensitivität ist der Schlüssel zum Verstehen dessen, was sich während seines „Selbstexperiments" ereignet hat. Während der positivistischen Phase der Bewusstseinsevolution ist das Verständnis für sensitive Begabung völlig abhanden gekommen. Dies zeigt sich z. B. darin, dass heute noch die meisten Vertreter der Schulpsychiatrie diesen Phänomenen völlig hilflos gegenüberstehen. In jenen Kulturen jedoch, die sich vor dem Hintergrund der archaischen Weltsicht entfalteten, war man damit sehr vertraut. Sensitive nannte man damals Seher, Propheten usw.

Wegen der konkretistischen Apperzeption des innerlich Wahrgenommenen galten sie als Seher und Verkünder „übernatürlicher" Wirklichkeiten. In der christlichen Tradition sprach man auch von Charismatikern und verstand unter Charismata: „Gaben des (als konkrete Person vorgestellten) Heiligen Geistes". Die Sensitivität Jungs war unabdingbare Voraussetzung dafür, dass er seine bahnbrechenden Entdeckungen machen konnte. Sie war jedoch nur Voraussetzung. In archaischer Zeit waren Sensitive ja Gründer und Erneuerer von Religionen, und Jung hätte – bei seiner Vorliebe für gnostisches Schrifttum – ohne Weiteres Gründer einer neognostischen Sekte werden können. Sein Beitrag zur Evolution des Bewusstseins beruht gerade darauf, dass er dies nicht wurde: dass er seine „Gesichte" nicht – dem spontanen Eindruck entsprechend – konkretistisch verstand, sondern sich bewusst wurde und blieb, dass die ihm begegnenden Gestalten Veranschaulichungen, Projektionen psychischer Inhalte waren.

Dass er dies zu erkennen vermochte, verdankte er nicht nur seiner naturwissenschaftlichen Ausbildung, die er während des Medizinstudiums genossen hatte, sondern auch dem glücklichen Umstand, dass er während Jahren an der psychiatrischen Universitätsklinik Burghölzli gearbeitet hatte. Das Burghölzli war damals eine Pionierstätte der eben entstehenden Psychiatrie. Dort lernte Jung unter seinem Chef Eugen Bleuler, einem der damals kompetentesten Erforscher der Schizophrenie, psychopathologische Symptome exakt zu beobachten und zu klassieren. Dort wurde er auch zu seinen Assoziationsexperimenten angeregt, mit denen es ihm gelang (mit ganz anderer Methodik als Freud), das Vorhandensein unbewusster gefühlsbetonter Komplexe nachzuweisen. Auch hat er dort mittels des sog. psychogalvanischen Experiments schon psychosomatische Studien betrieben. Am Burghölzli – in einem noch durch und durch positivistischen Milieu – ist ihm aber auch schon seine Sensivität zugutegekommen. Da er von Jugend auf mit der Welt der inneren Bilder vertraut war, begnügte er sich nicht mehr mit dem damals üblichen Etikettieren der Psychosen aufgrund psychopathologischer Symptomatik. Er versuchte mit sehr großer Geduld, die Fantasien chronisch schizophrener Patienten zu verstehen.

All diese Voraussetzungen halfen ihm dann, beim Bemühen um die Interpretation der „archaischen Elemente" in Träumen gesunder (nicht psychotischer) Menschen über die Theorie Freuds hinauszugehen und später bei seinen Erlebnissen im „Selbstexperiment" einen klaren Kopf zu bewahren und nicht in archaische Apperzeption (vgl. S. 24 ff.) zurückzufallen.

Die Psyche als selbstregulierendes System
Kommen wir auf die Schlüsselfunktion des Archetypbegriffs zurück. Wie wir gesehen haben, führte dieser Begriff zur Entdeckung des arteigenen Unbewussten sowie zur Einsicht in dessen Zugehörigkeit zur objektiven Wirk-

lichkeit und dessen Autonomie gegenüber dem Bewusstsein. In einem weiteren Schritt bereicherte Jung seine Modellvorstellung der Psyche, als ihm klar wurde, dass die Psyche als Ganzes sich wie ein selbstregulierendes System verhält. Erstens strebt sie nach Ganzheit, d. h. nach Optimierung zwischen divergierenden Tendenzen. Divergierend wirkt vor allem die Spontanaktivität des Ich. Zweitens ist die Psyche fähig zu fortwährender Transformation, jedoch so, dass dabei ständig die Ganzheit erstrebt wird.

Nun besteht das Herz jedes selbstregulierenden Systems in der „zentralen Einheit": in einem „Zentrum", das die einfließende Information – sowohl von außerhalb wie von innerhalb des Systems – mit den eingegebenen Sollwerten vergleicht und dann situationsgerechte Wirkimpulse abgibt. In positivistischer Zeit glaubte man – insofern man überhaupt im Sinn der Kybernetik zu denken versuchte –, die „zentrale Einheit" der Psyche sei das Ich. Es war eine der folgenschwersten Entdeckungen Jungs, dass auch das Unbewusste „zentriert" ist: dass die menschliche Psyche somit zwei „zentrale Einheiten" hat und – was das Wichtigste ist – dass diese in einem hierarchischen Verhältnis zueinander stehen, wobei das im Unbewussten gelegene „Zentrum" das dominierende ist.

Anders gesagt: Das Ich reguliert zwar den bewussten Bereich, die Regelung der gesamten Psyche, einschließlich des Bewusstseins mit seinem Ich, wird jedoch durch das im unbewussten Bereich gelegene Zentrum reguliert. Diese oberste „zentrale Einheit" nannte Jung das Selbst. Der Ausdruck war nicht glücklich gewählt, da er schon dem Wortlaut nach zu vielen Missverständnissen führte. Wir wollen ihn jedoch hier beibehalten.

Nun ist es aber nicht so, dass das Selbst das Ich auf starre Weise regelt. Es führt dieses vielmehr – in einem Bild ausgedrückt – an langer Leine. Im Unterschied zu technischen Regelsystemen sind biologische Systeme spontanaktiv. Auch das Ich ist spontanaktiv und besitzt infolgedessen einen großen Handlungsspielraum. Das Verhältnis des Ich zum Selbst kann mit dem eines Filialleiters zur Hauptgeschäftsleitung verglichen werden. Vom Leiter einer Filiale wird ein hohes Maß an Initiative und Entscheidungsfreudigkeit verlangt. Überschreitet er jedoch die allgemeinen Richtlinien der Hauptgeschäftsleitung zu sehr und über zu lange Zeit hinweg, greift diese ein und stutzt ihn zurecht. Mit Auswirkungen derartigen Zurechtstutzens des Ich durch das Selbst hat es der Tiefenpsychologe in der alltäglichen Praxis zu tun: mit Neurosen, psychosomatischen Störungen, Versagen in Ehe und Beruf usw., aber auch mit oft erschütternden und aufrüttelnden inneren Erlebnissen, die einen Ausweg aus der Krise aufzeigen.

Der innere Informationsstrom erscheint dadurch in einem klareren Licht. Er ist der Kanal, über den die Optimierung der Strebungen von Ich und Selbst geschieht. Aber dieser Kanal ist keine Einbahnstraße. Bewusst wahrnehmen können wir zwar nur jene Impulse, die vom Unbewussten ins Bewusstsein fließen. Aus der Beobachtung der Art und Weise, wie das Unbewusste auf Entscheidungen des Ich – oft schon auf das, was das Ich in Erwägung zieht – reagiert, wird jedoch erkennbar, dass auch Information vom Ich zum Selbst fließt: dass zwischen dem Selbst und dem Ich eine echte Wechselwirkung – eine Rückkoppelung im Sinne der Kybernetik – besteht.

Die Entdeckung des Selbst kann als Markstein in der Evolution des Bewusstseins gesehen werden: als archimedischer Punkt, von dem aus das archaische Weltbild definitiv aus den Angeln gehoben wurde. Es zeigte sich nämlich, dass dann, wenn das Selbst in den Gestaltungen des Unbewussten sich selber veranschaulicht, dies in Gestalt jener archetypischen Bilder geschieht, welche Religionswissenschaftler aus allen Breiten und Zeiten als Gottesbilder zusammengetragen haben. Anders gesagt: Es wurde erkennbar, dass alle Vorstellungen von menschennahen Gottheiten – einschließlich der Christus-Vorstellung – darauf beruhten, dass Veranschaulichungen des Selbst konkretistisch apperzipiert wurden.

Jung hat später oft das Selbst den „Archetypus an sich" genannt. Offensichtlich gebrauchte er in diesem Fall den Ausdruck „Archetyp" in der zweiten Bedeutung: nicht im Sinn von Bedeutungsmuster, sondern von Bedeutungssender bzw. neuraler Struktur oder – in der Sprache der Neurobiologie ausgedrückt – von Gesamtintegrator. Es sei hier noch einmal darauf hingewiesen, dass der Archetypbegriff mit dem Fortschreiten der Erkenntnisse Jungs einen gewissen Wachstumsprozess durchgemacht hat und dass Jung dann den gleichen Ausdruck zur Bezeichnung unterschiedlicher Sachverhalte gebrauchte. Wegen der vielen Missverständnisse, die daraus resultierten, will ich diesen „Wachstumsprozess" noch einmal skizzieren.

Geschaffen hat Jung seinen Archetypbegriff (nicht den Ausdruck „Archetyp"; den hat er aus dem Sprachschatz übernommen), als er entdeckte, dass sich die Vielfalt der Gestalten und Geschehensabläufe in Träumen, Visionen und Mythen auf einige wenige Grundmuster von Bedeutung zurückführen lässt.

Als Jung erkannte, dass er mit dem so verstandenen Archetypbegriff den Schlüssel zur Erschließung des Unbewussten in der Hand hatte, muss seine Überlegung folgende gewesen sein: Wenn sich in den Gestaltungen des Unbewussten arteigene Bedeutungsmuster nachweisen lassen, muss es in der Psyche bzw. im Zentralnervensystem arteigene Strukturen geben, die diese Muster hervorbringen.

In der Folge gebrauchte Jung auch zur Benennung dieser Strukturen den Ausdruck „Archetyp". Je mehr archetypische Bedeutungsmuster in den Gestaltungen des Unbewussten nachgewiesen wurden, desto größer wurde demnach die Liste der archetypischen Strukturen oder Archetypen im Sinne von Struktur. Als Jung schließlich erkannte, dass die Psyche nicht nur strukturiert, sondern zentriert ist – dass sie wie ein selbstregulierendes System funktioniert –, wurde ihm klar, dass deren zentrale informationsverarbeitende Einheit alle archetypischen Strukturen, die er bisher unterschieden hatte, in sich enthält, und dass sie, wenn sie sich ans Ich wendet, die archetypischen Bilder hervorbringt. Aus diesem Grund verwendete er dann den Ausdruck „Archetyp" auch zur Bezeichnung dieser „zentralen Einheit", die er sonst das „Selbst" nannte. Nur sprach er in diesem Fall meistens vom Archetyp an sich oder vom Archetyp der Archetypen.

Die Suche nach historischen Präfigurationen

Heute ist die Theorie des Selbst – wenn man sie vor dem Hintergrund der Ergebnisse der evolutionären biologischen Kognitions- und Emotionsforschung betrachtet – etwas geradezu Selbstverständliches. Als Jung sie konzipierte – um 1920 herum – war sie hingegen revolutionär, und zwar nicht nur für die Theologie, deren Vorstellungswelt ja durch sie geradezu auf den Kopf gestellt wurde. Revolutionär war sie auch für die Tiefenpsychologie, die damals noch ganz von Freuds Modellvorstellung des Unbewussten dominiert war. Geradezu inakzeptabel galt sie natürlich der positivistischen – ausschließlich im Ich zentrierten – akademischen Psychologie.

Jedenfalls fand Jung im Bereich der damaligen Humanwissenschaft nichts, an das er hätte anknüpfen können. Um sich zu vergewissern, dass er mit seiner Theorie des Selbst nicht – wie er es nannte – „ganz aus der Menschheit heraus gefallen" sei, kam er auf die Idee, nach historischen Präfigurationen des Selbst zu suchen. Er sagte sich, die archaischen Schulen der Spiritualität hätten sich ja vor allem um seelische Wachstumsprozesse bemüht und somit – im Unterschied zur Theologie – ihre theoretischen Vorstellungen über die Seele vor allem auf Beobachtungen gestützt. Bei seinem Suchen nach historischen Präfigurationen der Vorstellung eines Selbst stieß er auf die hinduistische Vorstellung des Atman. Im Inana-Yoga, einer spirituellen Schule des Vedanta, wusste man, dass sich in der Seele neben dem Ich noch etwas diesem Überlegenes und „Edleres" befinde. Dieses Etwas nannte man Atman.

Für Jung war es eine große Erleichterung, festzustellen, dass er mit seinem Konzept des Selbst nicht „aus der Menschheit heraus gefallen" war: dass vor ihm schon andere aufgrund von Beobachtungen seelischer Reifungsvorgänge zu einer ähnlichen Vorstellung gelangt waren. Vielleicht war dieses Erleichtertsein der Grund dafür, dass Jung es unterließ, seine Vorstellung des Selbst von der des Atman abzugrenzen.

Im Vedanta – einem Abkömmling der Veda-Religion, der Religion der indogermanischen Einwanderer – herrschte nämlich die gnostische Vorstellung von der Weltentstehung vor. Unter Brahman, dem absoluten Göttlichen ohne Eigenschaften und Qualitäten, verstand man so etwas wie ein göttliches Pleroma, aus dem am Ende des Emanationsprozesses Atman als „göttliche Substanz im Menschen" übrig geblieben war. Die Meditationspraktiken des Inana-Yoga zielten denn auch darauf ab, den Atman wiederum dem Brahman anzunähern. Von dieser typisch archaischen Vorstellung der Partizipation des Atman am Brahman hat sich Jung, wenn er auf die Parallele zum Begriff des Selbst hinwies, nie abgegrenzt. Vielleicht dachte er nicht daran, vielleicht aber hat er den Unterschied gar nicht bemerkt.

Dass er sich nie ganz von der archaischen Weltsicht gelöst hat, wurde erwähnt. Dazu kommt, dass er stets eine Vorliebe für Schriften aus Religionen vom gnostischen Typ hatte, weil er in diesen eine größere Nähe zu Erfahrungen unbewusster Prozesse feststellte als in denen vom theistischen Typ, und dass er bei seiner Kritik des Christentums dies gern ausspielte.

Die mangelnde Abgrenzung des Selbst gegenüber der Atman-Brahman-Partizipation durch Jung hatte schwerwiegende Folgen. Sie war es, die zu Spekulationen über kosmische Dimensionen und göttliche Qualitäten des Selbst führte: zu Spekulationen, auf die sich nun auch Transpersonale Psychologen gerne stützen. Begonnen haben solche Spekulationen schon bei einigen Schülern der ersten Generation, die vor allem an Äußerungen des alternden Meisters anknüpften. Besonders wild ins Kraut geschossen sind sie dann, als nach dem Zweiten Vatikanischen Konzil viele Priester, um heiraten und den Dienst in der Kirche quittieren zu können, den Analytiker-Beruf als „Brotberuf" ergriffen, es jedoch unterließen, sich über den Unterschied der erkenntnistheoretischen Voraussetzungen von Theologie und Tiefenpsychologie Klarheit zu verschaffen.

Der Individuationsprozess

Nach der Entdeckung des Selbst war der Prozess im Prinzip abgeschlossen, der zu jener Modellvorstellung der Psyche führte, die als grundlegend neues Paradigma innerhalb der empirischen Psychologie bezeichnet werden kann. Abgeschlossen war er jedoch erst im Prinzip, denn noch fehlte dem Modell die zeitliche Dimension. Mit der Einsicht in die Selbstregulation der Psyche war zwar die statische Auffassung überwunden. Von nun an musste man sich die Psyche als Prozess vorstellen.

Noch war aber nicht geklärt, ob dieser Prozess beliebig verläuft, insbesondere, ob er durch kindliche Erlebnisse oder durch soziokulturelle Prägung in grundverschiedene Richtungen gelenkt werden kann. Gerade zu jener Zeit tobte unter Kultur-Anthropologen – vor allem in den USA – der sogenannte Nature-nurture-Streit: der Streit, ob die Entwicklung des Menschen durch natürliche Anlage oder durch die Umwelt bestimmt werde. Dass dabei – aufs Ganze gesehen – sich die Befürworter der soziokulturellen Prägung obenauf schwangen, zeigte sich im dominanten Auftreten der Behavioristen: jener psychologischen „Schule", die die Meinung vertrat, alles werde erlernt, d. h. von der Umwelt bestimmt.

Heute kann der Behaviorismus als überwunden gelten. Überwunden wurde er vor allem durch die Arbeit der Humanethologen: jener Forscher, die den Menschen mit den Methoden der (biologischen) Verhaltensforschung untersuchen und so das Vorhandensein einer Fülle angeborener bzw. phylogenetisch erworbener zentralnervöser Strukturen nachwiesen.

Nun hatte aber C. G. Jung schon vor dem Aufkommen des Behaviorismus den Nachweis erbracht, dass die Entwicklung des Menschen sich nach einem arteigenen, d. h. von der Natur bestimmten, zeitlichen Muster vollzieht, und dass dieses Grundmuster durch soziokulturelle Prägung lediglich modifiziert bzw. variiert wird. Allerdings geht es hier um einen Aspekt menschlicher Entwicklung, der nur mit der tiefenpsychologischen Methode erschlossen werden kann, nicht aber mit denen der Verhaltensforschung. Was letztere erbringen, soll später besprochen werden. Es handelt sich dabei um größtenteils unbewusste Verhaltensweisen bzw. Strategien der Lebensbewältigung, die sich in Motorik äußern. Bei dem von Jung entdeckten zeitlichen Muster handelt es sich hingegen um ein Grundmuster seelischer Reifung: um Vorgänge, die nur bei der tiefenpsychologischen „Feldarbeit" beobachtet werden können.

Um zu begreifen, dass sie hierbei beobachtet werden können, ist es wohl ratsam, sich über den Unterschied von Pädagogik und Psychagogik Rechenschaft zu geben. Der Analytiker bzw. Psychagoge erzieht den Analysanden nicht, vor allem nicht nach einem vorgefassten Plan. Im Gegenteil: Er steht wie ein Geburtshelfer sozusagen daneben und leistet lediglich Beihilfe bei einem autonom ablaufenden Prozess. Er sieht zu, wie das Unbewusste des Analysanden auf dessen bewusste Überlegungen und Absichten reagiert, und hilft dem Analysanden, die Bildersprache, in der diese Reaktionen codiert sind, zu entschlüsseln.

Nun war Jung schon zur Entdeckung des Selbst durch die Beobachtung gelangt, dass diese „Reaktionen" des Unbewussten so sind, wie wenn – in einem Bild gesprochen – von dorther jemand, der mehr Überblick hat als das Ich, Regie führen würde. Geschieht aber diese Regieführung nach einem für alle Menschen gleichen „Drehbuch"? Die alltägliche Erfahrung zeigt jedenfalls, dass die Lebenswege der Menschen außerordentlich verschieden sind. Nun lässt aber die tiefenpsychologische Arbeit viel mehr in die Tiefe blicken als die Alltagserfahrung: dorthin, wo die entscheidenden Weichenstellungen erfolgen. Außerdem bewährte sich bei diesem „Blick in die Tiefe" wiederum Jungs außergewöhnliche Begabung zur Mustererkennung. Es fiel ihm auf, dass trotz der großen Vielfalt konkreter individueller Lebenswege doch allen etwas Gemeinsames zugrunde liegt: ein allgemeines Programm, nach dem an gewissen Punkten des Lebens vom Unbewussten her die Weichen gestellt werden.

Jung nannte den Prozess, der sich nach diesem Programm vollzieht, Individuationsprozess. Um zu erfassen, was damit gemeint ist, muss man sich vor Augen halten, dass Individuation erstens nicht nur beim Menschen stattfindet und dass zweitens Individuation des Menschen unter verschiedenen Aspekten ins Auge gefasst werden kann: unter dem biologischen, dem geistig-intellektuellen und dem seelischen. Individuation trat in dem Moment in die Welt, in dem Mehrzelligkeit „erfunden" wurde. Mehrzellige Individuen haben eine beschränkte Lebenszeit und entwickeln sich während dieser Zeit von der Jugend- über die Erwachsenen- zur Altersform.

Auch die biologische Entwicklung des Menschen folgt diesem Muster. Sie ist mit dem Sonnenlauf – mit deren scheinbaren Aufstieg und Abstieg – vergleichbar: als quantitative Zunahme und Abnahme der körperlichen Spannkraft. Auch die geistig-intellektuelle Entwicklung folgt diesem Muster. Das Muster der seelischen hingegen ist nicht quantitativ zu erfassen. Nach dem Überschreiten des Zenits ist in ihm eine qualitative Veränderung eingeplant.

Worum es bei dieser qualitativen Veränderung geht, kann wohl am ehesten gesehen werden, wenn man das Ich ins Auge fasst. Bei der Geburt besitzt der

Mensch noch kein Ich. Als zu dieser Zeit noch unbewusstes Lebewesen erfolgt die Steuerung all seiner Aktivitäten durch das Selbst. Erst im Verlauf der frühen Kindheit erwächst aus dem Meer des Unbewussten – wie eine vulkanische Insel aus dem Ozean – Bewusstsein und, als Zentrum desselben, ein Ich. Zu Beginn ist dieses Ich noch wenig gefestigt. Während der ersten Hälfte des Lebens – also bis ins Erwachsenenalter hinein – zielt das innere Programm auf Festigung und Stärkung des Ich.

Diese Festigung geschieht stufenweise. Was auf jeder Stufe bis in die Adoleszenz hinein geschieht, wurde in unserem Jahrhundert von der Entwicklungspsychologie im Detail und unter verschiedensten Aspekten erforscht. Nach der Adoleszenz „will" das innere Programm, dass der Mensch aus der Geborgenheit der Familie „ins Leben hinaus" tritt. Zumindest für den Mann heißt dies – idealtypisch – einen Beruf zu erlernen und auszuüben, eine materielle Existenz aufzubauen, sich einen Platz in der Gesellschaft zu erkämpfen, eine Familie zu gründen und Kinder großzuziehen.

Diese Phase des Lebens bzw. des arttypischen Programms, das diese Phase des Lebens steuert, wurde seit jeher in den Heldenmythen bildhaft dargestellt: in den Mythen vom jungen Helden, der auszieht, um das „kostbare Kleinod" zu finden und zu gewinnen, der auf dem Weg dazu viele Abenteuer bestehen, Kämpfe mit Gegnern und Ungeheuern ausfechten muss, der falschen und guten Ratgebern begegnet usw. Das Motiv der Heldenfahrt findet sich sozusagen in allen Mythologien. Es ist ein archetypisches Motiv. In der Sprache der Tiefenpsychologie ausgedrückt ist die Phase nach der Pubertät die Lebensphase, in der der Heldenmythos gelebt werden muss.

Ist der Heldenarchetyp gelebt worden, d. h., ist der Mensch den Aufgaben, die das arteigene Programm für diese Zeit vorschreibt, nicht ausgewichen, macht sich um die Lebensmitte eine Veränderung bemerkbar. Was bis dahin einzig erstrebenswert schien, verliert seine Attraktivität. Unzufriedenheit, Unruhe, Suchen nach etwas noch Unbekanntem setzt ein. Es ist die im inneren Programm vorgesehene qualitative Wende der Lebensmitte: die Umstellung auf das Programm der zweiten Lebenshälfte.

Jung beobachtete nun, dass der arteigene Lebensplan für die zweite Lebenshälfte eine große, schwer zu bewältigende Aufgabe vorgesehen hat: die Nachentwicklung all der Qualitäten, die bei der „Heldenfahrt" vernachlässigt wurden. Das Bemühen um Stärkung des Ich ist nämlich verbunden einerseits mit dem Bemühen, dem Sog des Unbewussten – der Sehnsucht nach dem so bequemen paradiesischen Zustand unbewussten Dahinlebens – zu entkommen, anderseits mit dem Bemühen, sich gegen die Widerstände der harten äußeren Wirklichkeit durchzusetzen und zu behaupten. Dabei kommt notwendigerweise die Beziehungsfunktion zu kurz: die Entwicklung des bewussten Bezogenseins auf – im Unterschied zur unbewussten Partizipation an – Umwelt, Mitwelt sowie auf das innere Selbst.

So werden denn während der zweiten Lebenshälfte – in der Terminologie Jungs ausgedrückt – der Reihe nach der Archetyp des Schattens, der Archetyp von Anima bzw. Animus und der Archetyp des Selbst konstelliert. Bei der Konfrontation mit dem Schatten, die vor allem durch „Schattenträume" bewirkt wird, geht es um zweierlei. Erstens wird dabei das Ich mit seiner durch die „Heldenfahrt" zustande gekommenen Hypertrophie und Verhärtung konfrontiert: mit seinen ihm unbewussten beziehungsgefährdenden Eigenschaften, die heutzutage vor allem unter dem Ausdruck „Homo-Faber-Mentalität" zusammengefasst werden können. Anderseits entdeckt das Ich dabei bisher unentwickelte, weil – unter dem Druck des sozialen Milieus – unbewusst gebliebene Qualitäten und Fähigkeiten. Nach dieser Reinigung und Besinnung ist die Bahn dafür frei, dass die Beziehungsfunktion nach entwickelt werden kann. Nun sagte Jung, in dieser Phase des Individuationsprozesses stelle sich die religiöse Frage. Diese Aussage hat zu vielen Missverständnissen geführt. Von Theologen wurde sie oft in dem Sinne missverstanden, dass der Mensch nun vom Unbewussten dazu gedrängt werde, „in den Schoß der Kirche" zurückzukehren. Zur Zeit Jungs ist dies zwar gelegentlich vorgekommen, und auch heute noch kommt es in vereinzelten Fällen vor: dann, wenn der betreffende Mensch sich im archaischen Weltbild noch aufgehoben fühlt.

Indessen sieht man heute doch klar, dass zwischen Religiosität und Religion unterschieden werden muss: dass es sich bei Religiosität um eine Haltung handelt, bei Religionen jedoch um soziokulturelle Gebilde, die aus der archaischen Weltsicht hervorgegangen sind: um Gebilde, die Vorstellungen (ein „Glaubensgut"), Verhaltensmuster (Magie und Ritus) sowie ein Selbstverständnis der „Glaubensgemeinschaft" aufweisen, die für die archaische Art des Weltverstehens typisch sind. Jung hat lediglich beobachtet, dass das Ich bei fortschreitendem Individuationsprozess vom Unbewussten dazu gedrängt wird, seine Beziehung zum Unbewussten bzw. zum Selbst zu verbessern: zur Bereitschaft zu gelangen, bei seinen Entscheidungen auch die Intentionen des Selbst zu berücksichtigen und dessen Weisungen sogar dann zu befolgen, wenn sie den bewussten Absichten widersprechen.

Diese Haltung wurde in unserer Tradition als religiös bezeichnet. Der Ausdruck „Religiosität" wird heute abgeleitet vom lateinischen religere (= sorgfältig beachten). Die Römer, die diesen Ausdruck schufen, meinten damit die

Bereitschaft, den Willen der Numina (= der unsichtbaren Mächte) zu beachten. Die Erforschung des Individuationsprozesses hat nun ergeben, dass Religiosität im arteigenen Programm eingeplant ist: dass Religiosität zum Menschsein gehört. Allerdings können wir seit der Mutation des Bewusstseins auch erkennen, dass es für die Echtheit dieser Haltung gleichgültig ist, ob man sich die unsichtbaren Mächte „droben im Himmel" vorstellt oder „in den Tiefen der Seele". So gibt es denn seit der Überwindung der archaischen Weltsicht Religiosität im vollen Sinn des Wortes auch ohne Religion.

Durch die Entdeckung des Selbst hat C. G. Jung unserer Zeit somit – nach der areligiösen positivistischen Zwischenphase – die religiöse Dimension wieder erschlossen. Indessen hat er damit gleichzeitig eine neue Auffassung von Religiosität erschlossen: eine Religiosität, die der heutigen Ebene der Bewusstseinsevolution entspricht, und das ist Religiosität ohne Religion.

Bedeutungsvoll ist die Entdeckung, dass Religiosität zum Menschsein gehört, vor allem deshalb, weil der Mensch, wie die tiefenpsychologische Beobachtung gezeigt hat, ein echtes, bewusstes Bezogensein auf andere Menschen (= „Liebe") nur dann entwickeln kann, wenn er eine gute Beziehung zu seinem Unbewussten bzw. Selbst hat: weil dadurch einsichtig geworden ist, wie allein die heute so dringend notwendige Nachentwicklung der (gegenüber der hoch entwickelten Technologie zurückgebliebenen) Menschlichkeit geschehen kann.

Weil zu der Zeit, als Jung das arttypische Muster des Individuationsprozesses entdeckte, weder die Theologie noch die positivistischen Wissenschaften – schon gar nicht die akademische Psychologie und die psychoanalytische „Schule" – dafür Verständnis aufbringen konnten, suchte Jung wiederum nach „historischen Präfigurationen". Die erste derartige Schrift, die er in die Hände bekam, war der altchinesische Text „Das Geheimnis der goldenen Blüte". Weitere „Präfigurationen" fand er im Kundalini-Yoga. Als „Präfiguration" im christlichen Bereich erwiesen sich „Der Aufstieg auf den Berg Karmel" von Johannes vom Kreuz sowie die „Seelenburg" der Therese von Avila; und als „Präfiguration" in der abendländischen Subkultur erwiesen sich, wie erwähnt, Aussagen der spirituellen Alchemisten über den Vollzug des „Opus": über das „Werk", durch das der „Stein der Weisen", d. h. die psychische Ganzheit, „geschaffen" werden kann.

In all diesen Schriften ist – vor dem Hintergrund archaischen Weltverstehens und in der Terminologie des jeweils gültigen Mythos – das Grundmuster seelischer Reifung gemäß arteigenem Programm dargestellt. Dank der durch Jung erschlossenen Möglichkeit, die Bildersprache des Unbewussten zu entschlüsseln, können wir das in diesen (damals noch konkretistisch verstandenen) Bildern Dargestellte in unsere heutige Begriffssprache übersetzen. Übrigens begegnen wir in den Symbolen, die in die archaischen „Präfigurationen" eingegangen sind, vielen Symbolen, die auch bei Menschen unserer Zeit während eines Individuationsprozesses in Träumen und Fantasien, eventuell in Visionen, auftauchen.

Die Selbstdarstellung der Psyche in den Gestaltungen des Unbewussten

Kommen wir zurück auf das, was zur Methode gesagt wurde. Die meisten der bis dahin beschriebenen Schlussfolgerungen aus der Tatsache, dass es „archetypisch" strukturierte Gestaltungen des Unbewussten gibt, können im Sinne der Kausalanalyse verstanden werden, wobei die Gestaltungen des Unbewussten als Symptome im Sinn der Semiotik behandelt wurden. Auf die Parallelen dieses Vorgehens mit dem der Verhaltensforschung habe ich hingewiesen. Jetzt gilt es jedoch, Unterschiede zwischen den beiden Zugangsweisen ins Auge zu fassen.

Die Verhaltensforschung kann – wegen der Möglichkeit des Tierversuchs – die Ergebnisse ihrer Symptomanalyse häufig durch neurophysiologische Untersuchungen abstützen. Die Tiefenpsychologie kann dies nicht. Hingegen hat sie einen Schlüssel in der Hand, den die Verhaltensforschung nicht besitzt: die Möglichkeit, die Gestaltungen des Unbewussten als Texte zu nehmen und deren Bedeutungsgehalt zu verstehen.

In diesen Texten stellt die Psyche sich selber dar: sowohl ihre Funktionselemente als auch ihre Funktionsweise. Klassiert man nämlich die in Träumen, Visionen und Fantasien vorkommenden Gestalten und Geschehnisse nach ihrem semantischen Gehalt – und führt diese auf ihre Grundbedeutung zurück –, erkennt man zwei Hauptklassen von archetypischen Motiven: solche, die Persönlichkeitskomponenten bzw. „Mächte" des Unbewussten darstellen, und solche, in denen Wandlungs- bzw. Entwicklungsvorgänge veranschaulicht werden. Der Klasse der Persönlichkeitskomponenten lassen sich – in der Terminologie von Jung – folgende zuordnen:

1. Die Schattenfiguren: gleichgeschlechtliche Figuren, welche verdrängte sowie noch unentwickelte Eigenschaften und Fähigkeiten darstellen.
2. Anima- und Animus-Figuren: gegengeschlechtliche Figuren, welche die Beziehungsfunktion – die Beziehungsfähigkeit des Ich zu anderen Menschen wie auch zum Selbst – zur Darstellung bringen, und zwar in der Art, wie diese durch das Hineinwachsen in die gesellschaftlichen Strukturen

vernachlässigt oder verbogen ist und auch – als Zielvorstellung – in welcher Richtung sich diese entwickeln sollte.

3. Die Figuren des alten Weisen und der alten weisen Frau. In dieser Gruppe, zu der auch Bilder von guten Geistern zählen, stellt sich das dem Ich überlegene Wissen des Unbewussten – dessen Fähigkeit zu Mehrleistung gegenüber dem Bewusstsein – dar.

4. Die Figuren, in denen das Selbst – der eigentliche „Autor" aller Gestaltungen des Unbewussten – sich selber veranschaulicht. Bei diesen Selbstdarstellungen des Selbst in Träumen und Visionen kommen, wie schon erwähnt, die gleichen Bilder zustande, wie sie aus den verschiedensten Religionen als Gottesbilder und -symbole bekannt sind. Weil das unbewusste Führungssystem auf die bewusste Einstellung korrigierend oder fördernd einwirkt, werden die in den Gestaltungen des Unbewussten veranschaulichten Persönlichkeitskomponenten als Mächte erlebt: als Wirkkräfte, die dem Ich überlegen sind und denen gegenüber das Ich infolgedessen eine religiöse Haltung einnehmen muss. Dass die „Mächtigkeit" des Unbewussten in jenen seltenen Fällen, in denen das Selbst selber auftritt, am intensivsten erlebt wird, habe ich erwähnt, ebenso dass jene Erlebnisse wegen ihres numinosen Charakters in archaischer Zeit als Gotteserlebnisse – als Begegnungen mit dem „lebendigen" Gott – verstanden wurden.

Mit der zweiten Klasse archetypischer Bilder – mit denen der Wandlung – wird das Prozesshafte des psychischen Geschehens veranschaulicht. Häufig verwendet die bildschöpferische Instanz dazu Zahlen. So drückt die Zahl Sieben – z. B. eine Treppe mit sieben Stufen, eine Burg mit sieben Ringmauern – die Tatsache aus, dass seelische Entwicklungsprozesse stufen- bzw. etappenweise vor sich gehen, wobei keine Stufe übersprungen werden kann. Das Erklimmen einer einzelnen Stufe – die Phasen eines einzelnen Entwicklungsschritts – wird oft durch die Zahlen Eins bis Vier veranschaulicht.

Dabei wird die erste Phase, in welcher der neue, das Bewusstsein wandelnde Inhalt eben erst aus dem Unbewussten aufzutauchen beginnt, das Ich fasziniert, jedoch von ihm noch nicht verstanden werden kann, durch die Zahl Eins ausgedrückt. Zerfällt der Inhalt dann in Gegensatzpaare, wobei die Gegensätze noch als unvereinbar angesehen werden, erscheint die Zahl Zwei.

Dass die Bearbeitung der Gegensätze voranschreitet oder vorwärtsdrängt und dass die Assimilation des zur Bewusstwerdung drängenden Inhalts sich vorbereitet, wird durch die Zahl Drei ausgedrückt. Dass das Übersteigen (Transzendieren) der Gegensätze in Form des sogenannten transzendierenden

Symbols – der eigentliche Bewusstwerdungsschritt – besonders schwierig und mühsam ist, zeigen die Gestaltungen des Unbewussten durch die sogenannte Konstellation des fehlenden Vierten an: z. B. durch eine an einem quadratischen Tisch sitzende Gruppe von Kartenspielern, wobei der vierte Spieler fehlt.

Das Ende des Entwicklungsschritts, bei dem die Gegensätze wiederum einheitlich, jedoch in einer differenzierten Einheit – eben als vereinigendes Symbol – gesehen werden können, veranschaulicht die Zahl Vier. Die Darstellung der symbolisch zu verstehenden Zahlen geschieht, wie obige Beispiele zeigen, selten durch ein arithmetisches Zahlenzeichen, sondern meistens durch die Anzahl von Gegenständen, Figuren oder Bildelementen.

Auch durch Bild-Geschichten werden die Gesetzmäßigkeiten psychischer Wandlung oft dargestellt. Charakteristisch für solche Bild-Geschichten ist, dass sie den Naturgesetzen und damit den Gesetzen der Logik widersprechen. So drückt z. B. das weitverbreitete Mythologem (Mythenmotiv) von Leiden, Tod und Auferstehung die Tatsache aus, dass eine neue, entwicklungsmäßig höhere Einstellung nur durch den „Tod" der alten – d. h. durch Preisgabe vertraut und lieb gewordener Vorstellungen – erlangt werden kann, und dass das Aufgeben einer überholten Einstellung voraussetzt, dass man an deren Ungenügen leidet.

Eine besondere Art der Verbildlichung seelischer Wandlungsprozesse findet sich im schon erwähnten alchemistischen Schrifttum. Die Alchemisten waren ja einerseits Vorbereiter der heutigen Chemie, indem sie die chemischen Grundverfahren wie Lösung, Extraktion, Filtration, Destillation und Sublimation erarbeiteten sowie auch Verfahren zur Gewinnung zahlreicher Stoffe. Neben diesem handwerklichen Aspekt hatte die Arbeit vieler Alchemisten jedoch noch einen spirituellen: Nicht nur Materie sollte veredelt werden, sondern gleichzeitig auch der Mensch. Bei diesem doppelten Bemühen der Alchemisten ergab es sich, dass sich ihnen die Gesetzmäßigkeiten seelischer Wandlungsprozesse in Gestalt chemischer Hantierungen und Vorgänge verbildlichten. Dabei lässt sich übrigens die Rückkoppelung des Bewusstseins ans Unbewusste beobachten: die Tatsache, dass das Unbewusste mit Vorliebe die Bilder benützt, die dem Ich von seiner bewussten Tätigkeit her besonders vertraut sind.

Die sprachschöpferische Funktion des Unbewussten
Sieht man sich die Bilder – die schon erwähnten wie auch die vielen anderen, aus denen sich ein vollständiger Traum- oder Visionstext zusammensetzt

– genauer an, bekommt man einen Einblick in die sprachschöpferische Funktion des Unbewussten. Natürlich geht es hier nicht um die Bildung der Wortsprache, obwohl auch diese, wie man heute weiß, in unbewussten Strukturen gründet. Es geht hier um die Fähigkeit des Unbewussten, psychische, d. h. unanschauliche Sachverhalte in der Bildersprache zu codieren, in der Träume, Visionen und Fantasien abgefasst sind. Wir haben gesehen, dass jedes archetypische Bedeutungsmuster durch eine Vielzahl von Bildern ausgedrückt wird, und dass man somit die verschiedenartigen Bilder, die das gleiche archetypische Bedeutungsmuster veranschaulichen, als Synonyme bezeichnen kann. Nun sind Träume und Visionen – sprachwissenschaftlich betrachtet – sowohl semantisch wie syntaktisch reich strukturierte Texte. Das Unbewusste, das sie kreiert, muss somit die Fähigkeit haben, aus den vielen möglichen Synonymen jeweils dasjenige auszuwählen, das in den Kontext passt.

Ein anderer Aspekt der sprachschöpferischen Fähigkeit des Unbewussten eröffnet sich uns, wenn wir die Art der verwendeten Bilder näher betrachten. Es zeigt sich dann, dass das Unbewusste zwar Bilder und Bildelemente verwendet, die dem Menschen von der Sinneserfahrung her vertraut sind, dass es sie jedoch auf zwei grundverschiedene Arten einsetzt. Erstens verwendet es Bilder, die als solche in der sinnlich wahrnehmbaren Welt vorkommen, z. B. Bäume, Berge, Straßenkreuzungen usw., oder Fortbewegungsarten wie Gehen, Rad fahren, Reisen im Auto oder Flugzeug. Jedes dieser Bilder wird dazu benützt, einen bestimmten Aspekt des psychischen Geschehens darzustellen.

In den Gestaltungen des Unbewussten finden sich aber auch Bilder, die als solche in der sinnlich wahrnehmbaren Welt nicht gefunden werden können. In diesen – den eigentlichen Fantasiebildern – zeigt sich eine besondere kompositorische Fähigkeit des Unbewussten: nicht nur die Fähigkeit zur Komposition von Texten mit entsprechender Wortwahl, sondern auch zur Komposition von Bildern. Das Unbewusste schafft nämlich Fantasiefiguren und fantastische Geschehensabläufe, indem es Bildelemente, die der Sinneswahrnehmung entnommen sind, zu etwas Neuem zusammenfügt.

Betrachten wir ein Beispiel. Der Bewusstseins-Prozess verläuft in der Regel in einem dynamischen Gleichgewicht zwischen – von der Gesamtpsyche her gesehen – integrierenden und desintegrierenden Tendenzen. Die Tendenz zur Desintegration wird in der Sprache des Unbewussten u. a. veranschaulicht durch die unüberschaubare Menge jener Figuren, die in der Mythologie unter dem Begriff Dämonen zusammengefasst werden. Sehen wir uns z. B. die bildlichen Darstellungen jenes Dämons an, der sich im christlichen Mythos schließlich durchgesetzt hat: des Teufels.

Das klassische Kompositionsmuster von Teufelsdarstellungen in der christlichen Kunst ist Folgendes: ein menschlicher Körper, meist von dunkler Farbe, Füße eines Pferdes oder eines Bocks, ferner Hörner, der Schwanz einer Kuh oder eines Reptils und statt Finger Krallen eines Greifvogels. Alle Elemente sind uns von der Sinneswahrnehmung her bekannt, die Figur als solche ist jedoch eine Neuschöpfung des Unbewussten, die dann allerdings von den meisten Individuen einer christlichen Population aus dem Traditionsstrom – über die Sinneswahrnehmung – übernommen wurde.

Auf analoge Art komponiert wie die Bilder der Dämonen oder bösen Götter sind auch die der guten Gottheiten: jene Bilder, welche die zentrale integrierende Instanz der Psyche – das Selbst – darstellen. Kompositionen von etwas Neuem aus bekannten Elementen finden wir auch in den schon besprochenen „fantastischen" Geschehensabläufen, wie z. B. in den Motiven des christlichen Mythos: im Bild von Leiden, Tod und Auferstehung eines Gottes, der Geburt durch eine Jungfrau, des Hervorgehens des Sohnes aus dem Vater oder des Heiligen Geistes aus dem Vater und dem Sohne zugleich.

Zwei Kategorien von Mythen

Kommen wir noch einmal auf den Mythos zurück. Aus der Erkenntnis Jungs, dass Mythen bildsprachliche Formulierungen des Unbewussten sind, ergab sich ja die Möglichkeit, Mythen zur Entschlüsselung der Sprache des Unbewussten beizuziehen. Nun eignen sich dazu nicht alle Mythen in gleicher Weise. Bei der Erarbeitung des Grundmusters archaischer Weltsicht hat sich nämlich herausgestellt, dass es zwei grundverschiedene Kategorien von Mythen gibt: die religiösen und die erklärenden.

Den religiösen Mythen ist z. B. der christliche zuzuordnen: der Mythos vom göttlichen Vater, der seinen eingeborenen Sohn Mensch werden ließ, damit er die Menschen erlöse, usw. Den religiösen zuzuordnen ist auch der Kern des „Glaubensguts" aller anderen Religionen. Religiöse Mythen sind sozusagen Konzentrate von Bildern und Motiven, in denen seelische Sachverhalte und Gesetzmäßigkeiten dargestellt sind: die „Mächte" des Unbewussten sowie deren Wechselwirkung mit dem Ich, in erster Linie die zwischen dem Selbst und dem Ich.

Anders verhält es sich mit den erklärenden. Bei ihnen geht es um die Erklärung von Sachverhalten der Außenwelt. Als bewusstes Lebewesen kann es der Mensch nicht dabei belassen, festzustellen, dass etwas ist. Aus innerem Drang muss er darüber hinaus immer auch fragen, wie es ist. Deshalb ist der Mensch – über die Feststellung von Fakten hinaus – gleichzeitig zur Theoriebildung angelegt. Nun wissen wir heute, dass immer dann, wenn der Mensch sich über das Wie und Woher der sinnlich erfahrbaren Dinge Fragen stellt, zu deren Beantwortung ihm die kognitiven Mittel fehlen, sich Fantasien in das Wissensvakuum hinein ergießen bzw. auf die Dinge und Geschehnisse der Außenwelt projizieren: Fantasien, die zum Teil tatsächliche physische Zusammenhänge darstellen, zum größten Teil jedoch psychische.

Die tiefenpsychologische Forschung hat zwar gezeigt, dass am Beginn jeder grundlegenden Theoriebildung – als Antwort auf Fragen des Ich – das Sichergießen von Fantasien steht. Wie die Geschichte der Entdeckungen ergab, kann dies in Form von Träumen und Visionen geschehen; meistens aber geschieht es in Form von Wachfantasien bzw. „Einfällen". Seit der Erarbeitung erfahrungswissenschaftlicher Methoden im Verlauf der Neuzeit gehört es jedoch zum Ethos des Forschers, dass er die Fantasien durch Erhebung von Daten nachkontrolliert: in den Kulturwissenschaften durch kritische Beurteilung der Quellen und – wo möglich – durch gezieltes Nachfragen; in den Naturwissenschaften durch wiederholte Beobachtung, wenn möglich durch Simulation isolierter Teilprozesse im Experiment.

Erfahrungswissenschaftliche Methoden sind ein Charakteristikum der Neuzeit. Zwar haben in der Antike schon die Vorsokratiker einen Anlauf in dieser Richtung unternommen, doch ist dieser, weil damals die Bewusstseinsevolution noch nicht weit genug vorangeschritten war, bald wieder erlahmt. Abgesehen von bescheidenen Ansätzen ist es bis zu Beginn der Neuzeit zu erfahrungswissenschaftlich fundierter Theoriebildung nicht gekommen.

Unter der Dominanz der archaischen Weltsicht kam es nur zur Bildung mythischer Theorien. Mythische Theorien können naturerklärende sein, wie z. B. Weltschöpfungsmythen, Mythen über die Entstehung des Menschen, der Pflanzen und Tiere. Zu den naturerklärenden Mythen bzw. mythischen Theorien gehören auch die vielen mythischen Anatomien und Physiologien, die mythischen Krankheitslehren und Pharmakologien. Die Alchemie, dieses schillernde Gebilde, war zu einem großen Teil mythische Theorie über die Materie. Den erklärenden Mythen zuzuzählen sind auch die historischen: wörtlich verstandene Fantasien, zu denen das Unbewusste durch das Fragen nach den Ursprüngen und der frühen Geschichte des eigenen Volkes angeregt wurde.

Wegen ihres unterschiedlichen Gegenstandes – Innenwelt und Außenwelt – erlebten die beiden Kategorien von Mythen im Zug der Bewusstseinsevolution unterschiedliche Schicksale. Die erklärenden Mythen bzw. mythischen Theorien wurden seit Beginn der Neuzeit sukzessive durch erfahrungswissenschaftlich fundierte Theorien ersetzt. Mit anderen Worten: Natur und Kultur wurden entmythisiert. Hier erwiesen sich die wörtlich verstandenen mythischen Formulierungen als unwahr. Die religiösen Mythen hingegen wurden durch die erfahrungswissenschaftliche Forschung nicht ersetzt. Zwar wurde im Zug der Entdeckung des Unbewussten das konkretistische Verständnis derselben (vgl. S. 24 ff.) durch das symbolistische abgelöst. Am Für-wahr-Halten der religiösen Mythen änderte sich dadurch jedoch nichts. Allerdings hält man sie jetzt nicht mehr für physisch wahr wie in archaischer Zeit, sondern für psychisch wahr. Man versteht sie jetzt als in einer Symbolsprache codierte wahre Aussagen über die menschliche Seele.

Ethnologen und Religionshistoriker haben eine Unmenge von Mythen zusammengetragen. In diesem Sammelgut sind die beiden Kategorien von Mythen allerdings vermischt. Oft finden sich im gleichen Mythos naturerklärende, historische und religiöse Elemente. Vermischt sind diese auch in den sogenannten Heiligen Büchern, z. B. im Alten Testament der Bibel. Neben dem zentralen religiösen jüdischen Mythos finden sich dort nicht nur naturerklärende Mythen, sondern in reichem Ausmaß auch historische, vor allem in den Büchern Genesis und Exodus. Für die Deutung des Sinngehalts ist es jedoch wichtig, die beiden Kategorien auseinanderzuhalten. Ergiebig für die tiefenpsychologische Hermeneutik – für das Verständnis der Träume und Fantasien von Analysanden – sind vor allem die religiösen im weitesten Sinn, einschließlich deren „vulgarisierter" Formen, wie Märchen usw.

Inflation und Deflationierung des Archetypbegriffs

Erinnern wir uns an den Unterschied zwischen theoretischem und hermeneutischem Zweig der Tiefenpsychologie. Für beide Zweige hat Jung die Grundlage gelegt, denn der Archetypbegriff in seiner ursprünglichen Fassung – Archetyp im Sinne von Topos – erwies sich, wie gezeigt, als Schlüsselbegriff, mit dem sich sowohl die Sprache des Unbewussten wie auch Struktur und Funktion der menschlichen Psyche erschließen ließ.

Bei der heute kaum mehr überblickbaren Menge psychologisch-hermeneutischer Bücher hält es schwer, sich in die Situation von 1913 hineinzuversetzen, als Jungs epochemachendes Werk *Wandlungen und Symbole der Libido* erschien. Die Situation war ähnlich wie damals, als Jean-Francois Champillon (1799-1832) durch das Studium der dreisprachigen Inschrift auf dem Stein von Rosette den Schlüssel zur Entzifferung des ägyptischen Schriftsystems gefunden und damit das Tor für die Erforschung der geistigen Kultur Ägyptens geöffnet hatte: Das Tor war zwar geöffnet, verstanden war die Kultur jedoch noch nicht. Jungs hermeneutische Arbeit war gewaltig. Mit ihr schuf er nicht nur die Voraussetzung für eine fruchtbare Detailarbeit seiner Schüler und vieler Kulturforscher, sondern auch das Fundament, auf dem heute die sogenannte tiefenpsychologische Exegese durch Theologen aufbaut. Dass aber die einseitige Zuwendung Jungs zur Hermeneutik für die tiefenpsychologische Theorie Folgen hatte – Folgen, die deren Rezeption in der wissenschaftlichen Welt behinderten –, habe ich erwähnt.

Auf diesen Punkt muss nun noch einmal eingegangen werden. Vor allem muss jetzt noch etwas gesagt werden, das ich bisher beiseitegelassen habe. Es geht um die spekulative Erweiterung des Archetypbegriffs durch Jung. Wir haben gesehen, dass die Rezeption der tiefenpsychologischen Theorie schon durch ein diesem Wissenschaftstyp immanentes Faktum behindert wurde: durch die Tatsache, dass für die Ausbildung in Tiefenpsychologie eine Lehranalyse nötig ist und dass diese Ausbildung deshalb nicht in den Universitätsbetrieb integriert werden kann. Wir haben ferner gesehen, dass Jung seine bahnbrechende Theorie nie systematisch – unter allen ihren Aspekten – dargestellt hat und dass sich aus diesem Grund in seiner „Schule" ein Theorie-Defizit, ja sogar ein gewisser theoretischer Wildwuchs einstellte.

Nun müssen wir noch einmal auf die theoretischen Vorstellungen Jungs selber zurückkommen. Seine Theorie wird meistens als Archetypentheorie bezeichnet. Wenn es nun heute – im Rahmen humanwissenschaftlicher Grundlagenforschung – darum geht, die Konsequenzen durchzudenken, die Jungs Modell der unbewusst-bewußten Psyche bzw. seine „Archetypentheorie" für die bisherigen Arten des Weltverstehens hatte, müssen wir noch auf die Doppelbedeutung des Wortes „Theorie" eingehen. Im Lauf der Jahre hat nämlich Jung das Bedeutungsfeld seiner aufgrund von Beobachtungen und kausalanalytischen Schlüssen – also empirisch – erarbeiteten Grundbegriffe „Archetyp", „kollektives Unbewusstes" und „Selbst" maßlos erweitert, und zwar nicht empirisch, sondern spekulativ.

Wenn man nun von Archetypentheorie redet, sollte man sich darüber klar sein, in welchem Sinn man das Wort „Theorie" in diesem Fall gebraucht. Von einer wissenschaftlichen Theorie wird gesprochen erstens bei Aussagen über Sachverhalte, die der Beobachtung nicht direkt zugänglich sind: über Sachverhalte, die im Sinn der von Symptomen ausgehenden Kausalanalyse indirekt erschlossen werden müssen. Die meisten Aussagen der heutigen Naturwissenschaft sind Theorien in diesem Sinn. So spricht man z. B. von Molekulartheorie und Atomtheorie. Kein vernünftiger Mensch wird heute bezweifeln, dass es Moleküle und Atome gibt. Der Ausdruck „Theorie" wird aber noch in einer zweiten Bedeutung gebraucht: als Aussage darüber, was für ein Geschehen diesen erschlossenen Sachverhalten zugrunde liegt. Diese Doppelsinnigkeit von „Theorie" führt z. B. bei Auseinandersetzungen über die Evolution immer wieder zu Missverständnissen.

Einerseits ist die Aussage, dass eine kosmische Evolution, eine Bioevolution sowie eine Evolution des Bewusstseins stattgefunden hat, als Evolutionstheorie zu bezeichnen, denn diese Sachverhalte mussten indirekt nachgewiesen werden. Von der Feststellung des Faktums der Evolution ist jedoch zu unterscheiden, wie man sich das Zustandekommen der Evolution – die „treibende Kraft" des Evolutionsprozesses – erklärt. Da gab es der Reihe nach eine Lamarckistische, eine Darwinistische, eine Neodarwinistische, eine synthetische und neuerdings eine Eigensche und eine Prigoginsche Theorie. Während die Evolutionstheorie im Sinn eines Nachweises, dass eine Evolution stattgefunden hat, heute nur noch von Wenigen infrage gestellt werden kann, ist jede der bisherigen erklärenden Evolutionstheorien als bloße Annäherung – als ein zur gegebenen Zeit bestmöglicher Stand des Wissens – zu verstehen.

Die Aussage Jungs, dass die menschliche Psyche die im vorangehenden Kapitel beschriebene Struktur hat, kann, wenn man diesen Ausdruck gebrauchen will, als Archetypentheorie bezeichnet werden. Der Terminus „Theorie" ist dabei in der ersten Bedeutung zu nehmen, denn diese Struktur ist – wie die meisten von der Naturwissenschaft beschriebenen Strukturen – nicht direkt beobachtbar. Die Richtigkeit dieser Theorie ist denn auch unterdessen, wie noch zu zeigen sein wird, durch die Ergebnisse der Biowissenschaften bestätigt worden.

Nun hat Jung aber in späteren Jahren auch viel über das Wesen der Archetypen theoretisiert. Die dabei entwickelten Gedankengänge gehören, wenn man sie als Archetypentheorie bezeichnen will, zu den Theorien im zweiten oben beschriebenen Sinn. Nun muss aber gesehen werden, dass sie bei weitem nicht die wissenschaftliche Konsistenz haben wie z. B. die Evolutionstheorien. Obwohl Jungs Archetypentheorie in diesem zweiten Sinn von gewissen naiv gläubigen Jungianern heute noch für die „unantastbare, reine Wahrheit" gehalten wird, muss man doch zugeben, dass sie zu einem großen Teil ins Gebiet der Spekulation gehört.

Zu Beginn lehnte sich Jung bei seiner Reflexion über das Wesen der Archetypen einfach an die in der Biologie seiner Zeit noch gültigen Vorstellungen an. Als er z. B. sagte, die Archetypen seien der Niederschlag der Erfahrungen der

Menschheit, folgte er der damals in der Biologie noch vertretenen Lamarck-schen Theorie von der Vererbung erworbener Eigenschaften. Bezeichnete er die Archetypen als eine Seite der Instinkte, bewegte er sich ebenfalls noch im Rahmen des damaligen Stands der Biologie. Opposition gegen letztere Aussage erwuchs ihm erst später, als die neu aufgekommene Ethologie (Verhaltensfor-schung) eine exaktere Fassung des Instinktbegriffs erarbeitet hatte.

Mit eigentlichem Spekulieren über das Wesen der Archetypen begann Jung erst, als er in persönlichen Kontakt mit dem theoretischen Physiker Wolfgang Pauli (Nobelpreis 1945) kam. Da suchte er die scheinbare Inkom-mensurabilität zwischen dem psychischen Prozess und dem von der Physik erfassten Aspekt der Wirklichkeit durch Erweiterung des Archetypenbegriffs zu überbrücken. So sagte er z. B. 1946, die psychologische Feststellung über die Archetypen sei zwar qualitativer Natur, doch sei anzunehmen, dass Arche-typen eine latente physikalische Energie besitzen. Die Psyche müsse somit einen Aspekt haben, unter dem sie als bewegte Masse erscheint.

Zum Versuch eines Brückenschlags zwischen Psychologie und Physik wurde Jung insbesondere durch die Entdeckung der sogenannten Synchro-nizitätsphänomene angeregt. Er hatte beobachtet, dass sich oft zu gleicher Zeit (synchron) in der Psyche – z. B. als Traum – und in der Außenwelt etwas ereignet, wobei der Zusammenhang zwischen den beiden Ereignissen kausal nicht erklärbar ist, vom betreffenden Menschen jedoch als sinnvoll und für ihn bedeutsam erlebt wird.

Beim Bemühen, das Zustandekommen derartiger – immer wieder zu beo-bachtender Phänomene – zu erklären, entwickelte Jung seine Theorie der Synchronizität. Er postulierte, in der Natur sei eine Kraft wirksam, die von der Physik nicht erfasst worden sei: eine den ganzen Kosmos durchwaltende Kraft, die diesen mit (objektivem) Sinn erfülle. In den Synchronizitätsphäno-menen trete das Wirken dieser immer und überall vorhandenen Kraft sozusa-gen an die sichtbare Oberfläche. Abgesehen davon, dass diese Theorie meines Erachtens nicht mehr haltbar ist und dass sich heute näher liegende Erklä-rungsmöglichkeiten abzeichnen, ist zu beanstanden, dass Jung die postu-lierte, den ganzen Kosmos durchwaltende Kraft mit dem Archetypus an sich identifizierte: dass er den empirisch – durch Beobachtungen am Menschen – gewonnenen Archetypbegriff bzw. den Begriff des Selbst spekulativ zu einer kosmischen Größe ausweitete.

Mit beiden Erweiterungen des Archetypbegriffs – der Erweiterung in Richtung physikalische Energie bzw. raumzeitliches Kontinuum wie auch in Richtung einer die ganze Welt durchwirkenden, objektiven Sinn stiftenden

Kraft – verließ Jung den Boden der auf Empirie beruhenden erklärenden Theoriebildung und begab sich auf das Gebiet der Philosophie. Nun ist Grundlagenphilosophie – insbesondere auch im Sinne des Fragens nach dem, was die Welt im Innersten zusammenhält" – zwar eine legitime Sache. Sie sollte sich jedoch an den Ergebnissen der naturwissenschaftlichen Grundlagenforschung orientieren. Im Grunde genommen ging es Jung darum, den durch den weltanschaulichen Positivismus „abgestorbenen", mit der Wiederentdeckung der Seele, „wieder auferstandenen" Begriff des Objektiv-Geistigen so zu formulieren, dass er sich mit dem heutigen Begriff der Materie verträgt.

Nun war die Zeit nach dem letzten Krieg die Zeit, in der die Ergebnisse der „neuen" Physik vom allgemeinen Bewusstsein rezipiert wurden. Man gab sich damals der Illusion hin, mit der Quantenphysik könne man das gesamte Naturgeschehen restlos erklären. Bei Überlegungen über die Beziehung zwischen Materie und Geist stellte Jung – bildlich gesprochen – Elementarteilchen und menschliches Unbewusstes als gleichwertige Gebilde nebeneinander. Obwohl dies später von Physikern übernommen wurde und heute noch getan wird und obwohl derartige Versuche wegen des hohen wissenschaftlichen Prestiges der Physiker großen Anklang finden, kann man heute doch sehen, dass es untaugliche Versuche waren und sind, weil die Naturerkenntnis unterdessen mit Siebenmeilenstiefeln vorangeschritten ist.

Erstens haben sich seither Biochemie, Molekularbiologie und vergleichende Ethologie – Wissenschaften, die um 1950 gerade die ersten Gehversuche machten – geradezu exponentiell entfaltet und zu einer völlig neuen Sicht des Lebendigen geführt: insbesondere zur Entdeckung der geistigen Fähigkeiten der Lebewesen. Zweitens hat sich das Evolutionsdenken durchgesetzt, und zwar ein völlig neues Evolutionsdenken: das systemische.

Beim heutigen Stand des Wissens über die Natur erscheint der Glaube, man könne eine direkte Brücke von den Elementarteilchen zur menschlichen Psyche schlagen, geradezu naiv, weil diese beiden Gebilde völlig inkommensurabel sind. Die Elementarteilchen traten zu Beginn der Evolution in die Welt, das menschliche Unbewusste hingegen an deren bisherigem Ende. Zwischen beiden liegt eine unermessliche Zeit fortschreitender Komplexitätszunahme: von Systemsprüngen, wobei – wie man heute zu sehen vermag – bei jedem großen Systemsprung jeweils völlig neue Eigenschaften und Fähigkeiten in die Welt getreten sind. Es ist klar geworden, dass man beim Bemühen um eine Neufassung des Geist-Begriffs vom Evolutionsprozess ausgehen und dabei insbesondere die schrittweise Zunahme der Fähigkeit zur Informationsverarbeitung ins Auge fassen muss.

Kommen wir zu unserem Thema zurück. Nicht nur die Art und Weise, wie Jung an das Problem herangegangen ist, war verfehlt. Falsch – und für die Rezeption seiner Entdeckungen kontraproduktiv – war, dass er dazu den Archetypbegriff bis in kosmische Dimensionen ausgeweitet hat. Spekulativ ausgeweitet hat Jung übrigens den Archetypbegriff noch auf einer zweiten Schiene: bei seiner Auseinandersetzung mit der Theologie bzw. mit der Frage nach Gott. Konfrontiert wurde er mit dieser Frage ständig durch Analysanden: durch Menschen, die meistens aus ihrer angestammten Religion herausgefallen waren und unter der dadurch entstandenen Unbehaustheit litten. Konstelliert war die Frage aber auch in der Persönlichkeit Jungs selber: durch die Tatsache, dass er der Sohn eines „ungläubigen" Pastors war.

Auch für die Lösung des Gottesproblems war die Zeit damals noch nicht reif. Zwar war die archaische Weltsicht – und damit die Vorstellung eines erfahrbaren Gottes – durch die Entdeckungen Jungs de facto überholt worden. Die Konsequenzen dieser Entdeckung sowie deren Stellenwert im gesamten Wandel des abendländischen Weltverständnisses konnten jedoch, wie erwähnt, erst voll erkannt werden, als man das Problem unter dem Blickwinkel der Bewusstseinsevolution angehen konnte. Zwar hat Jung – in Anlehnung an die Gedankengänge evolutionistisch denkender Kulturphilosophen – oft von einer Evolution des Bewusstseins gesprochen. Geklärt werden konnte das Problem jedoch erst, als in den Siebzigerjahren – aufbauend auf den Erkenntnissen der unterdessen aufgekommenen evolutionären biologischen Kognitionsforschung – ein griffiger erfahrungswissenschaftlicher methodischer Ansatz zum Nachweis und zur Erforschung derselben gefunden war.

Im Grunde wusste Jung zwar, dass alle Vorstellungen eines menschennahen Gottes auf konkretistischem Missverständnis der Selbstdarstellungen des Selbst – Selbst verstanden als nachweisbares Zentrum der Psyche – beruhten. Oft genug hat er dies auch klipp und klar gesagt. Über weite Strecken sind denn auch in seinen Schriften die Ausdrücke „Gott" und „Mensch" als symbolische Ausdrücke für das Selbst und das Ich – als bloße Übernahme der ihm so vertrauten mythischen Ausdrucksweise – zu verstehen. Im hohen Alter weitete er jedoch auch auf der Schiene der Spekulation über Gott den Begriff des Selbst bzw. des Archetypus an sich sowie auch den des Kollektiven Unbewussten bis in kosmische Dimensionen aus und identifizierte mit diesen Begriffen schließlich Brahman, den hinduistischen Begriff für die „göttliche Fülle". Damit wurde das von ihm empirisch nachgewiesene individuelle Selbst zu einem „Allselbst". – Dass diese Spekulationen innerhalb der jungschen Schule von der Franzianischen Richtung weitergesponnen wurden, habe ich erwähnt, auch dass Theoretiker der New-Age-Bewegung daran angeknüpft haben. Weshalb bin ich so ausführlich auf diese schwache Seite in Jungs Werk eingegangen? Gewiss nicht, um Jungs wissenschaftliche Leistung herabzumindern, sondern im Gegenteil, weil ich der gleichen Meinung bin wie Leopold Szondi, der schon 1956 schrieb (Szondi, zit. n. Heusser, 1956, S. 247, 260):

> [...] muss jeder objektive Kritiker feststellen, dass neben der Lehre Freuds zu der Ganzheit der Tiefenpsychologie niemand so wichtige Bausteine beigetragen hat wie eben C. G. Jung, und zwar mit dem Ausbau der Lehre vom absoluten oder kollektiven Unbewussten. Im Laufe der Forschung dehnte er den Archetypusbegriff grenzenlos aus. Heute versucht er schon die relative Identität von Psyche und physikalischem Kontinuum auf einem Analogieverfahren zu propagieren [...]. Es wird die Aufgabe der Zukunft sein, den brauchbaren Kern der jungschen Psychologie von dem Gestaltungsprinzip und der formbedingenden Funktion des kollektiven Ubw auf diejenigen Grenzen zu reduzieren, welche diesen „Kern des Ubw" in Wirklichkeit beschränken. Erst nach dieser Reduktionsarbeit wird man über die gewaltige Rolle C. G. Jungs in der Geschichte der Lehre vom Unbewussten ein bleibendes Urteil fällen können.

An diese Reduktionsarbeit – diese Deflationierung des inflationierten Archetypbegriffs – habe ich mich, ohne die Äußerung Szondis zu kennen, in den Siebzigerjahren herangemacht. Es geschah unter dem Druck interdisziplinärer humanwissenschaftlicher Arbeit, insbesondere durch Konfrontation mit Vertretern der beiden anderen Wissenschaftstypen, die mich immer wieder fragten: „Was für eine Theorie hat die Tiefenpsychologie, und auf was für Beobachtungen stützt sie diese?"

Die Ergebnisse dieser Deflationierungsarbeit – den „brauchbaren Kern" nach Szondi – habe ich im vorangehenden Kapitel dieses Buches dargestellt; darin schilderte ich die Einsichten über die Tiefenpsychologie, zu denen ich im Verlauf von zwei Jahrzehnten interdisziplinärer humanwissenschaftlicher Arbeit gelangt bin. Nun scheint mir der Boden vorbereitet zu sein für die Beantwortung der Frage: Wie nimmt sich Jungs Modellvorstellung der menschlichen Psyche im Rahmen dessen aus, was man heute über Lebewesen weiß?

3. Tiefenpsychologie im Licht heutiger Naturwissenschaft

Notwendigkeit und Tücken interdisziplinärer Arbeit

Bemühen wir uns um Beantwortung der Frage, wie sich das Konzept des arteigenen Unbewussten im Rahmen des heutigen Wissens über Lebewesen – auch über das Kulturschaffende – ausnimmt, so stellen wir vorerst einmal fest: Das ganze Gebäude dieses Wissens kann nicht ohne Weiteres gesehen werden, denn es liegt erst in seinen Einzelteilen vor. Es ist niedergelegt in Einzeldisziplinen, von denen jede unter ihrem besonderen Blickwinkel mit ihrer besonderen Methode arbeitet und ihre besondere Terminologie verwendet. Die Konturen des Gesamtbildes müssen erst noch herausgearbeitet werden, und dies wiederum setzt interdisziplinäres – viele sagen transdisziplinäres – Denken voraus. Interdisziplinäres Denken steckt aber noch in den Kinderschuhen, obwohl dieser Ausdruck schon bis in den hintersten Winkel vorgedrungen ist. Die Erfahrung hat vor allem gezeigt, dass es mit dem guten Willen zur interdisziplinären Arbeit nicht getan ist: dass für eine fruchtbare interdisziplinäre Arbeit gewisse Voraussetzungen erfüllt werden müssen, und dass man gewisse Fallgruben, die das Erreichen des Ziels gefährden, bewusst ins Auge fassen muss.

Was ich im Folgenden schreibe – und vieles von dem, was ich im ersten Teil geschrieben habe – ist das Ergebnis jahrelangen Bemühens um interdisziplinäre humanwissenschaftliche Arbeit. Weil die Lektüre somit einem Nachvollzug interdisziplinärer Arbeit gleichzusetzen ist, sollen die angesprochenen Voraussetzungen und Fallgruben hier geschildert werden. Vorerst ist der Unterschied humanwissenschaftlicher Arbeit von anderen Formen der Interdisziplinarität zu beachten.

„Einfache" Interdisziplinarität – viele nennen es Multidisziplinarität – gehört z. B. in der Molekularbiologie zum Alltag. Kein größeres Projekt kann dort angegangen werden ohne Zusammenarbeit von Mikrobiologen, Biochemikern, Biophysikern, Informatikern und Mathematikern. Verständigung unter den Vertretern dieser Disziplinen ist kein grundsätzliches Problem, da alle von den gleichen erkenntnistheoretischen Voraussetzungen ausgehen: von denen des methodischen Positivismus. Auch unter Theologen – z. B. bei der Herstellung eines Werks über systematische Theologie – ist interdisziplinäre Arbeit problemlos, gehen sie doch alle vom archaischen Verständnis des Offenbarungsvorgangs aus.

Grundsätzliche Schwierigkeiten der Verständigung treten erst bei humanwissenschaftlicher Arbeit auf: beim Bemühen, ein der heutigen Zeit entsprechendes, erfahrungswissenschaftliches Menschenbild zu erarbeiten. Hier kommen nämlich nicht mehr nur Vertreter des gleichen Wissenschaftstyps zusammen, sondern Forscher aus allen drei Typen von Wissenschaft.

Gefahr des Schubladen-Denkens

Unabdingbare Voraussetzung für eine fruchtbare Arbeit ist hier, dass man sich über die unterschiedlichen erkenntnistheoretischen Grundlagen klar wird: über die Tatsache, dass bei solchen Gesprächen im Grunde Vertreter dreier Etappen der Bewusstseinsevolution am gleichen Tisch sitzen (Theologen, Positivisten, Tiefenpsychologen), dass diese – als Forscher – die Wirklichkeit auf drei völlig verschiedene Arten betrachten und somit drei in ihrer Grundstruktur verschiedene Sprachen sprechen. Sich über diesen Sachverhalt klar zu werden ist jedoch leichter postuliert als getan. Es geht dabei eben nicht nur um Informationsvermittlung, z. B. um das Sich-informieren-Lassen über den Verlauf der Bewusstseinsmutation. Es geht um Bewusstwerdung im eigentlichen Sinn des Wortes, und Bewusstwerdungsprozesse haben ihre eigene Gesetzmäßigkeit. Vor allem treten dabei erst einmal (unbewusste) Widerstände auf, gegen die in der Regel alle rationalen Argumente wirkungslos sind. Wird jedoch diese Bewusstwerdungsarbeit – das Sich-bewusst-Werden über die unterschiedlichen erkenntnistheoretischen Voraussetzungen – nicht geleistet, ist humanwissenschaftliche Arbeit zum vorneherein zum Scheitern verurteilt. Ich habe drei humanwissenschaftliche Arbeitskreise erlebt, die mit viel Elan und gutem Willen starteten, jedoch aus dem eben genannten Grund unproduktiv blieben und schließlich zu bloßen Schwatz- und Monologisierzirkeln degenerierten. Die Unterlassung des Sich-bewusst-Werdens des Unterschieds der drei Typen von Wissenschaft hat vor allem zweierlei Folgen. Erstens redet man in den entscheidenden Punkten aneinander vorbei, wobei oft auch unnötige Streitereien und Animositäten aufkommen. Zweitens ist dann das Verhaltensmuster des sogenannten Schubladen-Denkens an der Tagesordnung: das (unbewusste) Hin-und-her-Springen zwischen zwei miteinander unvereinbaren Weltbildern. Dabei wird immer wieder auf das archaische Weltbild zurückgesprungen, was bei der erwähnten Zielsetzung humanwissenschaftlicher Arbeit völlig kontraproduktiv ist. Geübt wird das Schubladen-Denken von Vertretern aller drei Wissenschaftstypen, allerdings von Positivisten und Tiefenpsychologen anders als von Theologen. Theologen haben dieses Verhaltensmuster – als Fortsetzung ihrer apologetischen Tradition – zu einer eigentlichen Meisterschaft entwickelt. Im Zug der (unvollständigen) Transformation von Theologie zu Christianistik haben sich viele von ihnen eine professionelle Ausbildung in positivistischen Disziplinen – meistens in kulturwissenschaftlichen – zugelegt, vermochten jedoch den Bannkreis archaischer Apperzeption, in dem sie „aufgewachsen" sind, nicht zu überschreiten. Bei humanwissenschaftlichen Gesprächen ziehen sie nun – in einem Bild gesprochen – die positivistische Schublade heraus. Da reden sie oft mit großer Sachkompetenz und erwecken den Eindruck, für Neues offen zu sein. Kommt jedoch das Gespräch auf „Wahrheiten des Glaubens", auf ethische oder andere Grundfragen des Menschseins, schaltet ihr Denken – ohne dass sie sich dessen bewusst werden – auf archaische Apperzeption um. Blitzschnell schieben sie die positivistische Schublade hinein, ziehen die archaische heraus und argumentieren nun mit dem gleichen Anspruch auf zeitgemäße Wissenschaftlichkeit weiter.

Ist man sich der unterschiedlichen erkenntnistheoretischen Voraussetzungen der drei Typen von Wissenschaft nicht bewusst, wird dieses Verhaltensmuster der Theologen von den anderen Teilnehmern des Arbeitskreises nicht durchschaut. Im Gegenteil, die meisten von ihnen sehen darin etwas völlig Normales. Es gibt nämlich sehr viele Natur- und Kulturwissenschaftler und auch eine nicht unbeträchtliche Anzahl von Tiefenpsychologen, die im Grunde ihrer Seele noch Archaiker sind. Sie verfallen sogar selber der Schubladenpsychologie. Besonders deutlich tritt dies in Erscheinung bei sogenannten interdisziplinären Tagungen über den Wandel des Welt- und Menschenbilds, die von Kirchen organisiert sind. Aus dem Heer der Naturwissenschaftler laden die Organisatoren dazu jeweils – mit sicherem Instinkt – latente Archaiker ein. Oft sind dies Spitzenvertreter ihrer Disziplin. Anstatt einen Beitrag zur Findung des neuen Welt- und Menschenbilds zu leisten, helfen sie dann – durch unbewusste Anwendung des Schubladen-Denkens – das archaische zu zementieren. Schubladen-Denken beruht auf Verdrängung und führt, wie jede Verdrängung, zu einer Verengung des Bewusstseins, die für viele offen daliegende Fakten blind macht.

Nicht nur Informationsanhäufung, sondern Integrationsarbeit

Bei der interdisziplinären humanwissenschaftlichen Arbeit geht es nicht darum, neue Fakten zu entdecken. Dies ist Sache der Fachdisziplinen. Es geht vielmehr darum, die schon bekannten Fakten im Zusammenhang bzw. in neuen Zusammenhängen zu sehen. Es läuft auf die Frage hinaus, was für ein Gesamtbild der Welt und des Menschen sich beim heutigen Stand des Wissens ergibt. Interdisziplinarität setzt somit Disziplinarität voraus. Fachkompetenz wird durch Erweiterung des Blicks über die Fachgrenzen hinaus lediglich von einem neuen Denken überlagert, muss jedoch weiter gepflegt werden.

Die Gefahr, dass Fachkompetenz vernachlässigt werde, ist allerdings kaum da. Eher ist das Gegenteil der Fall: dass die Erweiterung des Blickfelds über die Fachgrenzen hinaus oft in Wirklichkeit gar nicht stattfindet. So sollte man sich z. B. darüber klar werden, dass humanwissenschaftliche Arbeit in mehr besteht als im Abhalten von themenzentrierten Symposien, Vortragsreihen oder Ringvorlesungen, bei denen Vertreter verschiedener Disziplinen der Reihe nach ihr Fachwissen monologisch ausbreiten. Von humanwissenschaftlicher Arbeit kann man erst sprechen, wenn man sich bemüht, die Forschungsergebnisse unterschiedlicher Disziplinen zu integrieren.

Um diese Integrationsarbeit leisten zu können, muss das Bewusstsein geschärft sein für das Aspekthafte aller Ergebnisse wissenschaftlichen Forschens. Bewusstes Erkennen ist seiner Natur nach nicht panoramisch, sondern segmentär. Je intensiver wir unsere Aufmerksamkeit auf etwas richten, desto enger wird unser Gesichtsfeld schon im Alltag. Auf ganz neue Weise wird unser Gesichtsfeld jedoch segmentär bei Anwendung wissenschaftlicher Methoden. Da wird erstens ein Gesichtspunkt gewählt, zweitens wird ein methodisches Instrumentarium – ein geistiges oder/und ein apparatives – geschaffen, welches das ins Auge gefasste Objekt nur unter diesem Gesichtspunkt erschließt.

Dazu kommt, dass zur Benennung des bei einem bestimmten methodischen Zugang Erkannten Begriffssysteme (Terminologien) entwickelt werden müssen. Dafür werden oft Wörter der Alltagssprache oder auch wissenschaftliche Termini in einer ganz neuen Bedeutung gebraucht. Für Fachwissenschaftler hat dies den Vorteil, dass sie miteinander auf einfache Weise kommunizieren können. Es birgt für sie jedoch die Gefahr in sich, dass sie den von ihrer Disziplin gewählten Gesichtspunkt für den naturgegebenen halten, den durch ihre Methode erschlossenen Aspekt der Wirklichkeit für die ganze Wirklichkeit und schließlich die fachspezifische Bedeutung eines Ausdrucks für dessen einzige bzw. einzig richtige.

Das Beachten des „Zehn-hoch-Minus"

Das hier zu besprechende Thema – die Einordnung des tiefenpsychologischen Modells in den Rahmen dessen, was man heute über Lebewesen weiß – erfordert außer der Berücksichtigung der Aspekthaftigkeit aller Forschungsergebnisse noch die Bewusstwerdung dessen, was man das Zehn-hoch-minus nennt. Bei dieser Fragestellung genügt es eben nicht, die Lebewesen „von allen Seiten her" zu betrachten. Wir müssen sie auch auf verschiedenen Integrationsebenen ins Auge fassen: nicht nur auf der der mittleren Dimensionen, für die unsere Sinnesorgane geschaffen sind – der Zehn-hoch-Eins-Dimension – sondern z. B. auf der Zehn-hoch-Minus-Sechs-Dimension bzw. Nano-Dimension, auf der sich die molekularen zellulären Prozesse abspielen. Da alle Abbildungen lebendiger Strukturen, die wir zu sehen bekommen – auch die von Gebilden auf der molekularen Stufe –, auf unsere mittlere Dimension vergrößert sind, braucht es jedes Mal eine Anstrengung, sich wenigstens zu bemühen, sie uns in ihrer wahren Größe bzw. Kleinheit vorzustellen.

Sich die wahren räumlichen Dimensionen vor Augen zu halten ist deshalb notwendig, weil das System „höheres Lebewesen" hierarchisch aufgebaut ist: weil darin Systeme unterschiedlichsten Komplexitätsgrads übereinander aufgetürmt sind. Aus dem gleichen Grund müssen wir uns die verschiedenen unräumlichen Integrationsebenen vor Augen halten: die Tatsache, dass es sich, wenn wir von der intrazellulären Regulation, von der Regulation physiologischer Prozesse, von Verhaltensmustern, von unbewusster Steuerung des Gesamtverhaltens oder von bewussten Überlegungen sprechen, um Geschehen auf verschiedenen Integrationsebenen handelt, obwohl sich dies alles eventuell im gleichen Organ – im Gehirn – abspielt.

Dabei muss immer noch bedacht werden, was oben schon gesagt wurde: zwar lässt sich auf jeder Integrationsebene Erkenntnis über das Lebewesen Mensch gewinnen, aber die Beschreibung des Geschehens erfordert auf jeder Ebene eine andere wissenschaftliche Sprache. So sind z. B. die Ausdrücke „bewusst" und „unbewusst", „Ich" und „Selbst" ausgesprochen tiefenpsychologische, d. h. mittels der tiefenpsychologischen Methode erarbeitete Kategorien; daneben gibt es eine Begriffskategorie der Verhaltensforschung, und diese wiederum deckt sich nicht mit der der Neurobiologie oder Physiologie. Zur Kunst interdisziplinären Denkens gehört es nun, einerseits die Zugehörigkeit von Begriffen zu den unterschiedlichen methodischen Zugangsweisen zu kennen, andererseits die verschiedenen Begriffssysteme – wenigstens in Gedanken – zu einer einheitlichen Schau zu integrieren. Dies wiederum erfordert, dass man sich die Mühe nimmt, sich in andere Fachgebiete einzuarbeiten: dass man sich über deren methodisches Vorgehen und den dadurch erschlossenen Aspekt der Wirklichkeit klar wird, und dass man sich deren Ergebnisse wenigstens in den Grundzügen aneignet. Die Voraussetzungen für dieses beschwerliche und aufwändige Unternehmen sind ja innerhalb eines interdisziplinären Arbeitskreises recht günstig, da die hier vereinigten Fachwissenschaftler einem mit Rat und Tat an die Hand gehen können.

Wie soll nun die Konvergenz von Tiefenpsychologie und Biologie aufgezeigt werden? Da das Wissen über das Lebendige heute, wie gesagt, noch weitgehend in Einzeldisziplinen „eingelagert" ist, habe ich mich entschlossen, den Stoff um vier Stichworte herum anzuordnen: um die Ausdrücke Artspezifität, Selbstregulation, Kommunikation und Spontaneität. Mit diesen Ausdrücken werden einerseits die vier wesentlichen Aspekte des tiefenpsychologischen Modells hervorgehoben, anderseits sind es auch vier Grundbegriffe der neuen Biologie: Begriffe, durch die die neue Sicht des Lebendigen umschrieben werden kann.

Artspezifität

Dass in Mythen gewisse Motive immer wieder vorkommen, hatten vor Jung schon andere erkannt: z. B. der Völkerkundler Adolf Bastian (1826-1905) und der klassische Philologe Hermann Usener (1834-1905). Sie erklärten jedoch diese Tatsache durch Migration und Tradition: dadurch dass ein Motiv, einmal „erfunden", sozusagen von Volk zu Volk weitergereicht werde.

Der schöpferische und weiterführende Beitrag, den Jung zu dieser Frage leistete, war der Nachweis der Artspezifität: der Nachweis, dass sich darin Muster des Welterfassens äußern, die für die Art Homo sapiens typisch sind. Dass Jung zu dieser Einsicht kam, lag daran, dass er – im Unterschied zu den Kulturwissenschaftlern – von der Beobachtung am heute lebenden Menschen ausging: von der mittels der tiefenpsychologischen Methode zu machenden Beobachtung, dass in Träumen und Fantasien immer wieder die gleichen „archaischen Elemente" auftreten. Es war wie gesagt das Ringen um das Verständnis dieser Traumelemente, das ihn zur Entdeckung der Parallele zwischen diesen und den überlieferten Mythen führte.

Für die Kulturwissenschaftler leitete der Nachweis der Artspezifität der Mythenmotive eine kopernikanische Wende ein: eine Wende, deren Bedeutung sich erst heute – beim Ringen um ein zeitgemäßes erfahrungswissenschaftliches Menschenbild – voll erkennen lässt. Durch den Nachweis der Artspezifität kultureller Gestaltungen war nämlich eine Verbindung zwischen Kultur- und Naturwissenschaften hergestellt worden.

Die breite Kluft, über die hinweg bis dahin eine Kommunikation zwischen Kultur- und Naturwissenschaftlern praktisch unmöglich war, wurde dadurch überbrückt. Die Kluft war allerdings erst im Prinzip überbrückt. Bis die Brücke fest und breit genug war für einen regen geistigen Verkehr zwischen den beiden Ufern, musste noch vieles geschehen.

Widerstand der Kulturwissenschaftler gegen Artspezifität

Bei den Kulturwissenschaftlern, die mit Mythen zu tun haben – bei Ethnologen, Altphilologen, Orientalisten, Indologen und Religionswissenschaftlern –, löste die Idee der Artspezifität der Mythenmotive vorerst einmal Widerstand aus. Da diese Widerstände, wenigstens unterschwellig, auch heute noch vorhanden sind, seien sie hier näher betrachtet, ebenso die Etappen, über die sie innerhalb der Kulturwissenschaften teilweise abgebaut wurden.

Im tiefsten Grunde verbarg sich hinter diesen Widerständen wohl die Angst vor der Entthronung des Menschen, jenes „höheren Wesens", das sozusagen von oben her auf einen Thron gesetzt war und nun von dort aus „seiner Natur nach" über die „niedrige" Schöpfung regierte. Diese zutiefst internalisierte Vorstellung, die letztlich im biblischen Schöpfungsmythos gründete, war in säkularisierter Form in die humanistische Bildungsbewegung eingegangen. Dort manifestierte sie sich im Überlegenheitsgefühl der Geisteswissenschaftler, aus dem heraus diese z. B. den Biologen die Kompetenz absprachen, über die „wahre Natur" des Menschen etwas auszusagen.

Zu diesen „weltanschaulichen" Gründen des Widerstands gegen die Vorstellung der Artspezifität kultureller Bildungen kam noch das hinzu, was man als damaliges Meinungsklima in den Kulturwissenschaften bezeichnen könnte: ein schon gegen Ende des 19. Jahrhunderts zustande gekommener Satz von Grundüberzeugungen über die richtige Art des Forschens, die zwar selten ausgesprochen wurden, jedoch für die wissenschaftliche Arbeit bestimmend waren.

Die grundlegendste dieser Überzeugungen war das sogenannte Prinzip des Einzelfaktums, auch Atomismus genannt. Das Erheben von Einzelfakten ist zwar auch heute noch die Grundlage kulturwissenschaftlicher Arbeit und wird es auch in Zukunft sein. Charakteristisch für den Atomismus ist jedoch, dass der Blick zu ausschließlich auf die Einzelfakten gerichtet, den Beziehungen zwischen den Fakten jedoch zu wenig Interesse entgegengebracht wird. Charakteristisch ist ferner, dass der Atomist zu sehr auf die Unterschiede zwischen Kulturen und kulturellen Bereichen achtet, zu wenig aber auf das „Gleichbleibende bei aller Vielfalt": auf den sogenannten transkulturellen stabilen Kern.

Zum Prinzip des Einzelfaktums gesellte sich damals das Prinzip der Substanz. Damit ist gemeint, dass man sich zu ausschließlich nur um das Sein der Fakten interessierte: dass man diese lediglich feststellte, sozusagen als naturgegebene Dinge betrachtete und, sofern man sich über deren Gewordensein Gedanken machte, glaubte, man könne dieses ausschließlich durch „Geschichte" erklären (Beispiel: Erklärung des universellen Vorkommens der Mythenmotive durch Migration und Tradition). Der Mensch hingegen, der schließlich alles Kulturelle schuf – vor allem die Art und Weise, wie er es schuf- interessierte nur wenig.

Abbau des Widerstands in den Kulturwissenschaften

Für die Rezeption des Archteypbegriffs war dieses Meinungsklima nicht günstig. Langsam vollzog sich jedoch eine Klimaveränderung. Es war aber nicht so, dass nun das eine Klima durch das andere abgelöst wurde. Es war vielmehr eine zunehmende, jedoch nur teilweise Überschichtung des alten durch ein neues: des atomistischen durch das systemische. Es darf nämlich nicht übersehen werden, dass heute noch in vielen Gebieten das alte Klima das Denken bestimmt.

Begonnen hat die Veränderung des Meinungsklimas in der Linguistik. Bestimmenden Einfluss hatte dabei das Buch des Schweizers Ferdinand de Saussure (1857-1913) *Cours de linguistique generale*. Verfasst wurde der CLC, wie dieses Buch unter Linguisten genannt wird, erst nach dem Tode de Saussures von Schülern nach niedergeschriebenen Vorlesungen des Meisters. Vieles von dem, was im CLC enthalten ist, hatten andere schon vor Saussure gedacht, doch war es wegen des damals vorherrschenden Meinungsklimas nicht beachtet worden.

Die nachhaltige Wirkung des CLC beruhte vor allem auf zwei Begriffspaaren, die de Saussure eingeführt hat: auf der Unterscheidung zwischen diachroner und synchroner Sprachbetrachtung und zwischen Langue und Parole. Klar formulierte Unterscheidungen bzw. handliche Begriffspaare von etwas, das „in der Luft liegt", sind ja ganz allgemein die wirksamsten Anstöße für neues Denken. Unter diachroner Betrachtung verstand de Saussure die traditionelle Sprachgeschichte, z. B. das Suchen nach der Abänderung von Lauten. Mit synchroner Betrachtung meinte er Sprachbeschreibung: dass man Sprache so zum Gegenstand der Untersuchung mache, wie sie zu einem bestimmten Zeitpunkt ist. Er plädierte für mehr synchrone Betrachtung in dem Sinn, dass man Sprache verstehen müsse als ein Ganzes, das mehr ist als seine Teile: als ein System, in dem jedes Element mit allen andern zusammenhängt.

Eine entscheidende Voraussetzung für eine fruchtbare systemische Betrachtung von Sprache sah de Saussure darin, dass man den Unterschied zwischen langue und parole erfasse. Unter parole verstand er die – mündlich oder schriftlich – von einzelnen Individuen verwendete Sprache, mit langue hingegen meinte er etwas Umfassenderes: Sprache, wie sie von der gesamten Sprachgemeinschaft getragen wird. Sprache im Sinn von langue existiert zwar nach Saussure nicht konkret, sondern nur virtuell – in den Köpfen all der Individuen zusammengenommen, die einer Sprachgemeinschaft angehören –, doch bildet nur sie jenes System, das er als Objekt linguistischer Forschung postulierte. So überwand de Saussure im Bereich der Philologie das bisher gültige Prinzip des Einzelfaktums und trug wesentlich zur Entstehung der allgemeinen Sprachwissenschaft bei.

Nach dem Zweiten Weltkrieg weitete sich der sprachwissenschaftliche Strukturalismus, wie man später die systemische Betrachtung von Sprache nannte, auf andere Gebiete der Kulturwissenschaft aus. Maßgeblichen Einfluss auf diese Ausweitung hatte Claude Levi-Strauss (geb. 1908), ein vorwiegend spekulativer, d. h. nicht allzu sehr an Empirie sich orientierender Denker. Levi, der als seine geistigen Ahnväter Karl Marx und Sigmund Freud bezeichnet, kam relativ spät zur Ethnologie. Entscheidend für sein späteres Denken war die enge Bekanntschaft mit dem Linguisten Roman Jacobson, den er während des Kriegs in New York kennen lernte. Jacobson machte Levi-Strauss mit der strukturalen Linguistik – besonders mit der Phonologie – vertraut. An der Phonologie, wie er sie durch Jacobson kennen lernte, faszinierte Levi vornehmlich die Idee, dass man es bei diesem Phänomensystem mit einem strukturierten Gefüge zu tun hat, dessen sich Sprecher und Hörer mit Erfolg bedienen, ohne jedoch dessen Funktionieren zu durchschauen. Intuitiv erfasste Levi, dass auch andere kulturelle Phänomene auf diese Weise gesehen und tiefer erfasst werden können. Er gelangte zur Überzeugung, die strukturale Linguistik könne für Kulturwissenschaften ein ähnliches Vorbild sein, wie es einst die Physik für die Naturwissenschaften gewesen ist.

Im Bereich der Ethnologie machte Levi-Strauss die Probe aufs Exempel, indem er z. B. Verwandtschaftssysteme, Ernährungsgewohnheiten und Mythen (diese allerdings ohne tieferes Verständnis) strukturalistisch untersuchte. Seine Ergebnisse sind zwar intellektualistisch und geben konkret nicht allzu viel her, vor allem deshalb nicht, weil für ihn das Formale wichtiger war als der Inhalt. Aber seine Idee zündete doch vielerorts und führte auch zu fruchtbaren Einsichten. Für unsere Untersuchung ist bedeutsam, dass Levi-Strauss die Meinung vertrat, die hinter aller Vielfalt kultureller Phänomene erkennbaren Strukturen gründen im menschlichen Unbewussten. Allerdings blieb es bei einem vagen, nicht im Einzelnen begründeten Postulat. Es musste wohl bei Levi-Strauss dabei bleiben, da dieser nur die längst überholte und zur Begründung dessen, was er meinte, nicht geeignete freudsche Modellvorstellung des Unbewussten begriffen hat.

Die strukturalistische Bewegung leitete zwar die Änderung des Meinungsklimas in den Kulturwissenschaften außerhalb der Linguistik ein, doch war sie nur eine vorübergehende Erscheinung. Sie führte sich nämlich bald selber ad absurdum, indem sie – ebenfalls unter Einfluss von Levi-Strauss – in psychoanalytisch eingefärbte marxistische Ideologie abglitt. Dieser sogenannte modische Strukturalismus entflammte in den Sechzigerjahren in Frankreich die vorher in Existenzialismus schwelgende intellektuelle Schickeria. Das Interessegebiet des modischen Strukturalismus war Literatur und Politikwissenschaft, ja sogar praktische Politik.

Der bleibende Ertrag des ernsthaften Strukturalismus war, dass man nun die Beziehungen zwischen den Einzelfakten ins Auge fasste und diese Beziehungen sogar selber als Fakten verstand, als Fakten, die man einer wissenschaftlichen Untersuchung für würdig erachtete. So wurde der Boden vorbereitet für jene entscheidende Wende, die dann zur Annäherung der Kulturwissenschaften an die „neue" Biologie führte. Diese sogenannte anthropische Wende (von griechisch Anthropos = Mensch) wurde wiederum durch einen Sprachwissenschaftler eingeleitet: durch Noam Chomsky. Bevor wir auf sie eingehen, müssen wir jedoch die Veränderung des Meinungsklimas in der Biologie betrachten, denn es waren, wie gesagt, die Biowissenschaften, die das Fundament errichteten, auf dem heute der Archetypbegriff aufruht und auf dem sich nun – im Zug der anthropischen Wende – sukzessive auch die Kulturwissenschaften niederlassen.

Dynamisierung des biologischen Artbegriffs

Die Piece de resistance für die Rezeption des Archetypbegriffs durch die Kulturwissenschaften war, wie gesagt, die in ihm enthaltene Vorstellung der Artspezifität: die Vorstellung, die Grundzüge des Welterfassens und damit auch die grundlegenden Denkstrukturen des Menschen seien angeboren bzw., wie man heute sagt, phylogenetisch angepasst. Aus diesem Grund soll der Aufbau des erwähnten Fundaments durch die Biowissenschaften zuerst im Blick auf den Begriff „Art" ins Auge gefasst werden. Ursprünglich war „Art" (lateinisch: spezies) ein Grundbegriff der aristotelischen Logik: der Begriff, der die als wesentlich erscheinenden Merkmale einer Klasse von Einzeldingen – von unbelebten wie von belebten – vollzählig zusammenfasst. Ebenfalls schon in der Logik war dem Artbegriff übergeordnet der Begriff

„Gattung" (lateinisch: Genus): der Allgemeinbegriff, der das Gemeinsame mehrerer Arten enthält.

In der Biologie wurde der Artbegriff vorerst im Sinn der angewandten Logik verwendet: als rein klassifikatorischer Begriff. Zusammen mit den ihm übergeordneten Begriffen Gattung, Familie, Ordnung, Klasse, Stamm und Reich diente er dazu, die verwirrende Vielfalt der Lebewesen übersichtlich zu ordnen und das sogenannte natürliche – d. h. in den Eigenschaften der Lebewesen begründete – System des Pflanzen- und Tierreichs, später auch des Reichs der Pilze sowie der Kleinstlebewesen (Bakterien und Protoktisten) herauszuarbeiten. Die Eigenschaften bzw. Merkmale, die als Ordnungskriterien dienten, waren fast ausschließlich morphologische: solche, die sich aus dem Aussehen der Lebewesen ergaben.

Die wohl bekannteste biologische Klassifikation war die, welche der Schwede Carl Linne (1707-1778) für das Pflanzenreich erstellte. Entsprechend dem damaligen Kenntnisstand war sie noch unvollständig. Zudem war sie – und das ist in Hinblick auf unsere Betrachtung wichtig – noch statisch. Dieser statische Charakter der Linneschen wie auch aller anderen bis dorthin erarbeiteten biologischen Klassifikationen war Ausdruck der Prägung des abendländischen Denkens durch den jüdischen Schöpfungsmythos: Ausdruck der Vorstellung, die biologischen Arten seien – so wie sie jetzt noch sind – „am Anfang der Zeiten" in einem einmaligen Akt geschaffen worden.

Durch das Aufkommen der Evolutionsidee zu Beginn des 19. Jahrhunderts wurde der Artbegriff dynamisiert. Ein entscheidender Impuls ging von dem 1809 erschienenen Buch *Philosophische Zoologie* von Jean-Baptiste Lamarck aus. In diesem Werk wurde die Unveränderlichkeit der Arten bestritten, und es wurde ein entwicklungsgeschichtlich gemeinter Stammbaum vorgestellt. Der Mensch war allerdings in diesem Stammbaum noch nicht enthalten. Lamarcks Entwurf war noch intuitiv: noch nicht durch empirische Daten abgesichert. Diese Absicherung gelang erst Mitte des 19. Jahrhunderts – und zwar gleichzeitig und unabhängig voneinander – den beiden Forschern Charles Darwin und Alfred R. Wallace. Nicht nur dynamisiert wurde der Artbegriff durch die Evolutionslehre, sondern auch funktionalisiert. Er implizierte fortan nicht mehr nur morphologische Merkmale. Aufgrund der Einsicht, wie Arten sich wandeln bzw. in neue Arten aufzweigen, verstand man nunmehr unter Art eine Gruppe von Einzelwesen, bei denen unter natürlichen Bedingungen – auf gleichem Lebensraum – keine Vermischung mit anderen Individuen mehr stattfand. Mit anderen Worten: Derselben Art wurden all die Varianten zugezählt, die sich noch miteinander paaren.

In den Jahrzehnten nach Darwin und Wallace widmete sich die Evolutionsforschung fast ausschließlich der Vervollständigung des Stammbaums der Arten, der noch lebenden wie der vielen ausgestorbenen. Dies erforderte die Zusammenarbeit biologischer Disziplinen mit der historischen Geologie, steht doch die älteste und ältere Geschichte des Lebens in den einzelnen datierbaren Schichtenfolgen der Gesteine geschrieben. Diese außerordentlich umfangreiche Arbeit war ein frühes Beispiel multidisziplinärer Forschung. Irritiert schon durch die bloße Idee eines Stammbaums der Arten waren – aus begreiflichen Gründen – die Theologen, zumal da seit Darwin auch der Mensch in den Stammbaum miteinbezogen wurde. Die Kulturwissenschaftler indessen konnten sich – sofern sie sich nicht in ihrem archaischen Seelenbereich herausgefordert fühlten – vorerst noch aus der Sache heraushalten: so lange noch, als der biologische Artbegriff nur anatomisch-physiologische Merkmale implizierte.

Verinnerlichung des Artbegriffs

Für Kulturwissenschaftler änderte sich die Situation erst gegen Mitte des 20. Jahrhunderts, als die Biologen daran gingen, die „Innerlichkeit" der Tiere – das, was Tiere erkennen, wie sie Information verarbeiten usw. – genauer zu erforschen. Zwar änderte sich die Situation nicht sogleich, doch war die evolutionär orientierte Biologie durch diese Verlagerung des Interesses auf das Geleise eingespurt, auf dem sie früher oder später mit der Kulturwissenschaft – bzw. diese mit der Biologie – konfrontiert wurde; und dieses Geleise führte unausweichlich auf die Brücke zu, die C. G. Jung – durch den Archetypbegriff und die daraus sich ergebende Modellvorstellung der menschlichen Psyche – zwischen den beiden Forschungsbereichen geschlagen hatte.

Der Anlass zur Erforschung der unbewussten Innerlichkeit mit Methoden der Biologie war ein ähnlicher wie der, der seinerzeit zu deren Erforschung mit psychologischen Methoden geführt hatte. War es jedoch in der Psychologie die Beobachtung formkonstanter Motive in Fantasien und Mythen, so war es in der Biologie die Beobachtung formkonstanter Bewegungsabläufe.

Solche Bewegungsabläufe sind erkennbar z. B. im Beuteschlagen des Habichts, im Zungenschleudern des Froschs, im Balzverhalten des Auerhahns oder im Begrüßungszeremoniell der Graugans. Gleich wie seinerzeit C. G. Jung zogen nun auch die Ethologen (Verhaltensforscher) aus der Beobachtung formkonstanter Äußerungen den Schluss, es müssten ihnen zentralnervöse Strukturen zugrunde liegen. Natürlich bezog sich auch hier die Vorstellung von Strukturen in erster Linie auf Software. Aber auch hier galt

– noch mehr als in der Psychologie – der Grundsatz: Keine Software ohne Hardware, d. h. ohne ein neurales Substrat.

Die Ethologen schufen jedoch eine eigene Terminologie. Die zentralnervösen Programme, die den Bewegungsmustern zugrunde liegen, nannten sie Erbkoordinationen, die kognitiven Strukturen, die auf sogenannte Schlüsselreize ansprechen und die Motorik auslösen, bezeichneten sie als angeborene auslösende Mechanismen (AAM). Die Vorstellung von Erbkoordinationen und AAM als zentralnervösen Strukturen ist der Vorstellung von Archetypen – im Sinn von Struktur – analog. Vom Inhalt her decken sie sich mit diesen natürlich nicht, wird doch mit den Methoden der Biologie ein anderer Aspekt der Innerlichkeit erschlossen als mit denen der Psychologie. Es ist aber doch leicht erkennbar, dass sowohl den Begriffen „Erbkoordination" und „Angeborener auslösender Mechanismus" als auch dem Begriff „Archetyp" im Prinzip das gleiche Konzept zugrunde liegt.

Mit dem Aufkommen der Ethologie ist das Bedeutungsfeld des biologischen Artbegriffs beträchtlich erweitert worden. Indem ihm die Dimension der Innerlichkeit hinzugefügt wurde, gehört nun zur Beschreibung einer Art – neben deren anatomisch-physiologischen Eigenschaften – auch deren Verhaltensrepertoire: das sogenannte Ethogramm.

Im Zusammenhang mit dem Begriff des Ethogramms trat auch die Tatsache ins Bewusstsein, dass Innerlichkeit ein metaphorischer Ausdruck ist: dass Innerlichkeit notwendigerweise weit über das Individuum, in dem sie geschieht, hinausreicht. Erkenntlich wird dieses erweiterte Verständnis von Innerlichkeit im Wandel des Begriffs „ökologische Nische".

Lange Zeit wurde „Nische" als etwas rein Räumliches, unabhängig vom Tier Existierendes verstanden: als leerer bzw. durch das Aussterben einer Art frei gewordener Raum, der dann von einer neu entstandenen Art besetzt wird. Nunmehr erkannte man, dass Organismen ihre Nische – dort, wo die Umwelt dies zulässt – selber gestalten: dass sie aufgrund ihrer Lebensansprüche sich ihre arttypische Nische bzw. Umwelt schaffen.

Zum Begriff „Innerlichkeit" gehört somit unabdingbar die Umwelt: das „Milieu" des bewohnten Raumes einschließlich seiner klimatischen Verhältnisse, die Nahrungspflanzen und Beutetiere wie auch die Feinde und schließlich – bzw. in erster Linie – die Artgenossen. Charakteristisch für die Innerlichkeit unbewusster Lebewesen ist aber auch, dass sie in ihre arttypische Umwelt fest eingefügt sind: dass sie zusammen mit dieser – wie schon Jakob von Uexküll, einer der Väter der Verhaltensforschung, gesagt hat – ein kybernetisches System bilden.

Unserem Verständnis ist die Art und Weise dieses unbewussten Eingefügt-seins allerdings schwer zugänglich. Am ehesten noch, wenn wir es im Kontrast zum bewussten In-der-Welt-Sein betrachten; und dieser Zugang wiederum erschließt sich uns wohl nur dann, wenn wir uns mit der Evolution des Bewusstseins auseinandersetzen: mit dem langsamen Herauswachsen des Ich-Systems aus dem anfangs noch vorherrschenden unbewussten Eingebettetsein in die Umwelt, das sich z. B. im (archaischen) Verhaltensmuster der magischen Praktiken ausdrückt. Ich werde darauf noch zu sprechen kommen.

Mit der Verinnerlichung des biologischen Artbegriffs eröffnete sich ein weites Forschungsfeld. Die Ethogramme der kaum mehr überblickbaren Menge tierischer Arten zu ergründen hält seitdem – und wohl noch für lange Zeit – Heerscharen von Ethologen in Lohn und Brot. Die Ergebnisse ihrer Arbeit führten zu einer völlig neuen Sicht der Lebewesen. Ganz anders als zurzeit der mechanistischen Biologie sehen wir sie heute als Wesen mit Innenleben: als erkennende, handelnde und – auf höherer Stufe – als „überlegende" und fühlende Individuen. Die Entdeckung hochkomplexer arttypischer kognitiver Strukturen in der Tierwelt, d. h. bei unbewussten Lebewesen, war sozusagen der Nachvollzug dessen, was bei der Entdeckung des menschlichen Unbewussten stattgefunden hatte. Dabei wurde erstens erkannt, dass das, was man beim Menschen das Unbewusste nennt, im gesamten Reich des Lebendigen vorkommt, wenn auch in einfacherer Ausführung. Es wurde aber auch erkannt, wie großartig, unser menschliches Begreifen übersteigend – also bewusstseinstranszendent – die Leistungen schon der einfachsten unbewussten Systeme sind.

Jedenfalls gewann die Vorstellung des arteigenen Unbewussten durch die handfesten, nun von niemandem mehr wegzudiskutierenden Fakten, die die Ethologen zutage förderten, an Substanz. Damit hat die biologische Forschung nicht nur dazu geführt, die von Jung skizzierte Modellvorstellung des „kollektiven" Unbewussten zu bestätigen. Sie hat zudem das bisher recht abstrakte Modell Jungs mit Knochen, Fleisch und Blut aufgefüllt.

Die Evolution des Unbewussten

C. G. Jung ist „von oben her" zu seinem Modell gekommen: ausgehend vom Bewusstsein bzw. von den Gestaltungen des Unbewussten, die ins Bewusstsein aufsteigen. Die Biologie hingegen näherte sich dem menschlichen Unbewussten „von unten her": der Evolutionsachse entlang aufwärtssteigend. Damit erschloss sie zudem den Weg, auf dem das menschliche Unbewusste zustande gekommen ist. Grundlegend hierfür war die Einsicht, dass das Verhalten einer Art ebenso das Ergebnis der Evolution ist wie deren anatomisch-physiologische Merkmale. Vorerst wurde aufgrund dieser Einsicht das Vergleichen von Ethogrammen zu einem wertvollen Hilfsmittel, den Stammbaum der Arten zu vervollständigen. Manche bis dahin noch bestehende Unklarheit über verwandtschaftliche Beziehungen zwischen höheren Arten konnte auf diese Weise behoben werden.

Was aber in Hinblick auf unser Thema wichtig ist: Indem man – vor allem unter dem Einfluss von Konrad Lorenz – beim Vergleichen von Ethogrammen begann, der Evolutionsachse entlang aufwärts zu blicken, erkannte man Linien des Zuwachses kognitiver Fähigkeiten. Damit trat mehr und mehr ein neuer Aspekt der Evolution ins Blickfeld: der Informations- bzw. Erkenntnisgewinn. Mehr und mehr wurde nun der Evolutionsprozess als Erkenntnis gewinnender Prozess verstanden. Das Herausarbeiten kognitiver Entwicklungslinien beschränkte sich jedoch nicht auf die Feststellung, dass die kognitiven Fähigkeiten der Lebewesen fortschreitend zugenommen haben. Die evolutionäre Kognitionsforschung arbeitete mit großer Akribie heraus, welche Fähigkeiten wann aufgetreten sind. Bei diesem Vorgehen wurde eine Gesetzmäßigkeit entdeckt, deren Zurkenntnisnahme sehr viel zur Versöhnung von Kultur- und Naturwissenschaftlern beitragen würde. Es handelt sich um die Entdeckung, wie bei einem Evolutionsschritt neue Eigenschaften zustande kommen. Voraussetzung für das Verständnis und die Bewertung dieses Sachverhalts ist allerdings, dass man sich die systemische Betrachtung der raumzeitlichen Gebilde wirklich angeeignet hat. Dann erst vermag man den Schritt von einem niedrigeren zu einem höheren – komplexeren – Lebewesen dahin gehend zu verstehen, dass dabei mehrere bisher mehr oder weniger selbstständig nebeneinander bestehende Teilsysteme zu einer neuen Einheit integriert werden.

Die entscheidende Beobachtung war nun, dass durch eine solche Integration jeweils völlig neue Eigenschaften und Fähigkeiten in die Welt treten: Eigenschaften, die in den zu einer neuen Einheit integrierten Teilsystemen auch nicht andeutungsweise vorhanden waren. Konrad Lorenz hat zur Benennung dieses Sachverhalts den Ausdruck „Fulguration", („Aufblitzen", vom lateinischen fulgur = Blitz) eingeführt.

Eine Fulguration im kognitiven Bereich war z. B. das In-dieWelt-Treten der Fähigkeit zu echtem, individuellem Lernen: zu Lernen durch Erfolg und Misserfolg. Bevor das Lernen durch Erfolg in die Welt kam, besaßen die am höchsten entwickelten Tiere zur Bewältigung des Lebens nur die sogenannte arteigene Triebhandlung. Diese lässt sich umschreiben als lineare Verkettung von – zum Teil hochdifferenzierten – funktionstüchtigen Untersystemen: durch die Abfolge von Appetenzverhalten, Ansprechen auf einen Schlüsselreiz, dadurch Ingangsetzen einer Erbkoordination (einer genetisch programmierten, eventuell hochkomplexen Verhaltensfolge) und schließlich Erreichen der triebbefriedigenden Endsituation, wobei die „Triebbefriedigung" die Funktionskette einfach abschaltet.

Solche reinen, phylogenetisch starr programmierten Instinkthandlungen, wie man sie z. B. noch beim Netzbau, Beutefang und Sexualverhalten von Spinnen beobachten kann, lassen Variation nur in engen Grenzen zu. Verändert sich die Umwelt, geht die Art oft zugrunde, da sie sich an die veränderten Bedingungen nicht anpassen kann. Indem nun die lineare Abfolge der Untersysteme durch Rückkoppelung der Endhandlung an den angeborenen auslösenden Mechanismus zu einem Kreis geschlossen wurde, entstand ein neues, komplexeres System. Die Rückkoppelung versetzte die Individuen in die Lage, einerseits das Spektrum der auslösenden Reize zu verbreitern, anderseits nach Ablauf des Verhaltensmusters zu registrieren, ob der benützte Auslöser zu Erfolg geführt hat oder nicht, und dieses Ergebnis zu speichern. Das neue System war somit in der Lage, aus dem Erfolg oder Misserfolg zu lernen (nach Konrad Lorenz).

Der evolutionäre Gewinn dieser Fulguration war größere Freiheit des Verhaltens, was in der unbewussten Natur soviel bedeutet wie größere Überlebenschancen zu haben: sich besser an unterschiedliche Situationen anpassen zu können. So können z. B. Ratten und Vögel dank der Fähigkeit zu individuellem Lernen ihre Nester mit den verschiedensten Materialien herstellen, auch mit solchen, die sich aus der menschlichen Zivilisation ergeben. Der Fähigkeit zu individuellem Lernen ist auch die Fähigkeit zur Wegdressur zu verdanken: die Fähigkeit vieler Tiere, das Umfeld so zu erkunden und das Ergebnis der Erkundung so zu speichern, dass beim Auftreten von Gefahr der bestmögliche und sicherste Fluchtweg zur Verfügung steht. Aus diesem Grund ist es so schwierig, Eidechsen oder Mäuse zu fangen.

„Fulguration" ist ebenso wie „Archetyp" ein altes Wort, das jedoch heute – in entsprechendem Kontext – in anderer Bedeutung verwendet wird als früher. Lorenz sagte, er müsse ein altes Wort zur Benennung des neu erkannten Sachverhalts verwenden, weil die Sprache dem Denken hintennach hinkt. Er wählte jedoch mit Absicht „Fulguration" („Aufblitzen"), weil der unter anderen von Popper für diesen Sachverhalt gebrauchte Ausdruck „Emergenz" falsche Assoziationen weckte. Mit „Fulguration" wollte Lorenz zu Bewusstsein bringen, dass es um eine neue Sicht der Evolution gehe: nicht mehr um die Auffassung, das Höhere sei im Niedrigeren schon enthalten wie z. B. die

Pflanze im Samenkorn. In der Tat war mit der Entdeckung des Fulgurierens neuer Eigenschaften der ontologische Reduktionismus – das Schreckgespenst der Kulturwissenschaftler – endgültig ad absurdum geführt. Es handelte sich bei dieser Art von Reduktionismus um den Glauben, man könne das Höhere restlos auf das Niedrigere zurückführen (reduzieren), z. B. den Menschengeist auf die Gesetzmäßigkeiten der Physik und Chemie.

Nicht berührt durch die Entdeckung des Fulgurierens wurde hingegen der methodische Reduktionismus: das schrittweise Zerlegen der hochkomplexen Gebilde in ihre Bestandteile, wobei man sich voll bewusst ist, dass bei jedem Analyseschritt zu einer niedrigeren Organisationsstufe jeweils die für die höhere Stufe charakteristischen Merkmale verloren gehen. Der methodische Reduktionismus wird weiterhin notwendig sein, weil man das Ganze nur dann versteht, wenn man seine Teile kennt.

Die evolutionäre Erkenntnistheorie

Halten wir einen Moment inne. Wir sind ausgegangen von der Tatsache, dass viele Kulturwissenschaftler sich deshalb so vehement gegen den Archetypbegriff gewehrt haben, weil dieser das Vorhandensein allgemeinmenschlicher, d. h. arteigener Strukturen des Welterfassens und Kulturgestaltens impliziert. Nun haben Biologen ohne sich im geringsten um den Archetypbegriff zu kümmern – das universelle Vorhandensein arteigener unbewusster Erkenntnis- und Verhaltensstrukturen nachgewiesen. Sie haben auch gezeigt, wie außerordentlich leistungsfähig diese Strukturen schon bei Tieren sind. Auf diese Weise haben sie die Vorstellung eines arteigenen Unbewussten gleichsam mit Knochen, Fleisch und Blut erfüllt. Schließlich hat die biologische Forschung noch erwiesen, dass und wie unbewusste kognitive Systeme im Lauf der Evolution schrittweise komplexer und leistungsfähiger geworden sind.

Aus dieser kaum mehr zu überblickenden Fülle von Einzeldaten hat nun Konrad Lorenz dank seiner Fähigkeit, tiefere Zusammenhänge zu erfassen, seine evolutionäre Erkenntnistheorie entwickelt. Auf diese soll hier näher eingegangen werden, denn gerade in Hinblick auf unser Thema kommt ihr ganz besondere Bedeutung zu. Sie ist ein Markstein auf dem Weg der Biologie zu jener Brücke, die Natur- und Kulturwissenschaften miteinander verbindet.

Ein weiterer Grund, darauf einzugehen, liegt darin, dass Schulphilosophen (nicht echte Philosophen) die evolutionäre Erkenntnistheorie aufs Heftigste bekämpfen und verunglimpfen und dadurch auch die Rezeption des tiefenpsychologischen Modells behindern. Ein Einwand der Schulphilosophen ist zwar stichhaltig, und seine Berücksichtigung führt uns weiter. Er spricht allerdings nicht gegen die evolutionäre Erkenntnistheorie, sondern lässt uns aufmerksam werden auf eine Lücke, die noch zwischen ihr und der philosophischen Erkenntnistheorie klafft: eine Lücke, die auszufüllen heute möglich ist. Andere Einwände von Schulphilosophen hingegen sind nicht nur nicht stichhaltig; sie entspringen, wie sich bei näherem Zusehen zeigt, einer Haltung, die man in der spirituellen Tradition als unlautere Gesinnung bezeichnet hat.

Betrachten wir vorerst die Theorie. Meines Erachtens sollte man daran zwei verschiedene Dinge auseinanderhalten und gesondert diskutieren. Erstens was sie über die Art und Weise des Angeborenseins der Grundstrukturen menschlichen Denkens aussagt; zweitens was sie sagt über das Zustandekommen von Erkenntnisfähigkeit und Erkennen im gesamten Bereich des Lebendigen. Es war vor allem die erste Aussage, die – vom Thema her – Schulphilosophen auf den Plan rief. Dass nämlich die Grundstrukturen menschlichen Denkens bzw. Welterfassens – in erster Linie die „Kategorien" Raum, Zeit und Kausalität – angeboren sind, hat bekanntlich schon Kant (1724-1804) festgestellt. Nun wendet sich jeder Philosoph mit seinen Thesen gegen eine Auffassung, die er für unrichtig hält. Das „rote Tuch" für Kant war die Auffassung der Empiristen, menschliches Erkennen komme durch Wahrnehmung allein zustande. Demgegenüber sagte Kant, die „Kategorien" (die unbewussten kognitiven Strukturen) von Raum, Zeit und Kausalität seien schon vor aller Wahrnehmung (a priori) vorhanden. Mit anderen Worten: sie seien dem Menschen angeboren. Der Sache nach hatte also schon Kant das Vorhandensein artspezifischer unbewusster Strukturen postuliert.

Von der Bioevolution – und schon gar von der kognitiven Evolution – wusste Kant noch nichts. Lamarcks *Philosophie zoologique* erschien erst 5 Jahre nach Kants Tod, und nachgewiesen werden konnte die Evolution, wie gesagt, erst ein halbes Jahrhundert danach. Wenn nun die evolutionäre Kognitionsforschung ergab, dass die Strukturen, die das menschliche Erkennen bestimmen, im Verlauf der Phylogenese zustande gekommen sind, war dies eigentlich nur eine Ergänzung bzw. Vertiefung der philosophischen Theorie Kants.

Was Kant aufgrund der damals noch gültigen statischen Weltbetrachtung als a priori (frei übersetzt: von allem Anfang an vorhanden) erschienen war, muss nun – aufgrund der Kenntnis der Evolution – als a posteriori bezeichnet werden: als etwas Nachträgliches, d. h. als Ergebnis eines über mehr als drei Milliarden Jahre sich hinziehenden fortschreitenden Heranwachsens der Erkenntnisfähigkeit. Der Ausdruck „Angeborensein" ist somit heute in der Bedeutung von „phylogenetisch erworben" zu verstehen.

Dieser Teil der evolutionären Erkenntnistheorie war keine neue erklärende Theorie im eigentlichen Sinn. Konrad Lorenz hat damit nur etwas klar ausgesprochen, dass einem mit der Evolutionsbiologie Vertrauten eine Selbstverständlichkeit ist. Der andere Teil – der eigentliche Kern – der evolutionären Erkenntnistheorie hingegen bringt eine neue Sicht der Dinge. Er gibt eine Antwort auf zwei Fragen: erstens, wie die kognitiven Fähigkeiten der Lebewesen im Zug der Evolution zustande gekommen sind, zweitens, wie Erkenntnis bei unbewussten Lebewesen geschieht. Die neue Idee, die Lorenz zur Frage nach dem Zustandekommen kognitiver Fähigkeiten einbrachte, war: Die Lebewesen haben sich auch in dieser Hinsicht nicht wie abgeschlossene Monaden entwickelt, sondern durch Auseinandersetzung mit der Außenwelt im Dienste des Überlebens nach dem Prinzip von Versuch und Irrtum – zuerst des Genoms, dann der Individuen, wobei die Selektion das sich irrende Lebewesen ausmerzte. Bei dieser Auseinandersetzung entstanden in den Lebewesen „Abbilder" der artspezifischen Umwelt, d. h. jenes Ausschnitts aus der Außenwelt, den zu kennen für eine Art lebenswichtig ist. In der Sprache der Biologie werden diese „Abbilder" zentrale Repräsentationen genannt. Man stellt sie sich als neuronale Strukturen vor, sowohl im Sinne von Soft- wie auch von Hardware.

Damit brachte Lorenz die Sichtweise der kognitiven Evolution in Übereinstimmung mit dem allgemeinen Trend zur Abkehr von der linearen Sicht des Evolutionsgeschehens und hin zur Vorstellung einer Ko-Evolution: einer Evolution unter allseitigem Vernetztsein der raumzeitlichen Gebilde. Umschrieb man bis dahin den Evolutionsprozess als fortschreitende Komplexitätszunahme, muss man jetzt, wenn man genau sein will, von einer fortschreitenden adaptiven Komplexitätszunahme sprechen: von einer Höherentwicklung der Lebewesen unter gegenseitigem (aktivem) Sich-Anpassen, Einpassen oder Ineinanderpassen. Den Erkenntnisvorgang im einzelnen Lebewesen erklärte Lorenz durch das Prinzip des Pattern matching: des Zur-Deckung-Bringens (= Match) der Information, die den Individuen über die Wahrnehmungssysteme zufließt, mit den phylogenetisch erworbenen – zentral repräsentierten – arteigenen kognitiven Strukturen.

Die evolutionäre Erkenntnistheorie ist – ebenso wie andere Evolutionstheorien – eine auf empirisch erworbene Fakten sich stützende beschreibende Theorie. Sie erhebt nicht den Anspruch, die treibende Kraft des Evolutionsprozesses zu erfassen. Sie will lediglich einen „Teilmechanismus" dieses Geschehens aufdecken. Was sie aussagt, dürfte jedem mit der neuen Biologie und Evolutionsforschung Vertrauten einleuchten.

Weshalb nun hat sie bei Schulphilosophen so viel Widerstand und Abwehr erregt? Bevor wir auf den „triftigen" Grund eingehen, seien die offensichtlich unbewussten Motive erwähnt. Zum einen ist es gewiss der Ärger, dass der Schulphilosophie nun noch das letzte ihr übrig gebliebene Reservat – die Erkenntnistheorie – von den empirischen Wissenschaften entwunden wird. Dass dies nicht der Fall ist, werden wir gleich sehen. Vorher sei aber noch auf ein anderes Motiv der Abwehr eingegangen. Dieses zeigte sich z. B. darin, dass Robert Spaemann, einer der heftigsten Gegner der evolutionären Erkenntnistheorie, eine päpstliche Kommission darauf aufmerksam machte, dieser „neue Evolutionismus" sei für die Theologie weit gefährlicher als der von Darwin in die Welt gesetzte. Mit dem sicheren Instinkt des sich bedroht fühlenden Archaikers erkannte Spaemann, dass der Konflikt zwischen Theologie und Naturwissenschaft, der sich aus der Evolutionsforschung ergab, durch die Arbeit von Teilhard de Chardin nur zugedeckt wurde und dass die endgültige Ausmarchung unausweichlich sein wird, wenn das allgemeine Bewusstsein die evolutionäre Erkenntnistheorie rezipiert hat.

Der stichhaltige Grund der Abwehr liegt in dem von Schulphilosophen vorgebrachten Argument, die evolutionäre Erkenntnistheorie beziehe sich gar nicht auf die Erkenntnis, mit der sich die philosophischen Erkenntnistheoretiker befassen. Tatsächlich hört die Erklärungskraft der Lorenzschen Theorie an dem Punkt der Evolutionsskala auf, an dem Bewusstsein auftrat. Die Erkenntnisfähigkeit hingegen, über die Philosophen reflektieren, ist die des heutigen Menschen: des Menschen, der nicht nur Bewusstsein hat, sondern dessen Bewusstseinssystem schon eine beträchtliche Evolution hinter sich hat.

Zwischen den beiden Arten von Erkenntnistheorie klafft somit noch eine große Lücke. Diese kann jedoch ausgefüllt werden, wenn man die Evolution des Bewusstseins ins Auge fasst. Würden sich biologische und philosophische Erkenntnistheoretiker in diesen Abschnitt der kognitiven Evolution vertiefen, könnten sie fortan in Frieden miteinander leben. Jeder könnte dann den andern in Ruhe seinen Acker bestellen lassen, auf dass er seinen Teil zu einem zeitgemäßen Menschenbild beitrage.

Die Evolution des Bewusstseins

Das Wissen um die Evolution des Bewusstseins ist noch jung. Gesprochen hat man von der Evolution des Menschengeistes zwar schon lange, meistens unter dem Namen kulturelle oder soziokulturelle Evolution. Die Entwürfe dazu kamen zum größten Teil von Kulturphilosophen, zu einem kleineren von Naturwissenschaftlern. Beide Arten hielten jedoch der Kritik nicht stand.

Die der Kulturphilosophen nicht, weil dabei das Augenmerk nur auf die Kultur gerichtet wurde, nicht jedoch auf das kognitive System, das Kultur hervorbringt: auf das Bewusstsein. Die der Naturwissenschaftler – darunter auch Konrad Lorenz – hielten der Kritik nicht stand, weil dabei einfach die Mechanismen, die bei der Bioevolution wirksam waren, extrapoliert wurden, man aber nicht durch Analyse des kulturhistorischen Materials die Eigengesetzlichkeit der Bewusstseins-Evolution erarbeitet hat. Als ich mich um 1970 herum mit diesem Problem zu befassen begann, sah ich mich somit vor die Aufgabe gestellt, nach einem Ansatz zu suchen, der greift. Es war mir klar, dass es ein erfahrungswissenschaftlicher sein musste; ferner, dass man das Augenmerk nicht primär auf die Kultur richten sollte, sondern auf das Bewusstsein: dass man nicht von kultureller Evolution reden sollte, sondern von der Evolution des Bewusstseins.

Nun gilt ganz allgemein, dass die Evolution eines Systems – eines atomaren, eines molekularen, eines lebendigen wie auch eines kognitiven – dann erwiesen ist, wenn gezeigt werden kann, dass dieses fortlaufend an Komplexität zugenommen hat. Um aber die Komplexitätszunahme eines Systems ergründen zu können, muss man wissen, welches dessen charakteristische Merkmale sind. Es musste somit zuallererst die Frage nach den charakteristischen Merkmalen von Bewusstsein geklärt werden: die Frage, wodurch sich ein bewusstes kognitives System von einem unbewussten unterscheidet.

Es stellte sich bald heraus, dass die Psychologie dazu nicht in der Lage war. Die biologische Kognitionsforschung hatte nämlich gezeigt, dass viele kognitive Fähigkeiten, die man früher als für den Menschen charakteristisch angesehen hatte, schon bei evolutionsmäßig niederen Lebewesen vorkommen. Außerdem kann die Psychologie nur den heutigen Menschen untersuchen, und von diesem musste man – vorläufig als Arbeitshypothese – annehmen, dass sein Bewusstsein schon einen beträchtlichen Grad an Differenzierung erreicht hat: dass man deshalb nicht mehr entscheiden kann, welche Merkmale desselben konstituierend sind und welche sich erst sekundär – im Zug der Bewusstseinsevolution – aus diesen ergeben haben. Man musste somit nach den Anfängen von Bewusstsein fragen. Aufgrund der Entdeckung des Fulgurierens lief die Frage nach den Anfängen von Bewusstsein auf die Frage hinaus, welche kognitive Fähigkeit beim Evolutionsschritt vom Tier zum Menschen – vom unbewussten zum unbewusst-bewussten Lebewesen – erstmals in die Welt getreten ist.

Eine Antwort auf diese Frage war jedoch nicht leicht zu finden, hat sich doch der Übergang vom Tier zum Menschen nicht in einem einzigen, klar erkennbaren Schritt vollzogen, sondern durch sukzessives Heranwachsen eines Bündels neuer Merkmale.

Zum Teil waren dies allerdings anatomisch-physiologische Merkmale wie der aufrechte Gang mit schrittweisem Umbau des Hüftgelenks, des Fußes, des Beckens sowie der Vorwärtskrümmung der Wirbelsäule; ferner der Umbau der Hand mit Opposition des Daumens und feinerer Differenzierung der Muskulatur; der Umbau des Kehlkopfs, des Nasen-Rachen-Raumes und der zur Erzeugung der Wortsprache nötigen Muskeln; ebenso die Vergrößerung des Gehirns und die funktionale Trennung der Hemisphären und schließlich – beim weiblichen Geschlecht – die Verschiebung der Fruchtbarkeit vom Brunstzyklus (Östrus) hin zu einer nicht saisonal bedingten Fruchtbarkeit.

Zum Teil waren es aber auch kognitive Merkmale, wie die Zunahme der allgemeinen Intelligenz, größere Abstraktionsleistung der Wahrnehmung, die Zunahme der Fähigkeit zur Orientierung im Raum und in der Zeit, die Ausdehnung des Neugierverhaltens auf das Erwachsenenalter, die Zunahme der Fähigkeit zu willkürlicher Bewegung und zu Nachahmung und schließlich die Fähigkeit, Sachverhalte und Gegebenheiten der eigenen Psyche sowie der Außenwelt den Artgenossen mitzuteilen.

Fast jedes dieser Merkmale war schon als für die Menschwerdung charakteristisch beschrieben worden. Sie waren aber meines Erachtens eher als getrennt herangewachsene Teilsysteme bzw. Ausdruck von solchen zu betrachten, und es galt herauszufinden, welche kognitive Fähigkeit schließlich bei der Integration dieser Teilsysteme zu etwas völlig Neuem – zum Menschen – erstmals in die Welt trat bzw. fulgurierte. Am direktesten hätte man dies durch Beobachtung von Vertretern früherer Arten der Gattung Homo – z. B. von Homo habilis oder Homo erectus – feststellen können. Von diesen besitzen wir jedoch nur Knochen, und wenn auch Knochen-Anthropologen sich oft in Fragen der Menschwerdung für allein zuständig halten: Knochen geben keine Auskunft über die kognitiven Fähigkeiten der Lebewesen, die sie einst stützten.

Mehr Erfolg versprach die Beobachtung der heute noch lebenden Vettern des Homo: der Menschenaffen. Diese gehören ja – evolutionsmäßig betrachtet – schon dem Tier-Mensch-Übergangsfeld an; und aus der Evolutionsforschung weiß man, dass vor einem großen Entwicklungsschritt das kommende Neue sich innerhalb einer Stammgruppe oft schon andeutungsweise – als so etwas wie ein Tastversuch – bemerkbar macht. So erhielt ich denn auch schließlich auf meine Fragen hin vom Primatologen unseres Arbeitskreises – von Hans Kummer – den entscheidenden Tipp: den Hinweis auf die Spiegelversuche.

Bei diesen kann man Folgendes beobachten: Stellt man ein evolutionsmäßig niedriges „Augentier" – z. B. ein Krähenmännchen – vor einen Spiegel, dann hackt es auf sein Spiegelbild ein, weil es in ihm einen Rivalen sieht. Lässt man hingegen einen Schimpansen, dem man vorher einen Farbfleck an einer Stelle des Fells, die er nicht sehen kann, angebracht hat, vor einen Spiegel treten, dann greift er nicht nach dem Farbfleck im Spiegelbild, sondern an sich selbst. Es scheint ihm die Erkenntnis zu dämmern: „Der dort im Spiegel bin ich." Hier tritt – wenn auch nur andeutungsweise – eine völlig neue kognitive Fähigkeit in Erscheinung: die Fähigkeit, zwischen Ich und Nicht-Ich bzw. zwischen Subjekt und Objekt zu unterscheiden.

Bereichert wurden unsere Vorstellungen über die Anfänge der Bewusstheit durch Untersuchungen von Jean Piaget über die Entwicklung der kognitiven Fähigkeiten beim Kleinkind. Piaget konnte nachweisen, dass das Kind während des ersten Lebensjahres die Fähigkeit zur Unterscheidung zwischen Subjekt und Objekt noch nicht besitzt, dass es in diesem Stadium noch als unbewusstes Lebewesen bezeichnet werden muss – und dass diese Fähigkeit dann langsam heranwächst. Das Erwachen des Ich bzw. der Fähigkeit zur Unterscheidung zwischen Ich und Nicht-Ich kann übrigens auch beim Menschen in Spiegelversuchen beobachtet werden. Bestreicht man einem Kleinkind die Nase mit roter Farbe und stellt es dann vor einen Spiegel, greift es bis gegen die Mitte des zweiten Lebensjahres nach dem Spiegelbild, von da an hingegen an die eigene Nase.

Beim Schimpansen blieb die Evolution zu Bewusstheit auf niedriger Stufe stehen. Gerade das aber macht ihn für unsere Fragestellung so wertvoll. Er kann geradezu als lebendes Fossil aus der Entstehungszeit des Bewusstseins betrachtet werden. Voll ausgereift ist die Fähigkeit zur Unterscheidung dann erst auf jenem – und nur auf jenem – Entwicklungszweig, der zum Homo sapiens führte. Der Mensch kann nämlich zudem noch sagen: „Ich weiß, dass ich weiß, dass der dort im Spiegel ich selber bin."

In der Fähigkeit zur Unterscheidung zwischen Ich und Nicht-Ich war das gesuchte konstituierende Merkmal von Bewusstsein gefunden. Nun war die Voraussetzung dafür gegeben, dass das ethnografische und kulturhistorische Material auf die Evolution des Bewusstseins hin befragt werden konnte. Wenn sich an kulturellen Äußerungen eine fortschreitende Zunahme des Unterscheidungsvermögens nachweisen ließ, war der Nachweis erbracht, dass eine Evolution des kognitiven Systems, das Kultur hervorbringt, stattgefunden hat.

Allerdings ergab sich vorerst noch eine Schwierigkeit aus der Tatsache, dass der Mensch bis zu Beginn der Neuzeit – in allen Kulturen – sich selbst und die

Welt grundlegend anders erfahren und verstanden hat als wir. So musste denn erst einmal durch transkulturellen Vergleich das Grundmuster – ich nenne es das archaische – jenes Selbst und Weltverstehens erarbeitet werden. In einem zweiten Schritt galt es dann, die innere Logik der archaischen Weltsicht zu erschließen, denn nur wenn man diese kennt, kann man den Grad von Unterscheidungsvermögen, der in einer archaischen Kultur zum Ausdruck kommt, beurteilen. Als Schlüssel zu diesem „Verständnis der archaischen Weltsicht von innen her" erwiesen sich, wie erwähnt, die Ergebnisse der theoretischen Tiefenpsychologie, insbesondere die Kenntnis des Projektionsvorgangs. Nun war der methodische Ansatz zur Erforschung der Bewusstseinsevolution komplett. Die Ergebnisse, zu denen er geführt hat, habe ich insbesondere in *Die Mutation des Bewusstseins* und *Religiosität ohne Religion* dargestellt.

Mit Blick auf unsere Problemstellung war das Suchen nach diesem Ansatz in zweierlei Hinsicht erhellend. Erstens zeigte sich dabei, dass erst die Entdeckung und Erforschung des Unbewussten zur eigentlichen Entdeckung des Bewusstseins geführt hat, zweitens dass Bewusstsein nicht möglich ist ohne Unbewusstes: dass Bewusstsein erst möglich wurde durch Integration zahlreicher phylogenetisch erworbener unbewusster – und weiterhin unbewusst funktionierender – kognitiver Teilsysteme.

Die Entdeckung des Unbewussten ermöglichte die Entdeckung des Bewusstseins

Zwar wurde schon seit Langem der Mensch als bewusstes Lebewesen bezeichnet. Auch ging die Entdeckung des Unbewussten von einer Psychologie aus, die dem Bewusstseinsparadigma verpflichtet war. Worin jedoch bewusstes Erkennen besteht, bzw. worin es sich vom unbewussten Erkennen unterscheidet, konnte, wie dargestellt, erst erfasst werden vor dem Hintergrund all dessen, was die biologische Innerlichkeitsforschung über kognitive Fähigkeiten unbewusster Lebewesen erarbeitet hatte.

Die Forschung machte hier einen eigentlichen Kreisprozess durch, besser gesagt einen Prozess, der mit der aufsteigenden Windung einer Spirale verglichen werden kann. Als Jung mittels der tiefenpsychologischen Methode den Nachweis eines arteigenen, strukturierten, zentrierten und autonomen Unbewussten erbracht hatte, hielten viele von denen, welche die tiefenpsychologische Methode in ihrer Eigentümlichkeit nicht kannten, dieses Modell für kaum mehr als eine subjektive Meinung. Als dann die Ethologen mit ihrer eher nachvollziehbaren – weil auf Sinneswahrnehmung sich stützenden – Methoden kognitive Strukturen unbewusster Lebewesen erforscht und eine erdrückende Fülle staunenswerter Fakten an den Tag gebracht hatten, musste einer schon fest die Augen zudrücken, wenn er die Tatsächlichkeit unbewussten Erkennens und Entscheidens noch leugnen wollte. Immerhin bezog sich die ethologische Forschung vorerst auf das Tier, und der Mensch schwebte ja, nach gängiger Meinung, hoch über diesem. Als indessen die evolutionäre biologische Kognitionsforschung zeigte, wie das Unbewusste vom Einzeller bis zum Primaten schrittweise an Komplexität zugenommen hat, schloss sich der Kreis: langte man wiederum beim menschlichen Unbewussten an.

Als es dann darum ging, die Evolution des Bewusstseins zu erforschen, stellte sich heraus, wie wenig man über den spezifischen Charakter dieses kognitiven Systems wusste. Es zeigte sich zudem, dass man erst aufgrund des Wissens über das Unbewusste und dessen Gewordensein ausmachen konnte, welches die charakteristischen Merkmale bewussten Erkennens sind. Gleichzeitig konnte man aber auch den Stellenwert des In-die-Welt-Tretens von Bewusstsein ermessen. Man konnte sehen, dass der Evolutionsschritt vom Tier zum Menschen nicht die geradlinige Fortsetzung jener Evolutionsschritte war, die während der Bioevolution zu immer komplexeren kognitiven Systemen führte, sondern dass mit ihm der Sprung auf eine qualitativ andere Ebene – auf eine neue Ebene des Seins – erfolgte.

Damit war auch die Sonderstellung des Menschen innerhalb der Natur, um die viele Kulturwissenschaftler seit dem Aufkommen der Evolutionsforschung bangten, wiederum gesichert. Es kann nun gesehen werden, dass der Evolutionsschritt zum Menschen ein Evolutionsschritt allererster Ordnung war: dass er an Stellenwert jenem Schritt gleichkommt, der einst von der unbelebten Materie zum Lebewesen geführt hat.

Das Bemühen um einen erfahrungswissenschaftlichen Ansatz zur Erforschung der Bewusstseinsevolution hat uns aber auch erkennen lassen, dass – und über welche Stufen – das Bewusstsein des heutigen Menschen geworden ist. Es ist noch zu erwähnen, dass die Fähigkeit zur Unterscheidung zwischen Ich und Nicht-Ich unter zwei Aspekten betrachtet werden kann und muss: einerseits als Fähigkeit des Ich, sich seiner selbst – als eines Subjekts – bewusst zu werden, andererseits als Fähigkeit des Ich, das Nicht-Ich, d. h. die objektive Wirklichkeit, immer differenzierter zu erfassen und immer weiter hinter die Fassade des bloßen Augenscheins vorzudringen. Jeder dieser beiden Aspekte kann als Maß für die Entwicklungshöhe des Bewusstseins dienen.

Dank der Zunahme der Fähigkeit, sich seiner selbst als etwas vom Nicht-Ich Getrenntem bewusst zu werden, hat sich der Mensch aus dem unbewussten Eingefügtsein in den Regelkreis Lebewesen-Umwelt bis zu einem hohen Grad herauslösen können. An die Stelle des ursprünglichen, auf Unbewusstheit beruhenden Partizipationserlebens – dem Gefühl des gleichsam physischen Verbundenseins mit allen Dingen –, aus dem sich die magischen Praktiken ergaben, ist das Bemühen um bewusstes Bezogensein auf Mitwelt und Umwelt getreten.

Dank der Zunahme der Fähigkeit, am Nicht-Ich Unterscheidungen zu treffen, ist für uns „Welt" entstanden: erstens haben wir eine kaum mehr überblickbare Fülle von Weltwissen gewonnen, zweitens sehen wir heute die Welt auf andere Weise, als der frühe Mensch sie sah. Mit der Möglichkeit, die Evolution des Bewusstseins zu ergründen, schloss sich schließlich, wie erwähnt, auch jene Lücke, die bislang klaffte zwischen dem Erkennen, das die Biologen erforschen, und dem, über das die Schulphilosophen bzw. Wissenschaftstheoretiker reflektieren. Nun können wir die gesamte kognitive Evolution – von der Amöbe bis zum heutigen Menschen – überblicken und bei der Reflexion über diese auch die unterschiedliche Qualität unbewussten und bewussten Erkennens berücksichtigen.

Kein Bewusstsein ohne Unbewusstes

Das zentrale Anliegen interdisziplinären humanwissenschaftlichen Forschens ist die Erarbeitung eines zeitgemäßen, dem heutigen Stand der Bewusstseinsevolution entsprechenden, somit erfahrungswissenschaftlichen – nicht mehr theologischen oder nur philosophischen – Menschenbildes. Aufgrund der dargelegten Einsichten ist heute indiskutabel, dass der Mensch nicht nur ein bewusstes, sondern ein unbewusst- bewusstes Lebewesen ist. Dies war ja schon die zentrale Aussage jenes paradigmatischen Durchbruchs, den die Pioniere der Tiefenpsychologie herbeigeführt haben. Zu welch staunenswerten Leistungen der Gewinn von Bewusstsein den Menschen befähigt hat, ist, vor allem dank der Arbeit der Kulturwissenschaftler, ins allgemeine Bewusstsein eingegangen. Vom allgemeinen Bewusstsein noch nicht rezipiert ist hingegen der Anteil des Unbewussten an den kognitiven Leistungen des Menschen: die Tatsache, dass individuelles Bewusstsein nur deshalb als solches existieren kann, weil es – in jedem Menschen – auf den aus der Tierreihe überkommenen arttypischen Strukturen ruht, dass bewusste Leistungen nur in Kooperation des Ich mit dem Unbewussten zustande kommen und dass die schöpferische Potenz zu kulturellen Leistungen im Unbewussten gründet.

All diese Einsichten wurden mittels der tiefenpsychologischen Methode gewonnen. Dass sie vom allgemeinen Bewusstsein noch nicht rezipiert wor-

den sind, mag – außer den eingangs erwähnten Gründen – vor allem daran liegen, dass diese Ergebnisse einem, der mit der tiefenpsychologischen Methode
nicht vertraut ist, schwer vermittelbar sind. Dazu kommt, dass mittels der tiefenpsychologischen Methode nur ein Aspekt des menschlichen Unbewussten erschlossen wird. So sei denn noch ein Blick geworfen auf die Ergebnisse jener zum positivistischen Wissenschaftstyp gehörenden Disziplinen,
die seit einiger Zeit andere Aspekte des menschlichen Unbewussten untersuchen. Es sind dies: die Humanethologie und – man staune – zwei Forschungsrichtungen der akademischen Psychologie: die kognitive Psychologie und die
Emotionspsychologie. Diese haben unsere Vorstellungen vom menschlichen
Unbewussten nicht nur dem allgemeinen Bewusstsein zugänglicher gemacht,
sondern auch erweitert und abgerundet.

Humanethologie

Die Humanethologie kam Mitte der Sechzigerjahre auf. Sie wendet die
Methoden der Verhaltensforschung auf den Menschen an. Ihre Grundein-
stellung ist distanzierte Beobachtung. Im Unterschied zur Tiefenpsychologie
befassen sich Humanethologen nicht mit dem, was der Mensch über innere
Erfahrung berichtet, sondern mit der Art und Weise, wie er „sich gibt": insbesondere bei seinen sozialen Reaktionen. Bevorzugtes Hilfsmittel der Humanethologen zur Dokumentation menschlichen Verhaltens ist der Film. Dank
der Erfindung des Winkelobjektivs können sie zudem Menschen filmen, ohne
dass diese sich beobachtet fühlen.

Durch transkulturellen Vergleich bemühen sich die Humanethologen,
Universalien des menschlichen Verhaltens herauszuarbeiten: Grundmuster,
die in allen Kulturen vorkommen und von deren Vorhandensein – gleich wie
aus dem Vorhandensein ubiquitär vorkommender Mythen- und Traummo-
tive – darauf geschlossen werden kann, dass sie arteigen sind. Ergänzt wird
dieser sozusagen horizontale Vergleich durch einen vertikalen. Die Verhaltensmuster, die sich als für die menschliche Art typisch ergeben haben, werden mit denen evolutionär niedrigerer Lebewesen verglichen. So kann z. B.
durch Vergleich mit dem Verhalten von Menschenaffen entschieden werden,
welche menschlichen Verhaltensformen uraltes Primatenerbe sind und welche
menschlicher Neuerwerb. Primatenerbe sind z. B. die Strategien des Rangord-
nungsstrebens, als menschlicher Neuerwerb hingegen erwies sich die Famili-
arisierung des Mannes. Universalien des Sozialverhaltens wurden in folgenden
Bereichen beobachtet: bei der Mutter-Kind-Beziehung, bei der Paarfindung,
beim Ausformen von Rangordnung, bei Territorialverhalten, bei Objektbesitz

und -tausch, bei innerartlichem Feindverhalten sowie bei Neugierverhalten bzw. explorativer Aggression.

Mutter und Kind sind in ihrem Verhalten durch stammesgeschichtliche Anpassungen aufeinander abgestimmt. Einerseits beherrschen die Mütter differenzierte, altersstufengemäße Strategien für den Umgang mit ihrem Säugling, ohne sich dessen bewusst zu sein; andererseits kommt der Säugling den Kontaktbewegungen der Mutter entgegen. Außerdem verfügt der Säugling – außer verschiedenen Formen des Weinens, die die Mutter versteht – als völlig unbewusstes Lebewesen über 5 unterscheidbare Lautäußerungen mit spezifischer Funktion: den Kontaktlaut, den er unmittelbar nach dem Aufwachen äußert, dem Unmutslaut, den er beispielsweise von sich gibt, wenn ihm die Mutter die Nase putzt, den Schlaflaut, der Wohlbehagen signalisiert. Unterbleibt der Schlaflaut längere Zeit, sieht die Mutter nach dem Rechten, ohne jedoch zu wissen, weshalb sie dies tut. Der Trinklaut wird im Rhythmus des Trinkens geäußert und signalisiert, dass alles in Ordnung ist. Mit dem Wohligkeitslaut schließlich signalisiert der Säugling Wohlbehagen und Sättigung.

Bemerkenswert ist auch die aktive Rolle, die der einen Monat alte Säugling bei Interaktionen mit der Mutter spielt. Von Universalien der Paarfindung – der heterosexuellen Kontaktaufnahme, des Werbens und des Sich-Verliebens – sei erwähnt, dass die Überwindung der Kontaktscheu sich über mehrere Etappen vollzieht und dass es mehrere charakteristische Strategien der Annäherung gibt; ferner, dass bei der Beziehungsaufnahme über Distanz der Augenkontakt eine große Rolle spielt: dass man den Partner sucht und ihm mitteilt, dass er im Mittelpunkt des Interesses steht. Als Universale erwies sich ferner, dass die Partnerin dem Werben des Mannes auch dann Widerstand entgegensetzt, wenn sie ihn liebt.

Als Universale erwies sich auch das Phänomen der Rangordnung. Wo immer man Menschen zu Gruppen zusammenführt, bilden sich rasch Rangordnungen. Interessant ist nun, dass sich das menschliche Rangordnungsverhalten bruchlos an das der menschennahen Primaten anschließt. Sowohl bei diesen wie beim Menschen finden sich z. B. im Verhalten von Rangniederen wie von Ranghohen eine ganze Reihe charakteristischer Eigenheiten.

Objektbesitz wie auch Objekttausch spielen in den zwischenmenschlichen Beziehungen eine wichtige Rolle. Die Beobachtungen ergaben, dass dabei das Bitten, Fordern und Abgeben von einem universellen, unbewussten Regelsystem gesteuert wird.

Im Bereich der innerartlichen Aggression ließen sich typische Muster des Konfliktmanagements herausschälen. Es zeigte sich, dass sogar schon kleine

Kinder darüber verfügen. Auch ergab sich, dass unsere Wahrnehmung darauf geeicht ist, die Ausdruckselemente von Aggression und von Bereitschaft zu Submission unmittelbar zu erkennen und dementsprechend auch komplexe Gesichtsausdrücke, in denen sich diese widerstrebenden Tendenzen überlagern, zu verstehen.

Als Universale erwies sich auch die normangleichende Aggression als Mittel zur Erhaltung der Gruppenidentität: die Aggression gegen Gruppenmitglieder, die in auffälliger Weise von der Gruppennorm abweichen. Auch dieses Muster kommt schon bei Schimpansen vor.

Universell sind auch die Merkmale, die einen Menschen zum Außenseiter machen: von den Abnormitäten des Aussehens und Verhaltens bis zum Verstoß gegen Konventionen und Umgangsformen der betreffenden Kultur oder Subkultur.

Universell sind auch die Muster des Umgangs mit Außenseitern: über verschiedene Formen des Spottens bis hin zur Ächtung und Ausstoß aus der Gruppe.

Ein weiteres Universales ist die Motivation zu Neugier, die weitgehend über Spielverhalten läuft. Schon der Säugling ist erstaunlich motiviert, seine Umgebung zu erkunden. Außerdem wurde erkannt, dass in die Strategien des Informationserwerbs soziale Partner fest eingeplant sind (nach Eibl-Eibesfeldt).

Für verschiedene dieser Universalien bzw. Muster des Sozialverhaltens wurde auch die Ontogenese (die Entwicklung im Verlauf des individuellen Lebens) untersucht. Dabei zeigte sich, dass für einen großen Teil von ihnen arteigene Reifungsprogramme bestehen. Um nur eines herauszugreifen: Zur Zeit der Adoleszenz ist – vor allem beim Mann – eine Umorientierung von der Familie auf die Gemeinschaft eingeplant. Die Analogie zu jenem arteigenen Programm, das C. G. Jung für die psychische Reifung bzw. den Individuationsprozess nachgewiesen hat, ist wohl augenfällig.

Noch in einem anderen Sinn ist die Parallele zwischen dem, was Humanethologen an arteigenen Verhaltensmustern aufgezeigt haben, und dem, was Jung Archetypen nannte, augenfällig. Als Komponenten eines Verhaltensmusters nennt die Ethologie: Kognition, Motorik und Antrieb. Alle drei Komponenten finden sich auch in den Phänomenen, für die Jung den Ausdruck „Archetyp" verwendet hat. Wenn ich bisher die Archetypen als Muster des Weltverstehens bezeichnet habe, war damit nur ein Aspekt hervorgehoben: der kognitive. Sie sind aber ebenso sehr auch Muster des Umgangs mit der Welt. Zudem eignet ihnen auch eine starke – oft sehr starke – emotionale und antreibende Komponente. So wird der Mensch in gewissen Lebensaltern und Lebenslagen, wenn, wie man in der Tiefenpsychologie sagt, ein Archetyp konstelliert ist, zu einem bestimmten Verhalten gedrängt und getrieben. Wegen des Projektionsvorgangs geschieht dieser Antrieb oft indirekt: über die Faszination durch ein Symbol, eine Person usw., worauf der aus dem Unbewussten zur Verwirklichung drängende Inhalt sich projiziert.

Den Ausdruck „unbewusst" verwenden Humanethologen nicht oder höchstens beiläufig. Ihr zentraler Ausdruck heißt: „stammesgeschichtlich angepasst". Diese unterschiedliche Merkmalszuschreibung für ein und denselben Sachverhalt ist ein Beispiel dafür, wie sehr die Terminologie einer Disziplin von dem geprägt wird, wovon sie sich absetzt. Für die Tiefenpsychologie drängte sich der Ausdruck „unbewusst" als zentraler Terminus auf, weil sie sich von der Bewusstseinspsychologie absetzte.

Die Humanethologie hingegen trat gegen den damals dominierenden Behaviorismus an: gegen die Lehre, alles sei erlernt. Beim transkulturellen Vergleich menschlichen Verhaltens kam die Humanethologie zudem in Konflikt mit der Ethnologie, da damals viele Ethnologen die Meinung vertraten, alles sei kulturbedingt, was ja gleichbedeutend ist mit „angelernt". Demgegenüber wollten die Humanethologen den Nachweis erbringen – und erbrachten ihn –, dass die Grundlage aller kulturellen Ausformungen angeboren bzw. das Ergebnis stammesgeschichtlicher Anpassung ist.

Irenäus Eibl-Eibesfeldt, der Begründer der Humanethologie, spricht häufig von universeller Grammatik des Sozialverhaltens. „Grammatik" ist hier nicht in dem Sinn zu verstehen, wie er uns vom Sprachunterricht her vertraut ist. Eibl meint damit die Gesamtheit der stammesgeschichtlich angepassten Vorstrukturierungen sozialen Verhaltens im rezeptorischen, motorischen und Antriebsbereich. Dem Ausdruck „Grammatik" in dieser bzw. in einer sehr ähnlichen Bedeutung werden wir gleich noch einmal begegnen, wenn wir die Entdeckungen des Linguisten Noam Chomsky besprechen.

Hier sei jedoch festgehalten, dass die Gesamtheit jener Vorprogrammierungen des Welterfassens und des Sich-in-der-Welt-Bewegens, die C. G. Jung Archetypen nannte, im gleichen Sinn als universelle, für die menschliche Art typische Grammatik bezeichnet werden kann. Es sei aber noch einmal darauf hingewiesen, dass diese unbewussten Regulatoren – seien sie nun unter dem Blickwinkel der Humanethologie oder der Tiefenpsychologie betrachtet – nicht direkt fassbar sind, sondern nur in ihren Auswirkungen bzw. Gestaltungen, und dass sie in diesen – in großer Variationsbreite – kulturell, d. h. durch Aktivität des Bewusstseins, überformt sind. Eibl versteht ebenso wie

Chomsky die Strukturen, die sie universelle Grammatik nennen, in erster Linie im Sinne von Software. Auch für sie ist jedoch selbstverständlich, dass ihnen neurale Strukturen zugrunde liegen, da, wie erwähnt, keine Software ohne Hardware bekannt ist.

Die anthropische Wende in den Kulturwissenschaften

Kulturwissenschaftler hatten – pauschal gesagt – die kulturellen Schöpfungen bis in die jüngste Zeit als etwas genommen, das einfach da ist. Zwar galt als selbstverständlich, dass der menschliche Geist sie geschaffen hat, doch fasste man diesen – entsprechend dem positivistischen Bewusstseinsparadigma – als etwas auf, das in völliger Freiheit schafft, unabhängig von der „tierischen" Seite der menschlichen Natur.

Der Widerstand von Kulturwissenschaftlern gegen Jungs Archetyp-Konzept war denn auch, wie gesagt, weitgehend ein Widerstand gegen die darin enthaltene Vorstellung unbewusster kognitiver Strukturen: von Strukturen, welche die Tätigkeit des Ich einerseits ermöglichen, anderseits aber auch weitgehend kanalisieren.

Indem die Ethologie – zuerst die tierische, dann die humane – das Vorhandensein arteigener kognitiver Strukturen erbrachte, bestätigte sie Jungs Konzept. Sie untermauerte dieses im eigentlichen Sinn des Wortes, indem sie ihm von unten her, – der Evolutionsachse entlang aufwärtssteigend – und nach allgemein anerkannten Methoden positivistischer Empirie – ein solides Fundament schuf. Nun hat sich seit Beginn der Fünfzigerjahre auch in den Kulturwissenschaften eine Wende angebahnt: eine Wende, in deren Gefolge das Archetyp-Konzept auch noch „von oben" her – ebenfalls mit positivistischen Methoden – zusehends bestätigt wird. Allerdings hat sich diese Wende erst angebahnt. Die große Masse der Kulturwissenschaftler wurde davon noch nicht erfasst. Eingeleitet wurde die Wende durch den Sprachwissenschaftler Noam Chomsky. Dieser begann als strukturalistischer Linguist, doch genügte es ihm bald nicht mehr, Sprachanalyse als Selbstzweck zu betreiben. Ihn interessierte darüber hinaus die Frage, wie unser sprachliches Wissen im Gehirn repräsentiert und wie es da hineingekommen ist. Mit dieser fundamentalen Änderung der Blickrichtung leitete Chomsky in den Kulturwissenschaften die sogenannte anthropische Wende ein: die Wende hin zum Menschen als dem Lebewesen, das Kultur schafft.

Chomsky betrachtet Sprache nicht mehr als unabhängig vom Menschen existierendes System von Regularitäten, sondern als mentale Größe: als ein im human mind (Menschengeist) verankertes Wissenssystem. In der hoch entwickelten Kunst strukturalistischer Sprachanalyse sah er ein Instrumentarium, mit dem sich Einblick in diesen Bereich des human mind gewinnen lässt. Um das Revolutionäre an Chomskys Konzept eines angeborenen sprachlichen Wissenssystems zu erkennen, muss man sich die grundlegende Unterscheidung vor Augen halten, die Chomsky in Bezug auf die Sprachfähigkeit des Menschen geschaffen hat: die Unterscheidung zwischen Performanz und Kompetenz.

Unter Performanz versteht Chomsky die Anwendung sprachlichen Wissens in einer konkreten Situation, unter Kompetenz hingegen versteht er jenes Wissen, welches Voraussetzung sowohl für das Erlernen wie auch für die Anwendung von Sprache bildet. Chomskys Interesse galt ausschließlich der Kompetenz. Für das Wissenssystem, das der Kompetenz zugrunde liegt, verwendete er den Ausdruck universelle Grammatik. Er versteht hier „Grammatik" – ebenso wie Eibl-Eibesfeldt – als ein System arttypischer kognitiver Strukturen. Geht es jedoch bei Eibl um Strukturen, welche die soziale Interaktion bestimmen, so bei Chomsky um solche, die den Spracherwerb ermöglichen und bestimmen. Chomsky bezeichnet die universelle Grammatik ausdrücklich als „tacit knowledge" (tacit = stillschweigend): es sei ein Typus von Wissen, der dem Bewusstsein nicht zugänglich ist; mit anderen Worten: es handle sich um unbewusstes Wissen.

Das Konzept vom Vorhandensein einer universellen Grammatik stützt sich vor allem auf zwei Beobachtungen. Erstens auf die Beobachtung, dass der Mensch in der Lage ist, Sprachwissen auf der Basis einer eingeschränkten Datenmenge zu erlernen: dass der Input, der einem Kind beim Erlernen der Muttersprache gegeben wird, immer unvollständig ist, dass der Mensch aber trotzdem fähig ist, beliebig viele Sätze zu bilden und zu verstehen. Die zweite Beobachtung ist die, dass der normale Sprecher fähig ist, Sätze darauf hin zu beurteilen, ob sie in der eigenen Sprache möglich sind oder nicht, und zwar unabhängig davon, ob er Gründe dafür angeben kann.

Darüber wie die universale Grammatik beschaffen ist, haben sich Chomskys Vorstellungen im Verlauf der Zeit verändert bzw. differenziert. Zu Beginn stellte er die Hypothese auf, sie umfasse ein endliches System von angeborenen Regeln, die so beschaffen seien, dass sie eine unendliche Zahl von Sätzen spezifizieren. In jüngerer Zeit wird die universelle Grammatik eher als ein System interagierender Prinzipien verstanden, die auf verschiedenen Ebenen strukturell „Rohentwürfe" auf bestimmte Wohlgeformtseins-Bedingungen hin überprüfen. Ob nun die Theorie der universellen Grammatik noch weiter vertieft wird oder nicht, in Hinblick auf die Konvergenz zwischen Kulturwissenschaft und Tiefenpsychologie ist einzig von Belang, dass sie das Vorhandensein unbewusster, arteigener kognitiver Strukturen, die auf das Bewusstsein einwirken, voraussetzt.

Die Impulse, die Chomsky gab, wurden unterdessen von vielen Sprachforschern und auch von Vertretern anderer humanwissenschaftlicher Disziplinen aufgenommen und weitergeführt. Besonders gründlich wurde der Spracherwerb erforscht. Es stellte sich auch da heraus, dass es ein arttypisches Grundmuster – ein Muster charakteristischer Entwicklungsstadien – gibt, nach dem Kinder Sprache erlernen. Spracherwerb wird heute gesehen als ein Prozess, in dem die sprachliche Erfahrung des Kindes – der „Input" – in sehr spezifischer Weise mit den im „Erwerbs-Mechanismus" verankerten Prinzipien interagiert: als Zusammenwirken von sprachlichem Input und phylogenetisch erworbener, unbewusster Grundstruktur.

Die Kognitive Psychologie

Angeregt durch Chomskys Ideen wurde auch die akademische Psychologie. Diese musste zwar nicht im eigentlichen Sinn eine anthropische Wende vollziehen, hatte sie sich doch immer schon mit dem Menschen befasst. Der Nachweis angeborener, Sprache ermöglichender Strukturen trug jedoch wesentlich zur Überwindung des seit 1920 mehr und mehr dominierenden behavioristischen Ansatzes und damit – wenigstens faktisch – zur Annäherung an die Sichtweise der Tiefenpsychologie bei.

So nahm denn seit den späten Fünfzigerjahren eine Forschungsrichtung Gestalt an, die sich Kognitive Psychologie nennt. Ihr erklärtes Ziel ist es, das Funktionieren der menschlichen Intelligenz und des menschlichen Denkens zu verstehen. Ihre Forschungsgebiete sind: das Lernen und Erinnern von Tatsachen, das Lösen von Problemen, das Ziehen von Schlussfolgerungen und der Umgang mit Sprache. Dabei herrscht der Informationsverarbeitungs-Ansatz vor. Die Kognitiven Psychologen bemühen sich, an den erwähnten kognitiven Prozessen eine charakteristische Abfolge von Phasen aufzuzeigen: von Phasen, die jeweils einen wichtigen Schritt in der Verarbeitung von Information widerspiegeln. Bezüglich des Lernens zeigte sich dabei, dass die ungeheure Fülle sensorischer Information, die uns unsere Sinnesorgane in jedem Augenblick zuführen, reduziert wird und dass bei diesem Reduktionsprozess der sensorische Input sowohl durch Komponenten des Mustererkennens als auch durch höhere Gestaltgesetze strukturiert wird.

Charakteristisch für dieses Strukturieren ist zudem, dass die dabei entstehenden räumlichen Vorstellungsbilder und zeitlichen Vorstellungsmuster zu einer hierarchischen Ordnung aufgebaut werden. Nach diesen Ordnungsmustern werden sie sowohl gespeichert als auch wieder abgerufen. Die Untersuchung des Problemlösungsverhaltens ergab, dass – in der Sprache der Kognitiven Psychologie ausgedrückt – der Problemraum systematisch abgesucht wird, wobei bestimmte „Prinzipien" bzw. Muster diesen Prozess steuern.

An diesen wenigen Beispielen lässt sich leicht erkennen, dass alle diese Prozesse nicht bewusst gesteuert werden. Schon zu den komplizierten Verrechnungen, die das visuelle Erkennen eines sich drehenden Gegenstandes erfordert – etwas, das uns völlig selbstverständlich erscheint –, wäre (nach Konrad Lorenz) das Bewusstsein, selbst das eines hoch qualifizierten Mathematikers, gar nicht in der Lage.

Ebenso unbewusst wie der größte Teil der Wahrnehmung verläuft die Reduktion der Information durch Mustererkennung (plattern maching), deren Strukturierung nach höheren Gestaltgesetzen, das Abtasten des Problemraumes usw. Je mehr man sich in diese Vorgänge vertieft, desto mehr wird ersichtlich, dass das unbewusste psychische System dem bewussten an Leistungsfähigkeit in mancher Hinsicht überlegen ist. Das Bewusstsein hat eben ganz spezifische Funktionen. Es ist aber zu bedenken, dass diese ein einwandfreies Funktionieren des Unbewussten zur Voraussetzung haben.

Die Kognitiven Psychologen verwenden den Ausdruck „unbewusst" allerdings in der Regel nicht, ebenso wenig den Ausdruck „bewusst". Sie sind eben an der Unterscheidung zwischen bewussten und unbewussten Prozessen gar nicht interessiert. Ihr Ziel ist lediglich, herauszufinden, auf welche Weise die menschliche Psyche mit Information umgeht: wie sie diese verarbeitet, speichert und wieder abruft. Immerhin weisen die Kognitiven Psychologen, die von der Verhaltensforschung her kommen – z. B. Norbert Bischof, ein Schüler von Konrad Lorenz – häufig darauf hin, dass die „Prinzipien", „Regeln" oder „Gesetze", welche sie erarbeiten, Ausdruck stammesgeschichtlicher Anpassung sind. Um es in Hinblick auf die Überschrift dieses Kapitels zu formulieren: dass sie artspezifisch sind.

Die Emotionspsychologie

Die Emotionspsychologie ist der jüngste Spross am Baum der akademischen Psychologie. Sie entstand in den späten sechziger Jahren. Mit ihr wandte sich die akademische Psychologie Phänomenen zu, die in der Tiefenpsychologie schon seit Beginn unseres Jahrhunderts im Zentrum des Interesses stehen. Tiefenpsychologie ist nämlich zu einem großen Teil Emotionspsychologie. Eine der revolutionären Taten Freuds bestand gerade darin, auf die Dynamik

emotionalen Erlebens hingewiesen zu haben: auf die komplizierten Wechselwirkungen zwischen gesellschaftlichen Erwartungen einerseits und individuellen, triebverankerten (wie er es nannte) Bedürfnissen anderseits sowie den
daraus resultierenden Konflikten und Verarbeitungsversuchen.

Emotionspsychologie – gleichgültig ob tiefenpsychologisch oder akade-
misch – geht von dem aus, was der Mensch fühlt und erlebt: wie er liebt und
hasst, sich freut und trauert, zornig ist oder sich ängstigt, wie er staunt, etwas
ersehnt, eifersüchtig und frustriert ist, ein schlechtes Gewissen hat usw. Die
beiden Arten von Psychologie betrachten jedoch die Emotionen unter verschiedenen Gesichtspunkten. Da in der Tiefenpsychologie das Existenzielle
im Vordergrund steht, geht es hier in erster Linie um konkrete Gefühle eines
einzelnen Menschen in einer konkreten Situation sowie um den Umgang mit
diesen im Rahmen eines seelischen Heilungs- oder Reifungsvorgangs.

Die Emotionspsychologie hingegen sucht zu ergründen, was für allgemeine Gesetzmäßigkeiten den subjektiven Gefühlsempfindungen zugrunde
liegen und was für eine Funktion dem Fühlen im Rahmen des Lebensprozesses zukommt. Nun ist allerdings die Unterscheidung zwischen Kognition
und Emotion – wie viele andere Unterscheidungen, die den Lebensprozess
betreffen – künstlich. Sie beruht darauf, dass unser Bewusstsein die objektive Wirklichkeit nur erfassen kann, indem sie an ihr Unterscheidungen trifft.
Im Grunde gibt es keine Kognition ohne Emotion und keine Emotion ohne
Kognition.

Im Fall des Menschen nahmen diese beiden Aspekte des Lebensvorgangs
– wegen der Fähigkeit zu Bewusstheit – noch ein besonderes Gesicht an. Man
spricht hier von Denken und Fühlen. Vereinfacht lassen sich diese beiden
Begriffe wie folgt umschreiben: Hinter dem Denken steht die Frage: „Was ist
das?" Hinter dem Fühlen steht die Frage: „Was bedeutet das für mich? Wie
muss ich darauf reagieren?"

Beim Denken wird somit etwas festgestellt, beim Fühlen hingegen bewer-
tet, und zwar geschieht die Bewertung primär in Hinblick auf die eigenen
Bedürfnisse und Wünsche. Denken, wie es dem Menschen eigen ist, impliziert, wie erwähnt, die Fähigkeit, festzustellen: „Ich weiß, dass das so ist", und
das Fühlen schließt beim Menschen die Fähigkeit ein, festzustellen: „Ich weiß,
dass ich liebe, dass ich traurig bin usw."

Die Begriffe „Kognition" und „Emotion" umfassen jedoch mehr als das,
was davon ins Bewusstsein ragt. Kognition kommt bei allen Lebewesen vor,
Emotion bei fast allen, und der bewusste Anteil gründet auch beim Menschen in unbewussten Prozessen. Das Bewerten einer Situation ist an sich

ein kognitiver Vorgang. Man kann dies als den Kognitions-Aspekt der Emotion bezeichnen. Unter dem Begriff „Emotion" wird auch all das zusammengefasst, was der Bewertungsvorgang unweigerlich nach sich zieht: physiologische Aktivierung und motorischer Ausdruck, ferner Handlungsentwurf und Handlungsbereitschaft und – zumindest beim Menschen – ein subjektiver Gefühlszustand.

Emotionen finden wir schon bei evolutionsmäßig niedrigen Tieren. Emotionsprozesse überlagerten schon früh die starren, reflexartigen Reiz-Reaktions-Muster und – auf höheren Ordnungsstufen – die Auslösemechanismen mit fest programmierten Verhaltensabläufen. Das In-die-Welt-Treten von Emotionen führte zu größerer Flexibilität der Verhaltensanpassung an die Umwelt, indem durch sie die Verhaltensreaktion von der Reizaufnahme entkoppelt wurde. Interessant ist nun – in Hinblick auf die Artspezifität psychischer Vorgänge –, dass die Bewertung in einer charakteristischen, sehr rasch ablaufenden Folge von Reizbearbeitungsschritten besteht und dass die Differenzierung dieses genetisch fixierten Evaluationsschemas im Verlauf der Evolution zugenommen hat.

Beim Menschen konnten fünf – zum überwiegenden Teil unbewusst verlaufende – Reizverarbeitungsschritte festgestellt werden:

1. Neuheitsprüfung: Veränderungen des Musters werden festgestellt.

2. Prüfung der Annehmlichkeit: Ist das Ereignis angenehm oder unangenehm? Je nachdem veranlasst dies ein Annäherungs- oder Vermeidungsstreben.

3. Prüfung der Ziel- oder Bedürfniserheblichkeit:
   a) Ist es in Hinblick auf Ziele oder Bedürfnisse des Organismus wichtig?
   b) Stimmt es mit dem zurzeit erwarteten Zustand überein oder nicht?
   c) Ist es dem Erreichen des zurzeit angestrebten Zieles oder Zustands förderlich oder hinderlich?

4. Prüfung der Bewältigungsfähigkeit: Ist der Organismus fähig, durch Kampf oder Flucht das Ereignis zu verändern oder sich durch innere Umstimmung dem Endergebnis anzupassen?

5. Prüfung der Norm-Vereinbarkeit:
   a) Äußere Normen: Entspricht die Handlung den sozialen Normen, kulturellen Definitionen oder den Erwartungen bedeutender anderer?
   b) Innere Normen: Ist die Handlung mit den Vorstellungen des eigenen idealen „Selbst" vereinbar? (Nach Klaus R. Scherer, mündlich)

Es wird angenommen, dass diese Reizverarbeitungsschritte in der dargestellten Reihenfolge im Verlauf der Evolution nacheinander aufgetreten sind und im Verlauf der individuellen Entwicklung nacheinander auftreten.

Dieser hochdifferenzierte Evaluationsprozess, der Hand in Hand mit einer Emotion blitzschnell und unbewusst verläuft, ist geradezu ein Schulbeispiel eines angeborenen, arttypischen Musters. Arttypisch ist übrigens der gesamte Emotionskomplex: außer der Skala der Reiz-Verarbeitungsschritte auch die physiologischen Reaktionen (Veränderung der Hautfeuchtigkeit, der Pulsfrequenz usw.) sowie die Ausdrucksbewegungen (zorniges oder trauriges Gesicht, aggressive Haltung, Haltung der Flucht- oder Unterwerfungsbereitschaft usw.). Für die menschliche Art typisch sind auch die oben erwähnten Kategorien subjektiver Gefühlszustände.

Selbstregulation

Das tiefenpsychologische Modell impliziert, wie gezeigt, den Begriff „Selbstregulation". Es sieht die unbewusstbewusste Psyche als selbstregulierendes System mit zwei spontanaktiven Zentren – dem Ich und dem Selbst –, wobei das im unbewussten Bereich gelegene Selbst dem Ich letztlich übergeordnet ist. Ebenso wie Artspezifität ist Selbstregulation auch ein grundlegender Begriff der heutigen Biologie.

Betrachten wir nun, wie sich die Auffassung der Psyche als selbstregulierendes System in die heutige Sicht der Lebewesen einfügt. Selbstregulation ist – weit über die Biologie hinaus – ein Unterbegriff der systemischen Sicht der Natur. Diese löste, wie gesagt, die ausschließlich mechanistisch-deterministische ab: jene in der ersten Phase naturwissenschaftlichen Forschens dominierende Sichtweise, bei der man danach trachtete, die sinnlich wahrnehmbaren Phänomene in einzelne Elemente – in isolierte Kausalketten sowie in Beziehungen mit nur zwei oder wenigen Variabeln – aufzulösen.

Im Unterschied dazu stehen bei der systemischen Betrachtung die Wechselwirkungen zwischen den Elementen im Zentrum des Interesses. So kann man denn fürs Erste ein System umschreiben als eine Menge von Elementen, zwischen denen Wechselbeziehungen bestehen. Genauer: als organisierte dynamische Ganzheit, die mehr ist als die Summe ihrer Teile.

Es gibt sehr unterschiedliche Arten von Systemen. Die allgemeine Systemtheorie, die versucht, diese alle unter einen Hut zu bringen, können wir hier außer Betracht lassen. Betrachten wir nur die Systeme, die im Rahmen unserer Fragestellung von Bedeutung sind: die lebendigen. Für diese sind folgende Merkmale kennzeichnend: Erstens sind lebendige Systeme autopoietisch, d. h. sie bauen sich selber auf; zweitens verändern (transformieren) sie sich ständig, und zwar unter Aufrechterhaltung der Ganzheit; drittens geschieht diese Transformation nach dem Prinzip der Selbstregulation. Auf den Autopoiese-Aspekt des Archetypbegriffs und des Lebendigen werden wir im letzten Kapitel – bei der Besprechung der Spontaneität – eingehen. Hier interessiert uns lediglich der Aspekt der Selbstregulation.

Kybernetik verhalf der systemischen Betrachtung zum Durchbruch

Auf die Selbstregulation der lebendigen Systeme kam man relativ spät, und zwar über die Technologie. Die systemische Betrachtung der Natur hat hingegen im Kreis der Biologen ihren Anfang genommen. Hier ging sie hervor aus dem Bemühen, die Einäugigkeit der elementaristischen Betrachtung zu überwinden. So stand denn am Anfang die Frage nach der Ganzheit der Lebewesen im Vordergrund. Wichtige Anregungen gingen von der Gestaltpsychologie aus, die sich seit 1912 unter der Führung W. Köhlers zu profilieren begann. Wohl den entscheidenden Anstoß zur systemischen Betrachtung der Lebewesen gab in den Zwanzigerjahren Ludwig von Bertalanffy. Nach dem Zweiten Weltkrieg rückte im technologischen Bereich das Prinzip der Selbstregulation ins Zentrum des Interesses. Angewendet wurde es zwar schon seit Langem, z. B. in der Dampfmaschine und der Klosettspülung. Mit dem Aufkommen der Rechenautomaten erschlossen sich seiner Anwendung jedoch ungeahnte Möglichkeiten. Es entwickelte sich die Kontrolltechnologie: jene Technologie, die die zweite industrielle Revolution bewirkte.

Zum umfassenden Begriff des neuen technologischen Denkens wurde der Ausdruck Kybernetik, den Norbert Wiener 1948 eingeführt hat. Das Denkmodell der Kybernetik ist bekanntlich das der Rückkoppelung: des Feedback-Kreises, durch den die Abweichungen eines dynamischen Systems von dem zu erreichenden Sollwert in dessen Input zurückgeleitet werden, sodass das System „erkennt", wie weit es vom vorgeschriebenen Ziel entfernt ist, und nun berechnen kann, was für Korrekturimpulse es geben muss, um dieses zu erreichen. Bald erkannte man, dass lebende Systeme längst schon nach diesem Prinzip funktionierten. Der „Erfindung" einer Rückkoppelung im Zug der Bioevolution sind wir schon begegnet. Ich habe sie als Fulguration bezeichnet: als Fulguration zum Lernen durch Erfolg. Beachten wir jedoch, dass dabei nicht die Rückkoppelung als solche erfunden wurde, sondern lediglich eine neue Anwendung dieses Prinzips. Was dabei fulgurierte, war eine neue Kategorie kybernetischer Systeme: die der lernfähigen. Diese schrittweise Entwicklung fand denn auch in der Kontrolltechnologie statt. Auch dort gelang es erst relativ spät, lernfähige kybernetische Systeme zu entwickeln.

Die Erkenntnis, dass lebende Systeme seit mehr als zwei Milliarden Jahren – im Dienst der Selbstverwirklichung und Selbsterhaltung – das Prinzip des Regelkreises anwenden und dass dies ihnen eine optimale Reaktion auf Veränderungen der Umwelt ermöglichte, bereicherte nicht nur die bisherige, mehr auf Ganzheit gerichtete systemische Betrachtung des Lebendigen. Sie erst verhalf der systemischen Betrachtung innerhalb der Biowissenschaft zum Durchbruch.

Kybernetik sprengt materialistische Sicht der Natur

Die Einführung der Kybernetik in die Naturbetrachtung hatte eine Konsequenz, die häufig übersehen wird: Sie sprengte de facto die materialistische Sicht der Natur. Mit der Kybernetik wurde nämlich eine grundlegend neue Größe in das naturwissenschaftliche Denken eingeführt: die Information. Bedenken wir, dass der Höhepunkt der klassischen Physik erreicht war, als man zu erkennen glaubte, dass sich das gesamte Naturgeschehen auf zwei Grundgrößen zurückführen lässt: auf Masse und Energie. Als dann Einstein mit seinem Theorem der Äquivalenz von Masse und Energie einen Grundstein zur neuen Physik gelegt hatte, schien es sogar, man benötige zum Erfassen dessen, „was die Welt im Innersten zusammenhält", nur noch eine Größe: die Energie. Dadurch schien die materialistische Weltsicht die einzige wissenschaftlich vertretbare zu sein.

Mit der Entdeckung des Unbewussten war dieser „wissenschaftliche" Materialismus zwar schon zu der Zeit, als Einstein sein Theorem formulierte, überwunden. Dies geschah jedoch auf einem Gebiet, das „zünftige" Naturwissenschaftler, wie erwähnt, bis in die jüngste Zeit kaum ernst nahmen. Als aber mit dem Aufkommen der Kybernetik dem Energiebegriff der Begriff „Information" an die Seite gestellt wurde, bedeutete dies, dass nun sogar innerhalb der „zünftigen" Naturwissenschaft ein Keim zur neuen Weltsicht hervorgesprosst war: zu einer Sicht der Welt, die wiederum auch das Geistige umfasst.

Manifest wird die Sprengwirkung des Informationsbegriffs spätestens dann, wenn man die Leistungen des Gehirns zu verstehen versucht: jenes Organs, dessen spezifische Funktion die Verarbeitung von Information im Dienst der Verhaltenssteuerung ist. Bei der Betrachtung der für diese Verarbeitung nötigen Software – der schon viel besprochenen arteigenen Muster

– sehen wir uns mit etwas Immateriellem konfrontiert: mit Sachverhalten, die in unserer sprachlichen Tradition mit dem Ausdruck Geist benannt wurden. Dabei handelt es sich allerdings um sogenanntes Objektiv-Geistiges im Unterschied zu dem mit dem bewussten Ich verbundene Subjektiv-Geistigen. Außerdem müssen wir nun – seit der Erfindung des komplementären Denkens – dieses nicht mehr wie der archaische Mensch als selbstständige, zur Übernatur gehörende Wesenheit auffassen, sondern können es als Aspekt der Natur bzw. der raumzeitlichen Gebilde sehen.

Selbstregulation schon in der Zelle

Die Selbstregulation eines höheren Lebewesens geschieht nicht über einen einzigen, großen Regelkreis, sondern durch eine Hierarchie übereinander geschichteter, auf mannigfaltige Weise miteinander verbundener Regelkreise: über eine Hierarchie, in der sich der Verlauf der Phylogenese widerspiegelt. An der Basis dieser Hierarchie – wie auch der Bioevolution – befindet sich die Zelle. Sie ist die Einheit, mit der das Leben einst begann. Sie ist auch der Grundbaustein aller höheren Lebewesen.

Über Aufbau und Funktionsweise der Zellen wissen wir heute enorm viel mehr als noch vor wenigen Jahrzehnten. Dank der Erfindung des Elektronenmikroskops, der Zellfraktionierung sowie raffinierter molekularbiologischer, biochemischer und biophysikalischer Methoden hat sich die Zellbiologie seit den Fünfzigerjahren geradezu exponentiell entwickelt. Die neue Biologie – die Biologie, die uns ein Verständnis des Lebensprozesses erschloss, wie es noch keine Zeit vor der unsrigen besessen hat – kam zu einem ganz beträchtlichen Teil durch die Arbeit der Zellbiologen zustande. Zellen sind – gemessen an ihrer Leistungsfähigkeit – sehr kleine Gebilde. Ihr Durchmesser variiert in der Größenordnung von einigen Tausendstel- bis einigen Hundertstelmillimetern.

Trotz ihrer Kleinheit enthalten sie eine Vielzahl raffiniert angelegter morphologischer Strukturen, und trotz ihrer Kleinheit laufen in ihnen ungezählte hochdifferenzierte Prozesse und Prozessgruppen nebeneinander ab. Hochkomplexe morphologische Strukturen sind schon die Membranen, die die Zellen umgeben. An ihrer Außenseite tragen sie unterschiedliche Sensoren (Rezeptoren), in sie eingebaut sind unter anderem spezialisierte, steuerbare Transportsysteme zum Ein- und Ausschleusen von Substanzen. Von Membranen wird die Zelle nicht nur umgrenzt, sondern auch unterteilt, wodurch in ihrem Inneren verschiedene Funktionsräume entstehen: der Kern, der unter anderem das codierte Erbgut enthält, ferner das Endoplasmatische Reticulum, ein dreidimensionales Kanalsystem, in das hinein die frisch produzierten, meistens noch unfertigen Proteine (Eiweiße) geschleust werden. An das Endoplasmatische Reticulum schließt sich der Golgi-Apparat an, ein Stapel membranöser Kavernen, in denen die Proteine zu einem großen Teil fertiggestellt (z. B. mit Zuckermolekülen garniert), sortiert, für den Versand verpackt und adressiert werden.

Kreuz und quer durch die Zelle findet zudem ein reicher Containerverkehr statt: ein geordneter Verkehr von Membranbläschen, sogenannten Vesikeln, die entweder versandbereite Proteine an ihren Bestimmungsort bringen oder aus dem Extrazellulärraum aufgenommene Nährstoffe der weiteren Verdauung zuführen. Gleich von zwei Membranen gebildet werden die „Kraftwerke" der Zelle: die Mitochondrien. In ihnen werden die vorverdauten Nährstoffe zuerst im sogenannten Krebszyklus in die Form transponiert, in der sie in die Elektronentransport-Kette eingespeist werden können. In diesem Wunderwerk molekularer Mikrotechnik wird ihnen dann der Rest ihrer Energie entzogen. Diese wird sogleich in Adenosintriphosphat (ATP) umgemünzt: in die chemische Energiekonserve, aus der dann die ungezählten Energie verbrauchenden zellulären Prozesse gespeist werden. Diese Prozesse, die gesamthaft unter dem Begriff „Stoffwechsel" zusammengefasst werden, sind entweder abbauend (katabolisch) oder aufbauend (anabolisch).

Ein Teil der Stoffe, die die Zelle aufbaut, ist für den „Versand nach außen" bestimmt: Strukturelemente für die Binde- und Stützgewebe, Botenstoffe (z. B. die Hormone), Verdauungsenzyme für den Magen-Darm-Kanal, Schleim usw. Der größte Teil der Stoffe, die die Zellen herstellen, wird jedoch in diesen selbst verwendet.

Das charakteristische und zugleich staunenswerteste Merkmal der Zelle ist ihre Fähigkeit zur Autopoiese: die Fähigkeit, sich selber aufzubauen, und zwar nicht ein für alle Male, sondern indem sie sozusagen alles, was sie zur Bewältigung ihrer vielen Aufgaben benötigt – sowohl das „Gebäude" als auch den „Maschinenpark" – nach kurzem Gebrauch demontiert und durch Neuanfertigungen ersetzt. Neu schafft die Zelle ihre Strukturelemente, ferner all die Katalysatoren, die es ihr ermöglichen, die oft hoch komplizierten chemischen Prozesse bei Körpertemperatur zu bewerkstelligen, und schließlich die Steuerungselemente für die Regulation des gesamten Geschehens: für die Selbstregulation.

Der Steuerungsaufgaben sind viele, und jede muss zur richtigen Zeit vorgenommen werden. Hat die Zelle z. B. ihre Größe erreicht, muss sie auf reinen Erhaltungsstoffwechsel – d. h. auf neue Sollwerte – umschalten. Dabei muss sie sich ständig dem wechselnden Angebot an Nährmitteln anpassen. Kommt bei teilungsfähigen Zellen der Vermehrungsimpuls, beginnt eine neue Umstellung: zuerst wird der Stoffwechselapparat zur Synthese von Desoxyribonukleinsäure (DNA) – zur Verdoppelung des gesamten Erbguts – umgekrempelt sowie zur massenhaften Synthese von Histonen, jenen Proteinen, welche das Stützgerüst für die DNA bilden. Dann gruppiert die Zelle mittels eines verwickelten Mechanismus molekularer Choreografie ihre Bestandteile so, dass jede der beiden Tochterzellen eine vollständige Ausrüstung erhält. All diese Regulationen vollführt die Zelle weitgehend in eigener Regie. Sie ist – mit einer Einschränkung, die sogleich zu besprechen sein wird – ein weitgehend autonomes, selbstregulierendes System.

In ihrer Fähigkeit zur Autopoiese manifestiert sich – das sei hier vorweggenommen – die für alles Lebendige charakteristische Spontanaktivität: die Fähigkeit zur Selbstwerdung und Selbsterhaltung. Allerdings ist noch völlig unbekannt, wo sich die das Ganze dirigierende Software befindet, denn die DNA ist lediglich ein Informationsspeicher, über den die Zelle bzw. das noch nicht gefundene dirigierende „Zentrum" der Zelle souverän verfügt.

Als nur relativ autonom ist die Zelle deshalb zu bezeichnen, weil in ihr häufig Befehle vom Zellverband her eintreffen: Befehle, die ebenfalls in die Regulation des Stoffwechsels eingreifen und die Zelle zu Leistungen anhalten, die dem Kollektiv dienlich sind. So regelt die Zelle im mehrzelligen Organismus zwar heute noch vieles – vielleicht das meiste – in eigener Regie, doch musste sie im Verlauf der Evolution einen Teil ihrer ursprünglichen Kompetenz „nach oben" abgeben. Dieses Prinzip der Kompetenzabgabe nach oben unter Aufrechterhaltung einer relativen Autonomie finden wir über alle Stufen der Hierarchie hinweg: über Gewebe, Organe, Organsysteme und Organismus. Erst beim Erscheinen des Bewusstseins wurde dieses Prinzip „umgedreht": das Ich wird „von unten" – von der phylogenetisch gewachsenen Hierarchie – her in seiner Kompetenz eingeschränkt.

Das Nervensystem: auf Regelung spezialisiert

Von den Organsystemen – dem Verdauungssystem, Kreislaufsystem, Atmungssystem usw. – ist in Hinblick auf die Selbstregulation das Nervensystem das weitaus wichtigste. Es hat sich nämlich im Verlauf der Evolution sozusagen auf Regelung spezialisiert. Das war nicht von Anfang an so. Zu Beginn bestand die Aufgabe des Nervensystems lediglich darin, sensorische und motorische Zellen über Distanz hinweg miteinander zu verbinden. Während nämlich im Einzeller – z. B. in der Amöbe – sensorische und motorische

Elemente noch vereint waren, fand mit dem Aufkommen der Vielzelligkeit sowohl eine Spezialisierung in sensorische und motorische Zellen als auch ein Auseinanderrücken dieser Zelltypen statt. Die Distanz zwischen ihnen wurde nun durch Zellen überbrückt, die auf Reizleitung spezialisiert waren: durch Nervenzellen (Neuronen). Diese sogenannte Sensomotorik ist heute noch die Grundfunktion aller Nervensysteme, selbst der komplexesten.

Je komplexer aber die vielzelligen Lebewesen im Zug der Evolution wurden, desto mehr wurde diese Grundfunktion durch Steuerungsfunktionen überlagert. Je komplexer nämlich die Organismen wurden, desto vielfältiger und zahlreicher wurden die Zellen, deren Zusammenspiel – sowohl innerhalb jeder Stufe des hierarchischen Aufbaus als auch über die Hierarchiestufen hinweg – aufeinander abgestimmt werden musste. Dieses Abstimmen geschah dadurch, dass zwischen die sensorischen und motorischen Neurone Zwischennervenzellen (Interneurone) eingebaut wurden.

Durch diesen Einbau von miteinander vielfältig verschalteten Zwischenzellen gewann das Nervensystem die Fähigkeit zur Informationsverarbeitung. Zwar ist jede Zelle des Körpers zu Informationsverarbeitung fähig, denn Selbstregulation setzt Informationsverarbeitung voraus. Die „gewöhnlichen" Zellen verfügen über diese Fähigkeit jedoch nur „für den Hausgebrauch". Was hingegen durch Einbau und Verschaltung der Interneurone fulgurierte, war die Fähigkeit, Information im Dienste des Organismus zu verarbeiten. Auch die vom Nervensystem vollbrachte Regelung ist nicht in dem Sinne zentralisiert, dass man ein Integrationszentrum für den gesamten Organismus ausmachen könnte: auch sie geschieht hierarchisch. Jedes Organ und jedes Organsystem enthält sein neurales Integrationssystem, und auch diese Hierarchie ist angelegt nach dem Prinzip der Kompetenzabgabe nach oben bei Aufrechterhaltung einer relativen Autonomie. Infolgedessen sind die verschiedenen Integrationssysteme und -untersysteme auf ungeheuer komplexe Weise miteinander verschaltet.

Hier geht es nicht darum, die großartige Architektur des Nervensystems zu beschreiben. Wir wollen ja nur sehen, wie sich die mittels der tiefenpsychologischen Methode erarbeitete Vorstellung eines im Unbewussten gelegenen Ganzheitszentrums, das die gesamte Psyche regelt, im Lichte dessen ausnimmt, was die biologische Forschung über die Selbstregulation des Organismus ausgemacht hat. Dabei gehen wir, wie schon gesagt, von der Voraussetzung aus, dass Psyche und Organismus nicht verschiedene Wesenheiten sind, sondern zwei Aspekte des Lebewesens „Mensch": Aspekte, die sich aus unterschiedlichem methodischem Zugang ergeben. Es geht somit nur darum, das Prinzip bzw. den allgemeinen Plan zu erfassen, nach dem die Regelung des Organismus geschieht.

Grundmuster der Regelung in höheren Lebewesen

Gehen wir hierzu von der Betrachtungsweise der Verhaltensforschung aus. Verhalten ist ablesbar an der Motorik, und dieser liegt ein äußerst komplexes Zusammenspiel einzelner Muskeln zugrunde. Motorik ist, wie wir gesehen haben, Sensomotorik. Sie wird letztlich über Sensoren (Sinneszellen) ausgelöst und über Sensoren rückgekoppelt: sowohl über Sensoren der äußeren Sinnesorgane, die Information über die Umwelt vermitteln, als auch über innere wie z. B. das Gleichgewichtsorgan oder die sensorischen Zellen in Muskeln, Gelenkkapseln, Sehnen usw. Gesteuert wird die Motorik durch das sogenannte cerebrospinale Nervensystem: durch Integrationszentren, die im Gehirn (cerebrum) oder im Rückenmark (spina) liegen.

Nun muss aber die Muskulatur, wie auch das Gehirn, mit Energie und Nährstoffen versorgt werden, und die Schlacken, die bei der Muskelkontraktion und bei der Gehirntätigkeit anfallen, müssen weggeführt werden. All dies wird von den „Eingeweiden" besorgt. Vereinfacht gesagt sind dies: der Verdauungskanal mit seinen Anhängen, die Nieren, die Lunge und das Herz-Kreislauf-System. Reguliert wird das Zusammenspiel der Eingeweide (viscera) durch das sogenannte viscerale System. Dieses setzt sich aus zwei unterschiedlichen Strukturen zusammen: aus dem vegetativen Nervensystem (bestehend aus den beiden Antagonisten Sympathicus und Parasympathicus) und aus dem hormonalen System. Wodurch sich die drei unterschiedlichen Steuerungssysteme in ihrem Bau und damit in ihrer Funktion unterscheiden, kann hier beiseitegelassen werden.

Was aber in Hinblick auf die Einordnung des tiefenpsychologischen Modells wichtig ist: alle drei Systeme sind an der Spitze der Pyramide zusammengefasst in einem Gesamtintegrations-System. Dieses empfängt Meldungen „von überall her" und entscheidet, was im gegebenen Moment zu geschehen hat. Entsprechend dem Prinzip relativer Autonomie der Steuerungszentren auf allen Stufen der Hierarchie, wird dann – wie in jeder gut funktionierenden Hierarchie – vieles von „niederen" Instanzen in eigener Kompetenz erledigt. Das Gesamtintegrations-System führt sozusagen die Oberaufsicht und entscheidet in letzter Instanz bei Interessekonflikten.

Instinkte

Mit der Erwähnung des Gesamtintegrations-Systems haben wir uns endlich jener Struktur genähert, welche uns – bei tiefenpsychologischem Zugang – als Selbst bzw. als Archetypus an sich entgegentritt. Bevor wir jedoch auf den Gesamtintegrator eingehen, müssen wir uns noch mit den Instinkten befassen. Dies ist deshalb nötig, weil Archetypen immer wieder auf wenig differenzierte Weise mit den Instinkten in Verbindung gebracht werden, was jeweils heftige Attacken vonseiten der Ethologen auslöst.

„Instinkt" ist zwar ein Wort der Umgangssprache und wird dementsprechend in den verschiedensten Bedeutungen gebraucht. Es ist aber in jüngerer Zeit zu einem zentralen Begriff der Verhaltensforschung geworden. Ethologen haben sehr viel Mühe darauf verwendet, den Ausdruck „Instinkt" zu „reinigen", sodass er nun bei der wissenschaftlichen Arbeit als Kürzel für einen klar umschriebenen, jedoch recht komplexen Sachverhalt eingesetzt werden kann. Ethologen gehen, wie gesagt, von der Beobachtung der Motorik aus. Dabei stellten sie fest, dass Verhaltensweisen häufig in Gruppen geordnet sind und immer wieder als Gesamtheit in Form dieser höheren Ordnungsmuster auftreten. Erstens besteht ein Nacheinander von Verhaltensweisen. Bei einem Eichhörnchen z. B., das Nüsse verscharrt, tritt in starrer Reihenfolge das Ablegen der Nuss, das Schnauzenstoßen, das Zugraben und Zudrücken auf, selbst wenn ihm während des Vorgangs die Nuss weggenommen wird. Zweitens zeigte sich, dass auch ein Nebeneinander von Verhaltensweisen vorkommt: dass z. B. bei einem kampfgestimmten Tier Drohen, Angreifen, Beißen usw. leichter ausgelöst wird als bei einem friedlich gestimmten.

Ethologen zogen daraus den Schluss, dieses immer wiederkehrende Geordnetsein von Verhaltensweisen nach Folge und Gleichzeitigkeit entspringe einer Ordnung funktionaler Zentren im Zentralnervensystem. Diese höheren Ordnungen werden Instinkte genannt, wobei mit diesem Ausdruck – gleich wie bei „Archetyp" – je nach Kontext bald das Instinkt-Verhalten, bald die zugrunde liegende neurale Struktur gemeint ist. In dieser zweiten Bedeutung verstand N. Timbergen den Instinkt, wenn er ihn umschrieb als Koordinationssystem innerhalb des Zentralnervensystems, das auf bestimmte innere und äußere Impulse anspricht und sie mit wohlgeordneten, lebenserhaltenden Bewegungen beantwortet.

In diesen Antworten begegnen wir wiederum jenen schon erwähnten arteigenen Bewegungsmustern, die von Ethologen Erbkoordinationen genannt werden. Es sind dies fertige Programme, die sozusagen durch Knopfdruck ausgelöst bzw. freigegeben werden können. Gespeichert sind diese Programme in den vorhin besprochenen, aus Zwischenneuronen aufgebauten Integrationszentren. (Was die Verhaltensforscher allerdings nicht oder doch nur in höchst beschränktem Umfang erfassen können, was aber integrierender Bestandteil eines Instinktmusters ist, sind die Programme für die Impulse ans viscerale System, die gleichzeitig mit den motorischen in die Peripherie hinaus geschickt werden müssen.)

Neurophysiologen ist es übrigens gelungen, solche Zentren nachzuweisen. Als Erster konnte der Zürcher Physiologe W. R. Hess durch elektrische Reizung umschriebener Stellen im Zwischenhirn von Katzen verschiedene der für Katzen typischen Verhaltensmuster auslösen. Die Integrationszentren für die Instinkte stehen an oberster Stelle in der Hierarchie jener sensomotorischen Zentren, an deren Basis diejenigen liegen, die einfache Fremdreflexe steuern.

Einteilen kann man die Instinkte in Meide- und Gewinn-Instinkte. Dieser Einteilung liegt die Unterscheidung zugrunde, der wir schon beim emotionalen Geschehen begegnet sind: die Unterscheidung „gut für mich" – „nicht gut für mich". Zu den Meidinstinkten zählen der Ausscheidungsinstinkt, der Kälte- und Hitze-Meidinstinkt, der Körperpflege und Schmerz-Instinkt sowie – mit Einschränkung – der Sicherungsinstinkt. Den Gewinninstinkten sind der Ernährungs-, der Sex- und der Kumpaninstinkt zuzuordnen. Charakteristisch für die Gewinninstinkte ist das, was Ethologen Appetenz nennen: die Tatsache, dass Lebewesen von Zeit zu Zeit aktiv nach dem für einen bestimmten Instinkt typischen Auslöser suchen: nach Nahrung, nach einem Geschlechtspartner oder nach einem Kumpan. Wird kein Auslöser gefunden, kann es zu Instinkt-Leerlauf kommen.

Neurobiologen sprechen im Zusammenhang mit Appetenzverhalten von Instinkt-Motivation. Beim Menschen wird Motivation erlebt. Das Erleben der Motivation bei Gewinninstinkten – das Erlebnis des unbewussten Getriebenseins – führte zum Ausdruck „Trieb". Trieb ist übrigens ein zentraler Ausdruck in der Neurosentheorie von Freud. Jung hat auch dieses Konzept weiterentwickelt, insbesondere in Hinblick auf die normale Psyche. Aber das gehört nicht hierher.

Das Gesamtintegrations-System

Kommen wir auf das Gesamtintegrations-System – abgekürzt Integrator genannt – zurück. Integrator ist ein Begriff der Neurobiologie. Wie schon gesagt, befinden wir uns bei Betrachtung dieser Struktur in der Nähe dessen, was bei Anwendung der tiefenpsychologischen Methode in der Gestalt in Erscheinung tritt, die als Selbst bzw. als Archetypus an sich bezeichnet wird.

Knüpfen wir zur Betrachtung des Gesamtintegrators an den Instinktbegriff an. Ein noch nicht erwähntes Charakteristikum der Instinktsysteme ist es, dass sie nicht mehr wie Integrationssysteme niedrigerer Ordnung in eigener Regie auf die Erfolgsorgane einwirken können. Sie können lediglich ihre Motivationen dem Integrator anbieten und müssen dann warten, ob dieser ihnen grünes Licht zu deren Ausführung gibt. Etwas mehr in der Fachsprache ausgedrückt: Im Unterschied zu den Reflexen – auch zu den Reflexen höherer Ordnung – projizieren die Instinktmotivatoren ihre motorische Aktivität nicht mehr direkt auf die Motoneurone der Vorderhörner respektive der entsprechenden Stammhirnkerne, sondern bieten diese der Gesamtintegration an, welche ihrerseits entscheidet, ob sie sich vom Motivator motivieren lassen will oder nicht.

Die unterschiedlichen Aufgaben der Instinkte im Dienst des Überlebens bringen es mit sich, dass ihre Motivationen oft miteinander in Konflikt geraten. So vertragen sich z. B. der Ernährungs- und der Sicherungsinstinkt nicht. Sie sind miteinander inkompatibel. Kompatibel hingegen ist der Ernährungsinstinkt mit dem Kumpaninstinkt. Dies sieht man daran, dass beste Geselligkeit bei einem gemeinsamen Mahl aufkommen kann.

Nur der Integrator ist in der Lage zu entscheiden, welcher Instinkt bzw. welche Instinktmischung im gegebenen Moment zum Zuge kommen darf, weil er allein die Gesamtübersicht hat. Zu ihm fließt kontinuierlich – als Input – die gesamte von den Sinnesanalysatoren aufgearbeitete Information über die Außenwelt, über den Zustand des eigenen Bewegungsapparates, über den Zustand des visceralen Systems sowie des Wach-Schlaf-Systems. Der Integrator allein hat zudem die Übersicht über alle Sollwerte: über die genetisch fixierten – die arttypischen Muster – und über Erinnerungen an Ergebnisse früherer Lernprozesse. Er allein ist somit in der Lage, ein der gesamten momentanen Situation angepasstes Aktionsmuster zu entwerfen. Dieses schickt er hinaus einerseits in die Muskulatur, welche dann zielsicher in die Umweltsituation eingreift, anderseits in das viscerale System, in dem dadurch eine Fülle von im Moment wichtigen Regulationen ausgelöst wird.

All dies gilt für das Tier. Beim Menschen kommt noch dazu, dass dem Integrator auch Information über das zufließt, was im Bewusstsein bzw. im Ich vor sich geht. Da nun das Ich zu Spontanaktivität und damit zu bewusstem Handeln in eigener Regie fähig ist, müssen auch die Handlungsentscheidungen des Ich in die Gesamtintegration einbezogen und damit überprüft werden, wobei der Integrator oft „genötigt" ist, dem Ich Korrekturimpulse zukommen zu lassen. Wie wir sehen, kommen wir da schon sehr in die Nähe jener

Wechselwirkungen zwischen Unbewusstem und Bewusstsein, auf die die Tiefenpsychologie ihr Augenmerk richtet. Bleiben wir aber vorläufig noch beim Integrator.

Die neuralen Strukturen – Strukturen im Sinne von Hardware – an/in denen sich die Leistungen des Integrators vollziehen, konnten ebenfalls lokalisiert werden. Sie befinden sich in der Großhirnrinde, und zwar in jenen Gebieten derselben, die man früher Assoziationsfelder nannte, ohne zu wissen, was dies heißen sollte. Diese Felder sind über die gesamte Hirnrinde verteilt und liegen zwischen jenen Gebieten, in denen die Feinanalyse der von den Sinnesorganen her kommenden – vorverarbeiteten – Information geschieht. Die Leistungskapazität des Integrators ist enorm. Wenn irgendetwas das menschliche Begreifen restlos übersteigt, dann ist es das, was der Integrator – schon der höherer Tiere – in jedem Augenblick vollbringt.

Ein methodischer Zugang, der es uns ermöglicht, davon wenigstens eine Ahnung zu bekommen, ist der, der von den Leistungen des Integrators ausgeht: der Weg, den Verhaltensforschung und Tiefenpsychologie beschreiten. Erhellend ist aber auch der Zugang der Neurobiologie. Diese hat z. B. aufgezeigt, wie enorm vielfältig die „Verkabelung" der Hirnrindenzellen ist. Jede derselben steht mit bis zu 10000 Kontakten (Synapsen) mit anderen Zellen in Verbindung. Bei den (vorsichtig berechnet) ca. 8 Milliarden Nervenzellen der Hirnrinde ergibt sich die unvorstellbare Zahl von 80000 Milliarden Synapsen. Die Struktureinheit der Hirnrinde ist der Modul. Dieses zylinderförmige Gebilde ist einem Mikroprozessor vergleichbar und enthält bis zu mehreren tausend Nervenzellen in einer netzartigen Schaltung, mit der der Input regelhaft verteilt und der Signaldurchsatz zu einem Output hin verarbeitet wird. Jeder Modul ist mit denen seiner Umgebung sowie mit zahlreichen entfernteren Moduln der gleichen Hemisphäre wie auch – über den Hirnbalken hinweg – der kontralateralen Hemisphäre verbunden.

Dabei ist es nicht so, wie oft aufgrund der Split-brain-Versuche naiverweise angenommen wird, dass jede Hirnhälfte für sich arbeitet. Das Integrationssystem agiert immer als Ganzes. Aus der Sicht der Neurobiologie stellt sich uns somit der Integrator als eine Struktur dar, die eine unglaublich breite und dichte Verteilfunktion und eine Vielfalt von differenzierten Verarbeitungsweisen von Information ermöglicht, und dies dadurch, dass der primäre Erregungszustand eines Moduls in vielfacher Verzweigung an andere Moduln weitergegeben wird, von denen er nach erfolgtem Arbeitsgang – entsprechend modifiziert – wieder vielfach weitergegeben und – unter anderem – an den

Primärmodul selbst wieder zurückgespeist wird, um dort als sekundäre Erregung neuerlich bearbeitet zu werden usw. (Nach F. Seitelberger.)

All dies geschieht, ohne dass unser Bewusstsein irgendetwas davon bemerkt. Es geschieht – vom Bewusstsein her betrachtet – unbewusst. Der Ausdruck „das Unbewusste" erscheint somit, wenn man sich auch nur einigermaßen in die Ergebnisse der neueren Biologie vertieft, alles andere als „mystisch" oder als philosophischer Begriff. Er ist tatsächlich durch Forschung nach positivistischen Methoden mit handfesten Befunden untermauert bzw. mit Fleisch und Blut erfüllt worden.

Der Evolutionsschritt zu Bewusstheit aus der Sicht der Neurobiologie

Der Unterschied zwischen unbewussten und bewussten Vorgängen kann mit den Methoden der Neurobiologie nicht erfasst werden. Das kann jedoch Neurobiologen nicht daran hindern, sich zu überlegen, wie – über welche Entwicklungsstufen des Zentralnervensystems – es zu der beim Menschen offensichtlich vorhandenen Fähigkeit der Bewusstheit kam. Eine elegante Lösung hat der Schweizer Neurologe und Hirnforscher Gino Gschwend vorgeschlagen. Dieser befasst sich – in Fortsetzung der Überlegungen von C. Sherrington (Nobelpreis 1932) sowie seines Lehrers W. R. Hess (Nobelpreis 1935) – vor allem mit der Fähigkeit des Gehirns zu Gesamtintegration. Von ihm stammt der Ausdruck „Integrator".

Gschwend vertritt nun die These, Bewusstheit sei dadurch zustande gekommen, dass einige Neuronen des Integrators spontanaktiv wurden, also sozusagen aus dem bisherigen System ausbrachen. Dadurch habe der Integrator die Fähigkeit erhalten, sich selbst zu integrieren: zu reflektieren. Dies soll auch heißen, im nunmehr spontanaktiven Bereich sei eine Koordinationsinstanz – in psychologischem Sprachgebrauch Ich genannt – entstanden, die unter anderem die Fähigkeit hat, gewisse Ergebnisse der Informationsverarbeitung im nicht spontanaktiven Bereich des Integrators wahrzunehmen und in ihre Informationsverarbeitung zu integrieren. Diese Art von Wahrnehmung ist es, was man in der Tiefenpsychologie innere Wahrnehmung nennt. Die Evolution des Bewusstseins wäre dann – aus neurobiologischer Sicht – als immer weiteres Umsichgreifen der Spontanaktivität innerhalb des Integrators zu verstehen. (Im Kontext von Gschwends Theorie ist der Ausdruck „spontanaktiv" allerdings in einer etwas anderen Bedeutung verwendet als in der allgemeinen Biologie und damit auch in etwas anderer Bedeutung, als ich ihn hier gebrauche.)

Der Wiener Neurologe F. Seitelberger geht das Problem der Bewusstwerdung unter einem anderen Blickwinkel an: unter dem der Informationsverdichtung. Auf diesem Grund verwendet er eine andere Terminologie als Gschwend. Da Seitelberger jene Bezirke der Hirnrinde, in denen die Feinanalyse der Sinneswahrnehmung geschieht, modale Felder nennt, bezeichnet er die Evolutionsstufe, auf der das „Bild der Welt" seiner Meinung nach durch bloße Koordination der Sinneswahrnehmung geschieht, multimodale Ebene der Informationsverarbeitung. Die Bilder der Wirklichkeit, die dabei entstehen, nennt er Realobjekte.

Diese „Weltabbildung" dürfte dem entsprechen, was J. v. Uexküll als Eingefügtsein in den Regelkreis Lebewesen-Umwelt bezeichnet. Da Seitelberger die Bezirke der Hirnrinde, die man früher Assoziationsfelder nannte, Intermodalfelder nennt, spricht er da, wo andere von höheren Integratorleistungen sprechen, von Informationsverarbeitung auf der intermodalen Ebene. Auf dieser Entwicklungsstufe werde die passive Wahrnehmung durch aktive (intentionale) abgelöst, wodurch vereinfachende Abstraktion und klassifikatorische Begriffsbildung möglich wird. Die Bilder der Wirklichkeit, die dadurch entstehen, sind nach Seitelberger nicht mehr reale Bilder, sondern (abstrakte) Modelle. Damit sei die Voraussetzung gegeben für die Ausbildung eines umfangreicheren Gedächtnisses für retrospektive und imaginierte prospektive Zeitfolgen sowie für die Ausbildung eines Symbol-Code-Systems und damit der Sprache. Dies dürfte der Entstehung von Bewusstsein entsprechen.

Schließlich habe die Evolution des Gehirns noch eine metamodale Ebene erreicht. Auf dieser würden die Informationsverarbeitungs-Resultate der gesamten übrigen Hirnrinde einschließlich der intermodalen und supramodalen Bearbeitungsprodukte einer totalen integrativen Neubearbeitung unterzogen, wodurch vermehrter Selbstbezug des Erlebten zustande komme. Diese metamodale Ebene der Informationsverarbeitung dürfte fortgeschrittenen Stufen der Bewusstseinsevolution entsprechen.

In Hinblick auf die Frage, was dem qualitativen Sprung zur Bewusstwerdung zugrunde liegt, scheint mir die Sicht von Gschwend die souveränere und erhellendere zu sein. Seitelberger ist offenbar mit den Ergebnissen der neueren Integratorforschung nicht vertraut. Trotzdem lässt uns seine Sicht besser verstehen, was Gschwend – alles Detailwissen zusammenfassend – mit Spontanaktivwerden des Integrators meint: dass es dabei nicht um ein diffuses und zufälliges Geschehen im Bereich des Integrators ging, sondern dass Spontanaktivität in den obersten Entwicklungsstufen der Gesamtintegrationsverarbeitung auftrat und dass Bewusstsein aus der Evolutionsspitze stufenweise vervollkommneter unbewusster Informationsverarbeitung im Gesamtintegrations-System hervorging.

Das Selbst und das Ich im Licht der Biologie

Auf die Vorstellung, dass die Psyche ein selbstregulierendes System sei, kam Jung durch Beobachtung der Wechselwirkung zwischen dem Ich und dem Unbewussten. Bei der Begleitung von Individuationsprozessen zeigte sich, dass die Entwicklung des Ich über den inneren Informationsstrom in der Weise angeregt und geleitet wird, wie wenn vom Unbewussten her jemand Regie führen würde: wie wenn sich dort eine Führungsinstanz befände, welche das Ich – besonders in existenziellen Belangen – souverän lenkt.

Wir haben gesehen, dass Jung diese Instanz als Selbst bezeichnet hat. Wie nimmt sich nun diese Vorstellung im Lichte dessen aus, was die Biologie über die Selbstregulation lebendiger Systeme erarbeitet hat? Maßgebend für die Beantwortung dieser Frage ist offensichtlich das, was über das Gesamtintegrations-System gesagt wurde.

Ebenso plausibel wie die mittels positivistischer Methoden erwiesene Tatsache, dass dieses – weil es im Besitz der phylogenetisch erworbenen arteigenen Muster ist und außerdem über den gesamten Informationszufluss von außen und innen verfügt – ständig der momentanen Situation angepasste Muster für Motorik und viscerales System entwirft, ebenso plausibel ist wohl die Vorstellung, dass es die Absichten und Entscheidungen des aus ihm hervorgegangenen Ich in die Gesamtintegration mit einbezieht. Dies umso mehr, als – wie der Vergleich von Individuationsprozessen ergab – im Unbewussten auch das für die menschliche Art spezifische Entwicklungsmuster gespeichert ist.

Ich habe schon darauf hingewiesen, dass das bei der Bioevolution zu beobachtende Prinzip der Kompetenzabgabe „nach oben" unter Beibehaltung einer relativen Autonomie beim In-die-Welt-Treten von Bewusstsein umgedreht worden ist: dass das Ich zwar relativ autonom ist, dass es jedoch mach unten", d. h. ans Unbewusste als ihm in existenziellen Belangen überlegenes System zurückgebunden bleibt. Verständlich wird dieser Sachverhalt, wenn man sich die Vorstellungen vor Augen hält, welche Neurobiologen über das Hervorgehen des Bewusstseins bzw. des Ich aus dem unbewussten Integrationssystem entwickelt haben. Verständlicher noch wird er, wenn man sich die durch die evolutionäre biologische Kognitionsforschung möglich gewordene Begriffsbestimmung von Bewusstsein vor Augen hält: die Tatsache, dass das Bewusstsein ganz charakteristische Erkenntnisfähigkeiten hat und dass es diese nur entfalten kann, wenn es von den „niedrigen" Aufgaben des biologischen Lebens, von den Basisfunktionen sozialen Zusammenlebens und von vielem anderem mehr entlastet bleibt.

Erlebt wird das Zurückgebundensein des Ich ans Unbewusste vom Ich als Paradox gleichzeitigen Frei- und Unfreiseins: als die menschliche Situation, die seit eh und je das Denken von Theologen und Philosophen in Anspruch genommen hat. Dass das Erlebnis des Abhängigseins vom Selbst zu numinosem Erleben führen kann, ist eine Beobachtung, die immer wieder gemacht wird. Dass dies bei archaischer Weltsicht als Gotteserlebnis – als Erleben des sich dem Menschen offenbarenden Gottes – interpretiert wurde und dass diese Fehlinterpretation darauf beruhte, dass Visionen damals noch konkretistisch aufgefasst wurden, haben wir gesehen. Wenn nun heute noch einer das Durchschauen dieser Fehlinterpretation als Minderung all des Großartigen, das Theologen über den sich offenbarenden Gott ausgesagt haben, taxiert und gegen die neue Sicht der Dinge Sturm läuft, ist dies wohl nur dadurch erklärbar, dass er von den Ergebnissen sowohl der tiefenpsychologischen als auch der biologischen Forschung keine Ahnung hat bzw. sich diesen – aus Widerstand gegen Bewusstwerdung – verschließt.

Kommunikation

Die Entdeckung des Unbewussten geschah über die Entdeckung, dass Träume wahrgenommen werden und dass sie dem Ich Botschaften bzw. Information zuführen. Übermittlung von Information wird heute als Kommunikation bezeichnet. Kommunikation ist zum vorherrschenden Begriff unserer Zeit geworden. Es wird gesagt, wir stehen an der Schwelle zum Kommunikationszeitalter. Dabei wird unter Kommunikation vor allem die Übermittlung von Nachrichten mithilfe elektronischer Technologie verstanden: Kommunikation zwischen Menschen sowie zwischen Menschen und Computer.

Im Unterschied dazu handelt es sich beim Informationsfluss zwischen Unbewusstem und Bewusstsein primär um Kommunikation innerhalb des Menschen: um innerorganismische Kommunikation. Diese greift dann allerdings bisweilen – in Form ausformierter und kollektiv wirksamer Gestaltungen des Unbewussten – weit über den Menschen, in dem sie stattfand, hinaus.

Wir stoßen damit wiederum auf die Tatsache, dass sich der Blick der tiefenpsychologischen Forschung gerade auf die Nahtstelle zwischen Natur und Kultur richtet: dass Tiefenpsychologie somit Natur- und Kulturwissenschaft ist. In die Kulturwissenschaften hinein reicht sie mit ihrem hermeneutischen Zweig. Da sie auf die Stelle blickt, an der kulturelles Schaffen entspringt, dürfte sie mit der Zeit in einem ähnlichen Sinn zur Grundlagendisziplin der Kulturanthropologie werden, wie es die Physik für den Bereich der Naturwissenschaften ist.

In diesem Kapitel soll jedoch die Kommunikation zwischen dem Selbst und dem Ich als innerorganismische bzw. innersystemische Kommunikation ins Auge gefasst werden. Der Kommunikationsbegriff hat nämlich in jüngster Zeit auch in die Biologie Eingang gefunden, und die Betrachtung der Lebewesen unter dem Blickwinkel der Kommunikation auf allen Stufen der innerorganismischen Hierarchie hat einen neuen, überaus fruchtbaren Aspekt des Lebendigen erschlossen: einen neuen Aspekt jenes Geschehens, das ich unter dem Begriff „Selbstregulation" beschrieben habe. Jede Regelung geschieht nämlich durch Kommunikation: durch Übermittlung von Information von einem Sender zu einem Empfänger.

Kommunikation ist zwar ein relationaler Begriff. Er steht in erster Linie für die Beziehung zwischen Sender und Empfänger. Man kann jedoch, um Klarheit über das Kommunikationsgeschehen zu gewinnen, zum einen Sender und Empfänger ins Auge fassen, zum andern die Übermittlung von Information. Beginnen wir mit Letzterem.

Zwei Bedeutungen des Begriffs „Information"

Zuallererst ist der Begriff „Information" unter die Lupe zu nehmen, denn dieser wird in zwei völlig verschiedenen Bedeutungen gebraucht. Die, welche sich mit technischen Informationsübermittlungs-Systemen befassen, sprechen das eine Mal von Nachrichten, die übermittelt werden, das andere Mal von Signalen. In der Verwendung dieser beiden Ausdrücke äußern sich zwei verschiedene Standpunkte, von denen her Information betrachtet werden kann. Spricht man von Nachricht, fasst man den Bedeutungsgehalt (das Semantische) ins Auge; spricht man von Signal, ist man am Bedeutungsträger interessiert. Signale allein vermitteln keine Bedeutung: nichts, das von einem Empfänger eindeutig verstanden werden kann. Sie sind einfach die zu dem gegebenen Übermittlungskanal passende Form von Energie. Im Nervensystem sind es z. B. Schwankungen des elektrischen Membranpotenzials. Zur Nachricht, d. h. zu etwas Bedeutungsvollem, wird das Übermittelte erst durch Anordnung von Signalen, und Anordnung ist etwas, das mit dem Energiebegriff nicht erfasst werden kann.

Zwei Arten des Zugangs zum Traum

Auf den Archetypbegriff kam Jung, wie gezeigt, beim Bemühen, den Bedeutungsgehalt der Träume zu verstehen, und er führte diesen Ausdruck ein, um jene Grundmuster von Bedeutung zu benennen, auf die sich die Vielfalt der in den Gestaltungen des Unbewussten vorkommenden Bilder und Geschehensabläufe zurückführen lässt.

Bei seinen Untersuchungen stützte sich Jung auf selber wahrgenommene Träume, auf solche, die Analysanden ihm erzählten, sowie auf jene durch Tradition weitergereichten „kollektiven" Träume, die wir Mythen nennen. Immer handelte es sich dabei um vom Bewusstsein wahrgenommene Trauminhalte. Nun gibt es noch einen anderen Zugang zum Traum: den neurophysiologischen. Im Rahmen der Schlafforschung kann mittels der Elektroencephalographie – durch Ableitung der Hirn-Aktionsströme – festgestellt werden, dass, wie lange und wie oft ein Mensch träumt. Über den Inhalt der Botschaften, die das Ich des Träumers dabei empfängt, kann jedoch mit dieser Methode nichts ausgesagt werden. Die Encephalographie – und neuerdings auch die noch subtileren Methoden der Positronen-Emissions-Tomograhie (PET) und Kernspin-Tomographie – erfasst eben den Prozess des Träumers lediglich unter dem Träger-Aspekt. Deshalb lassen sich auch die Ergebnisse der tiefenpsychologischen und der neurobiologischen Forschung nicht ohne Weiteres zur Deckung bringen.

Codierung

Die Art und Weise der Anordnung der Signale – der Zuordnung von Signal und Bedeutung – wird als Code bezeichnet. Ein Code ist ein System von Zuordnungsregeln. Die menschliche Sprache benützt einen Symbol-Code. Zur Kommunikation mittels einer Schrift ordnet man den sprachlichen Lauten (Phonemen) – den Signalen der menschlichen Sprache – Schriftzeichen zu. In der Art der verwendeten Schriftzeichen unterscheiden sich unsere Buchstabenschrift, die Hieroglyphenschrift der alten Ägypter, die chinesische Schrift, die der Maya usw. Allerdings drücken sich in diesen verschiedenen Schriften Entwicklungsstufen des Bewusstseins aus. Erst mit der Erfindung der Buchstabenschrift durch die Phönizier erfolgte der Durchbruch zur Zuordnung von Phonemen und Schriftzeichen.

Der Code der Sprache des Unbewussten ist, wie gezeigt, weitgehend ein Bilder-Code, bestehend aus Elementen der Sinneswahrnehmung. Auf anderen Ebenen der innerorganismischen Hierarchie werden andere Codes verwendet. Allgemein bekannt ist heute der genetische Code. Dieser kommt mit vier „Buchstaben" aus: mit den vier Nucleobasen Adenin, Thymin, Guanin und Cytosin. Soweit bis jetzt bekannt ist, ist der Bedeutungsgehalt, der mit diesen vier „Buchstaben" bzw. Signalen verschlüsselt wird, das „Rufzeichen" für die zwanzig vom Organismus verwendeten Aminosäuren sowie einige Ablesebefehle für den sogenannten Translationsapparat wie „"hier beginnen" und „hier stoppen". Die Informationsübertragung vom Sender zum Empfänger geschieht hier durch Abtasten. Sie kann mit dem Lesen der Blindenschrift verglichen werden.

Ebenfalls durch Abtasten geschieht die gesamte Kommunikation innerhalb der Zelle und auch die zwischen den Zellen. Die Codierung ist hier jedoch eine andere. Sie geschieht durch Passformen: durch raffiniert ausgestaltete Vertiefungen und Ausstülpungen an Proteinen (Eiweißen). Es handelt sich bei diesem Abtasten jedoch nicht nur um das Aufeinanderpassen wie bei Schlüssel und Schloss. Es spielen auch Verformungen der Kontaktpartner durch elektrostatische Kräfte eine Rolle. Für manche Proteine konnte die Passform ergründet werden. Ist die Aminosäurefolge eines Proteins bekannt, kann das „aktive Zentrum" (die erwähnte Passform) sogar auf dem Monitor eines Computers visualisiert und unter verschiedenen Blickwinkeln betrachtet werden.

Anders ist der Code des auf Steuerung spezialisierten Systems: des Nervensystems. Zum Teil benützt dieses zwar auch den molekularen Pass-Code. Dies ist der Fall an den Synapsen: an den Kontaktstellen zwischen zwei Nervenzellen. Bei den letzteren werden die Nachrichtenübermittler Transmitter genannt. Die Transmitterforschung – die Erforschung der Struktur der zahlreichen Transmitter- und Rezeptor-Moleküle sowie der Gebiete, in denen die verschiedenen Transmitter vorkommen – hat in den letzten Jahren zu einer beträchtlichen Vertiefung unseres Wissens über das Nervensystem geführt. Innerhalb der Nervenzelle geschieht die Codierung durch Anordnung elektrischer Signale. Der Code konnte jedoch bis heute nicht entschlüsselt werden. Wir können zwar feststellen, woher ein Hirngebiet Signale bezieht, und wir können die Impulsfolgen aufzeichnen, wir wissen aber nicht, welche Bedeutung die übermittelten Nachrichten haben und was die empfangende Struktur damit macht.

Sicher ist Folgendes: Die Codierung erfolgt auf zwei Schienen. Zum einen durch Frequenzmodulation, d. h. durch Anordnung des Taktes, in dem Nervenzellen feuern, zum andern durch Parallelleitung über verschiedene Nervenfasern. Wie erwähnt, kann eine Hirnrindenzelle über ihre Dendriten Nachrichten von bis zu 10000 oder mehr anderen Nervenzellen empfangen.

Sie verarbeitet diese und sendet das Ergebnis über einen Fortsatz – das sogenannte Axon – weiter. Soviel man weiß, geschieht die Umcodierung in jene Frequenz, die über das Axon die Zelle verlässt, im sogenannten Axonhügel, in jenem trichterförmigen Abschnitt der Nervenzelle, mit dem ein Axon beginnt.

Wie diese Umcodierung geschieht, ist ebenfalls unbekannt. Die Ergänzung der Frequenzmodulation durch Parallelführung über verschiedene Fasern kann mit der Akkordbildung in der Musik verglichen werden. Am Tübinger Max-Planck-Institut für Biokybernetik gelang es, durch gleichzeitige Ableitung mehrerer zusammengehörender Nervenfasern solche „Akkorde" sichtbar und hörbar zu machen: sichtbar, indem man verschiedenfarbige Lämpchen aufleuchten ließ, hörbar, indem man sie in Schallwellen transponierte.

Von den hochkomplexen Sinnesanalysatoren, vor allem denen des Seh-Hör- und Gleichgewichtssystems, sei lediglich erwähnt, dass sie nach dem Prinzip der Informationsverdichtung bzw. durch Herausfiltern des „Wesentlichen" arbeiten: dass sie aus der diffusen Fülle des Inputs Muster herausschälen, die vom Integrationssystem – aufgrund seines schon vorhandenen „Wissens" – erkannt werden können. Es handelt sich hier um das früher erwähnte pattern matching. Vom Integrator wurde schon gesagt, dass in ihm Information verdichtet wird. Einen gewissen Einblick in diese Verdichtung gewähren die Ergebnisse der Gedächtnisforschung. Diese ging unter anderem der Frage nach, in welcher Gestalt Erkenntnis – auch unbewusste Erkenntnis – im Gedächtnisspeicher deponiert wird. Dabei stellte sich heraus, dass unser Gedächtnis nach Art eines Karikaturisten arbeitet. Eine gute Karikatur enthält zwar wenige, dafür aber gerade die entscheidenden Merk male, sodass der Betrachter das Restliche ergänzen kann. Gespeichert wird somit nicht das Gesamtbild mit seinen zahllosen einzelnen Elementen, sondern das Muster. Einer analogen Informationsverdichtung sind wir schon bei der Besprechung des Integrators begegnet. Wie aber diese Muster bzw. Modelle mittels des neuronalen Codes verschlüsselt werden, wissen wir nicht.

Auf der höchsten Ebene der innersomatischen Hierarchie erscheint dann beim Menschen – als Ausdruck der Bewusstheit – die Wortsprache. Dieser liegt nun ein Code zugrunde, den wir verstehen können. Es ist dies ein funktionales symbolisches Code-System. Das uns verständliche Wort bzw. der uns verständliche Satz steht hier für einen unserem Verständnis unzugänglichen, unbewusst verlaufenden neuralen Erregungskomplex: für das Resultat komplizierter, stufenweiser Aufarbeitung bzw. Verdichtung von Information mithilfe des neuronalen Codes. Bei der „Sprachwerdung" eines Gedankens geschieht somit eine – ebenfalls unbewusste – Umcodierung.

Decodierung

Den Code der menschlichen Sprache beherrschen wir aufgrund unserer angeborenen Sprachfähigkeit. Wir erlernen ihn – weitgehend unbewusst – bei jenem arttypischen Entwicklungsprozess, den man als Spracherwerb bezeichnet: einem Prozess, der durch unbewusste Strukturen gesteuert wird. Schriftcodes sowie andere vom Menschen geschaffene Codes – z. B. das Morsealphabet oder Computersprachen – können wir bewusst erlernen.

Alle nicht vom Menschen geschaffenen Codes hingegen mussten in einem mühsamen Prozess entschlüsselt werden. Überall war hier die Rolle des Forschers die eines Geheimschriften-Analysators: von jemandem, der Nachrichten empfängt, die nicht für ihn bestimmt sind, und der am Anfang die anzuwendenden Zuordnungsregeln zwischen Signal und Bedeutung nicht kennt. Die in Träumen verschlüsselten Botschaften waren zwar immer schon für uns bestimmt, doch musste auch der Traum-Code zu Beginn unseres Jahrhunderts in einem mühsamen Prozess entschlüsselt werden. Dass er entschlüsselt werden musste, hängt wohl mit der Bewusstseinsmutation – dem Wandel der Apperzeption des innerlich Wahrgenommenen – zusammen.

Wir haben gesehen, dass bei archaischer Weltsicht Träume und Visionen wörtlich bzw. konkretistisch verstanden wurden. Die große Entdeckung, die mit dem zweiten Schritt der Bewusstseinsmutation geschah, war ja gerade die, dass es sich bei Träumen und Visionen um sprachliche Gebilde handelt: um in einer Bildersprache codierte Formulierungen unanschaulicher, meistens psychischer Sachverhalte.

Die Kommunikation von Tieren untereinander hingegen war nicht für uns bestimmt, und die Entschlüsselung der sogenannten Tiersprachen ist eine der großen Leistungen der Ethologie. Ebenfalls nicht für uns bestimmt – d. h. nicht für unser Bewusstsein – ist die innerorganismische Kommunikation, und die Entschlüsselung des genetischen und des molekularen Codes der intra- und interzellulären „Sprache" sind Glanzleistungen der neuen Biologie. Alle Arten der Kommunikation können als Sprache bezeichnet werden. Linguisten wehren sich zwar häufig dagegen und möchten den Ausdruck „Sprache" für das menschliche Sprechen reservieren. Es hat sich jedoch eingebürgert, von Computersprachen, Tiersprachen, von der Sprache der Gene, der Zellen und der Neurone zu reden. Neuerdings bezeichnen Physiker sogar die Wechselwirkungen zwischen den Materieteilchen als Sprache. Vor einiger Zeit sagten sie noch, dass die Teilchen einander fühlen. Jetzt reden einige von einer Sprache der Gravitation, der elektromagnetischen, der schwachen und der starken Wechselwirkung.

Informationstheorie und Semiotik

Kommen wir auf die beiden Bedeutungen von „Information" zurück. Im Grunde stießen wir mit der Unterscheidung von Signal und Nachricht wiederum auf die von Hardware und Software, allerdings unter einem etwas verschobenen Blickwinkel. Als Hardware ist hier nicht die kondensierte Energie gemeint, wie sie z. B. in den Molekülen der Membranen der Nervenzellen vorliegt, sondern die bewegte (kinetische) Energie: die Potenzialschwankungen, die sich über diese Membranen hinweg fortbewegen. Zu Software im Sinne von Nachricht werden die durch einen Informationskanal fließenden Signale erst durch Anordnung, und ich habe erwähnt, dass Anordnung etwas ist, das mit dem Energiebegriff – dem zentralen Begriff der Physik – nicht erfasst werden kann. Als ich im vorhergehenden Kapitel sagte, durch Einführung der Kybernetik sei in der Naturwissenschaft der Materialismus überwunden worden, weil Information etwas Immaterielles – etwas mit dem Energiebegriff nicht Fassbares – ist, verstand ich „Information" unter diesem ihren Bedeutungs-Aspekt.

Worauf beruht nun die erstaunliche Tatsache, dass die Überwindung der materialistischen Sichtweise in der Naturwissenschaft durch Einführung des Informationsbegriffs bis heute noch kaum erkannt worden ist? Es hängt gewiss zu einem beträchtlichen Teil mit der Informationstheorie zusammen.

Diese Theorie, die den Begriff „Information" sozusagen mit Beschlag belegt hat, befasst sich nämlich ausschließlich mit dem Träger-Aspekt der Information, d. h. mit deren energetischem Aspekt. Dies ist zwar erst bei näherem Zusehen erkennbar. Entstanden ist die Informationstheorie Hand in Hand mit der Nachrichtentechnik. Jeder Übermittlungskanal hat nämlich nur eine beschränkte Kapazität: Er kann pro Zeiteinheit nur eine beschränkte Menge von Signalen übermitteln. Nun wird aber die Leistungsfähigkeit und damit die Rentabilität eines technischen Übermittlungssystems nach der Menge von Nachrichten beurteilt, die pro Zeiteinheit übermittelt werden kann. Da war es von Interesse, zu wissen, wie viele Signale zur Verschlüsselung von Nachrichten benötigt werden. Dieses Interesse befriedigt nun die Informationstheorie. Sie ist eine mathematische Theorie, die es ermöglicht, die Zuordnung zwischen Nachricht und Signalen quantitativ zu erfassen. Der Bedeutungsgehalt der Nachrichten fällt bei dieser Betrachtung durch die Maschen.

Ein Gegengewicht zur Informationstheorie entstand indessen in Form der Semiotik: der Theorie von den Zeichen. Diese richtet nämlich ihr Augenmerk auf den Bedeutungsgehalt. Im Unterschied zur Informationstheorie entstand die Semiotik im Schoß der Kulturwissenschaften. Der eigentliche Ausgangspunkt war – ebenso wie beim Strukturalismus – die Linguistik, doch hat sich auch die Semiotik weit über die Sprachwissenschaft hinaus ausgeweitet und ist – wie der Strukturalismus – zu einer Perspektive bzw. einer Betrachtungsweise geworden, die quer durch die Fachgebiete hindurchgeht.

Der Semiotik ist aber auch das gleiche Schicksal widerfahren wie dem Strukturalismus: auch sie ist oft ausgeufert, zu Wortschaumschlägerei geworden. Nicht nur Berge, ganze Gebirge von Wortschaum wurden geschlagen. Unterdessen hat die Semiotik aber wieder Tritt gefasst, und zwar dadurch, dass Biologen beginnen, die zwischen- und innerorganismischen Kommunikationsprozesse unter der semiotischen Perspektive zu betrachten. Dadurch wurde es möglich, all die verschiedenen Arten von Kommunikation, die im Bereich des Lebendigen vorkommen, unter einem einheitlichen Gesichtspunkt zu ordnen.

Der Ausdruck „Semiotik" kommt von Semeion, dem griechischen Wort für Zeichen. „Zeichen" dient hier als Oberbegriff für alle Arten geäußerter Information. Die fundamentale Unterscheidung zwischen Bedeutungsträger und Bedeutungsgehalt hat auch in der Semiotik zu einem Begriffspaar geführt: zu dem von Signans und Signatum. Unter Signans (dem Bezeichnenden) versteht man in der kulturwissenschaftlichen Semiotik den wahrnehmbaren Einfluss eines Zeichens auf zumindest eines der Wahrnehmungsorgane des Interpreten. Bei dem erweiterten Blickwinkel, der sich aus der Übernahme der Semiotik durch Biologen ergab, könnte man Signans als Erscheinungsbild der Nachricht bezeichnen. Unter Signatum (dem Bezeichneten) wird hingegen der Bedeutungsgehalt des Zeichens verstanden.

In einem ersten Schritt der Zeichenforschung muss natürlich das Signans (das Erscheinungsbild des Zeichens) festgestellt werden. Das Hauptinteresse der semiotischen Forschung gilt jedoch dem Signatum: dem Bedeutungsgehalt. Gerade darin unterscheidet sich ja die Semiotik von der Informationstheorie, und gerade dies macht die semiotische Perspektive so interessant für die Einordnung der Sprache des Unbewussten in das gesamte Informationsgeschehen.

Wie universell die semiotische Perspektive ist, sieht man an der Einteilung, die sich im Rahmen der allgemeinen Semiotik eingebürgert hat. Ihre hauptsächlichsten Gebiete sind die Exo- und die Endosemiotik. Unter Exosemiotik werden alle die Zeichen zusammengefasst, die Lebewesen als Individuen äußern. Dabei kann unterschieden werden zwischen Äußerungen, die auf der Fähigkeit zu Bewusstheit beruhen und Äußerungen, denen unbewusste, phylogenetisch erworbene Verhaltensmuster zugrunde liegen: dem sogenannten Ausdrucksverhalten. Beim Menschen finden wir beides. Auf der Fähigkeit zu Bewusstheit beruht die Wortsprache; auf phylogenetisch erworbenen Strukturen hingegen die vielen Ausdrucksformen, die die Humanethologen erforschen: Mimik, Drohgebärden, Flirt usw. Die Endosemiotik befasst sich – im Unterschied dazu – mit den Zeichen, die bei Kommunikationsprozessen innerhalb eines Lebewesens – auf den verschiedenen erwähnten Stufen der Codierungs-Hierarchie – verwendet werden.

Wie ist die Sprache des Unbewussten einzuordnen?

Zweifellos ist die Sprache der Träume, der Visionen und der Wachfantasien im Bereich der Endosemiotik anzusiedeln. Sie steht zwischen der neuronalen und der wortsprachlichen Codierungsebene, doch liegt ihr, wie erwähnt, schon ein Symbol-Code zugrunde. Wie aber ist ihr Verhältnis zur Wortsprache? Es wäre gewiss wertvoll, wenn man über die Geschichte der Wortsprache mehr wüsste. Unsere heutigen Sprachen sind stark mit Begriffen angereichert und somit recht abstrakt und von der direkten Wiedergabe der sinnlich erfahrbaren Wirklichkeit weit entfernt.

Im Unterschied dazu haften viele „Eingeborenensprachen" noch am unmittelbaren Sinneseindruck und sind kaum in der Lage, Abstrakta zu bilden. Anderseits ist zu bedenken, dass Träume gerade nicht die sinnlich wahrnehmbare Wirklichkeit wiedergeben, sondern dass sie – in bildhafter Form – vorwiegend psychische, d. h. unanschauliche Sachverhalte veranschaulichen.

Dazu kommt, dass uns ihr Bedeutungsgehalt nicht unmittelbar verständlich ist. Die Bedeutung vieler Symbole, die über den inneren Informationsstrom ins Bewusstsein aufsteigen, enthüllt sich uns erst im Verlauf vieler Jahre. Durch bewusste Bearbeitung enthüllt sich uns ihr Bedeutungskern nach und nach, so wie das „Herz" einer Zwiebel erst sichtbar wird, nachdem man ein Hüllblatt nach dem andern abgeschält hat.

Besonders eindrucksvoll lässt sich dies bei den großen, für ganze Kulturen wegweisenden Symbolen erkennen, z. B. bei den christlichen Symbolen der Trinität, des Gottmenschen usw. Da vergingen fast zwei Jahrtausende, bis deren Bedeutungsgehalt in der Begriffssprache ausgedrückt werden konnte.

Untersucht man die Wirkungsgeschichte dieser großen Gestaltungen des Unbewussten mit Blick auf die Bewusstseinsevolution, wird erkennbar, dass sie nicht nur Rätsel sind, die entschlüsselt werden müssen. Da erweisen sie sich als Psychomotoren: als Antriebskräfte der Bewusstseinsevolution. Dies gehört jedoch zur Betrachtung des Unbewussten bzw. des Archetypbegriffs unter dem Aspekt der Spontaneität.

144

Ein weiterer Gesichtspunkt für die Einordnung der Sprache des Unbewussten ergibt sich, wenn man den strukturellen Unterschied zwischen menschlicher Sprache und Tiersprachen betrachtet. In ihrer Grundstruktur unterscheidet sich die menschliche Wortsprache von den Sprachen der Tiere – und auch von dem der Tiersprache analogen menschlichen Ausdrucksverhalten – dadurch, dass sie generativ ist.

Um zu verstehen, was damit gemeint ist, müssen wir auf die Untersuchungen von Noam Chomsky zurückkommen. Erinnern wir uns, dass Chomsky die Wortsprache nicht wie die traditionelle Linguistik als etwas unabhängig vom Menschen Existierendes betrachtete, sondern als mentale Größe: dass er sich vor allem für jenes „Wissen" interessierte, das den Menschen befähigt, Sprache zu erlernen und anzuwenden.

Dieses „Wissen" bezeichnete er als universale bzw. generative Grammatik. Darunter verstand er die regelgeleitete Anwendung zur Konstruktion (= zum Generieren) einer quantitativ unendlichen Reihe großer Elemente (z. B. von Sätzen) aus einer endlichen (sehr kleinen) Reihe kleiner Einheiten: von Lauten (Phonemen). Entscheidend an diesem Generieren ist, dass durch immer neue Kombinationen von Lauten immer neue Bedeutung formuliert werden kann. Einen Eindruck, was das heißt, kann uns ein Gang durch eine große Bibliothek vermitteln. Die Fähigkeit, neue Bedeutung zu formulieren, ist natürlich quervernetzt mit der Fähigkeit, neue Bedeutungen zu denken. Was dabei das erste war, das Denken oder das Sprechen, ist eine Frage, über die Philosophen streiten. Meines Erachtens gleicht sie jedoch der Frage, ob das Ei oder das Huhn zuerst da gewesen sei.

Im Unterschied zur Wortsprache sind die Sprachen der Tiere nicht generativ. Was man als Tiersprachen bezeichnet, kann als arteigenes Repertoire von „Nachrichten" umschrieben werden. Der Umfang dieses Repertoires ist im „Grundmuster" einer Art festgelegt. Gelingt es einem Ethologen, ein vollständiges Ethogramm einer Art aufzunehmen, enthält dieses Verhaltensdossier auch den gesamten Sprachschatz der betreffenden Art. Wo die Grenzen tierischer Fähigkeit, Nachrichten von sich zu geben, liegen, zeigt sich bei Versuchen mit Schimpansen oder Gorillas. Auch wenn diese das Zeichensystem der Taubstummensprache erlernt haben, können sie einander damit keine objektunabhängigen Anweisungen zum Handeln geben. Ein Schimpanse kann z. B. „sagen": „Komm" oder „Gib her". Er kann aber nicht „sagen": „Um Termiten zu angeln, musst du einen Halm in eine Öffnung des Termitenhaufens stecken." Um dies einem Artgenossen mitzuteilen, muss er es ihm vormachen.

Wie ist nun – unter diesen Gesichtspunkten betrachtet – die Sprache des Unbewussten bzw. der Träume einzuordnen? Bedenken wir die Funktion der inneren Wahrnehmung in der Hierarchie menschlicher Kommunikationssysteme. Einerseits wird durch sie die Einstellung des Ich unter dem Gesichtspunkt der psychischen Ganzheit geregelt, andererseits lenkt und fördert sie die Entwicklung des Ich im Sinn der Individuation. Darüber hinaus ist der innere Wahrnehmungsstrom die eigentliche Quelle kultureller Kreativität. Dies zeigt sich nicht nur bei der Analyse künstlerischen Schaffens. Auch die Geschichte der bahnbrechenden Entdeckungen in Naturwissenschaft und Mathematik zeigt, dass diese allesamt „Einfällen" entspringen. Allerdings erfolgten die „Einfälle" jeweils erst nach intensivem Bemühen des Ich um die Lösung des Problems.

Bei der Formulierung dieser zu übermittelnden Inhalte erweist sich die sprachbildende Fähigkeit des Selbst als ausgesprochen generativ. Mit einem überblickbaren Satz von Bildelementen schafft dieses immer neue, sowohl die Entfaltung des Ich wie auch die Evolution des allgemeinen Bewusstseins fördernde Symbole. Wenn sich der hermeneutische Zweig tiefenpsychologischer Forschung so reich entfaltet hat, lag dies daran, dass eine kaum überblickbare Fülle aktueller und überlieferter Gestaltungen des Unbewussten vorhanden ist. Obwohl die Traumsprache und Wortsprache auf verschiedenen Ebenen der innermenschlichen Kommunikations-Hierarchie liegen, kann der innere Informationsstrom doch wohl als Quellgrund der Wortsprache angesehen werden, ebenso wie das Unbewusste sowohl phylogenetisch als auch ontogenetisch der Quellgrund des Bewusstseins ist.

Rückkoppelung und dialogischer Prozess

Wenn Kommunikation auch umschrieben wird als Übermittlung von Information von einem Sender zu einem Empfänger, will dies doch nicht heißen, es handle sich um ein Einweg-Ereignis. Im Gegenteil, da der Informationsbegriff zusammen mit der kybernetischen Sichtweise eingeführt worden ist, ist es wohl selbstverständlich, dass Kommunikationsprozesse im Bereich des Lebendigen rückgekoppelt sind. Betrachten wir noch einmal die Rückkoppelung des Ich an das Selbst.

Ein weiteres Indiz dafür ist in den in Träumen vorkommenden Ausdrücken zu sehen. Wenn Traumfiguren reden, reden sie in der Sprache, die vom Träumer verstanden wird. Kommen in einem Traum lesbare Inschriften vor, sind diese bei einem Europäer in lateinischen, bei einem Araber in arabischer und bei einem Chinesen in chinesischen Schriftzeichen geschrieben. Rückgekoppelt ist auch die Bildwahl des Unbewussten zur Veranschaulichung unanschaulicher Sachverhalte.

Vergleicht man z. B. Berichte von Visionären aus verschiedenen Kulturen, stellt man fest, dass darin vorwiegend Gestalten und Symbole des Mythos bzw. der Religion vorkommen, in der der Visionär lebt. So (wurden) z. B. christliche Visionäre in den christlichen Himmel entrückt und schauten dort die christliche Trinität, die Gottesmutter Maria und Scharen von Engeln. Der Sioux-Indianer Schwarzer Hirsch hingegen, der ebenfalls in einen Himmel entrückt „wurde", sah dort heilige Pferde, die aus den heiligen Windrichtungen des Sioux-Kosmos kamen, die diesen entsprechende Farbe hatten und mit den dazugehörigen Attributen geschmückt waren; er sah ferner ein aus Wolken gebildetes Tipi, in dem – entsprechend der Sioux-Religion – sechs große Väter saßen usw.

Analoges findet man auch bei „profanen" Träumern der Gegenwart. Abgesehen von den allgemein menschlichen Symbolen – den Musterbeispielen für archetypische Bilder wie Quadrat, Kreis, Kreuz, Spirale, Mandala, Schlange usw. – kommen in Träumen von Analysanden häufig berufsspezifische Bilder vor. So wird der gleiche Sachverhalt in den Träumen eines Ingenieurs oft anders veranschaulicht als in denen einer Säuglingsschwester: durch Bilder, mit denen die betreffende Person von ihrer Berufsarbeit her vertraut ist. Der „Autor" der Träume – in tiefenpsychologischer Terminologie das Selbst – ist somit darüber orientiert, was im Ich vor sich geht und was das Ich versteht. In der Sprache der Naturwissenschaft ausgedrückt: Das Ich erweist sich ans Selbst rückgekoppelt.

Dass das Ich an das Selbst rückgekoppelt ist, ergibt sich auch daraus, dass Träume häufig auf Fragen und Einstellungen des Ich reagieren: dass sie Korrekturimpulse enthalten, ferner Antworten auf Fragen des Ich nach dem Sinn einer Situation, nach der richtigen Entscheidung, oder dass sie dem Ich den entscheidenden Einfall zur Lösung eines wissenschaftlichen Problems, mit dem es sich beschäftigt, zuführen. Dass die ungezählten anderen Kommunikationsprozesse, die innerhalb des Organismus ständig auf allen Organisationsebenen und zwischen diesen ablaufen, rückgekoppelt sind, ergibt sich aus dem über die Selbstregulation der Lebewesen Gesagten. Während jedoch in dem Bereich, der mit der tiefenpsychologischen Methode erfasst werden kann, der Befehlsempfänger- um beim Bild von der innerorganismischen Hierarchie zu bleiben – oben ist, geht der Befehlsfluss auf allen mit den Methoden der Physiologie erfassbaren Kommunikationsprozessen von oben nach unten: von den höheren Integrationszentren zu den niedrigeren.

Obwohl Kommunikationsprozesse auch innerhalb des Organismus – wegen der Rückkoppelung – in beiden Richtungen ablaufen, gehen doch in allen innerorganismischen Regelkreisen die Befehle bzw. Wirkimpulse jeweils nur in einer Richtung: über den sogenannten Wirkbogen. Anders verhält es sich bei der Kommunikation von Mensch zu Mensch. Hier kann das Hin und Her der Kommunikation – idealtypisch – als dialogisch bezeichnet werden. Möglich geworden ist diese besondere Art von Kommunikation durch das In-die-Welt-Treten der Fähigkeit zur Wortsprache.

Was hier interessiert: der Erwerb der Wortsprache ermöglichte eine objekt-unabhängige Tradition. Diese wiederum ist Voraussetzung für das Entstehen von Kultur. Kultur ist ein Gemeinschaftswerk und wurde dadurch möglich, dass Menschen miteinander dialogisch kommunizieren können. Es handelt sich somit bei der zwischenmenschlichen Kommunikation nicht mehr um phylogenetisch erworbene starre Regelkreise mit eindeutig unterscheidbarem Merk- und Wirkbogen, wie sie bei unbewussten Lebewesen und auch in den unteren Stufen der innermenschlichen Hierarchie vorherrschen.

Vergleichen wir nun die dialogische zwischenmenschliche Kommunikation und die innerorganismische Kommunikation im Menschen unterhalb des Selbst – bzw. unterhalb des bewusstseinsnahen Bereichs des Integrators – wird ersichtlich, dass die Kommunikation zwischen Selbst und Ich eine Zwischenstellung einnimmt. Zwar ist sie, wie dargelegt, in dem Sinn rückgekoppelt, dass das Selbst stets „im Bilde" ist, was im Ich vor sich geht.

Das Ich ist jedoch in einem ausgezeichneten Sinne spontanaktiv. Es fungiert nicht einfach als Empfänger und Vollstrecker von Befehlen aus dem Unbewussten, sondern agiert in erster Linie in eigener Regie. Obwohl uns jedoch die positivistische Zeit die Meinung vererbt hat, das Ich agiere ausschließlich in eigener Regie, hat die Beobachtung der Wechselwirkungen zwischen Bewusstsein und Unbewusstem doch ergeben, dass das Ich dies nur in erster Linie tut: dass die bewusste Person sich in der paradoxen Situation gleichzeitigen Frei- und Unfreiseins vorfindet.

Die tiefenpsychologische Praxis hat denn auch erwiesen, dass es immer dann, wenn das Ich sich eigenmächtig benimmt und die Botschaften aus dem Unbewussten missachtet, zu seelischen Störungen kommt: zu jenen Störungen, die man heute Neurosen nennt. Anderseits hat die Beobachtung der Wechselwirkungen zwischen den Intentionen des Ich und des Selbst auch gezeigt, dass es sich dabei um einen Optimierungsprozess handelt, und dass diese Optimierung – wenn alles richtig läuft – in einer Art und Weise vor sich geht, die man als dialogisch bezeichnen kann. Besonders deutlich erkennbar wird dieser dialogische Charakter der Wechselwirkung zwischen Bewusstsein und Unbewusstem bei der sogenannten aktiven Imagination.

C. G. Jung hat diesen Vorgang zwar exemplarisch gepflegt und als erlernbare Methode in die Psychotherapie und Psychagogik eingeführt. Bei sehr vielen Menschen – nicht nur bei Sensitiven – stellt er sich jedoch spontan ein. Charakteristisch für aktive Imagination ist, dass man dabei die als Fantasiebilder auftretenden Figuren anspricht; und die für uns Kinder der positivistischen Zeit verblüffende Tatsache ist, dass diese Antwort geben: Antworten, in denen sich das dem Ich überlegene Wissen des Unbewussten manifestiert. Auch für die aktive Imagination gibt es historische Präfigurationen. In archaischer Zeit war – gemäß dem damaligen Weltverständnis – das Gebet als Sprechen zu Gott bzw. zu jenseitigen Wesen ein allgemein verbreitetes Verhaltensmuster. In den Schulen der Spiritualität nun wurde eine eigentliche Kultur des Gebets – eine „hohe Schule" des Betens – entwickelt. Ziel dieser Schulung war die Kunst des „inneren Gebets": das Erreichen eines Seelenzustands, in dem aus dem Sprechen zu jenseitigen Wesen ein Gespräch mit jenseitigen Wesen wurde. Sehr vieles von dem, was Mystiker an Schriften hinterlassen haben, enthält Ergebnisse derartigen inneren Gebets bzw. Gesprächs. Wenn man sich auch in archaischer Zeit die psychischen Mächte als konkrete jenseitige Personen vorstellte, handelte es sich doch dabei im Prinzip um das gleiche, was in der aktiven Imagination vor sich geht.

Aktive Imagination in der oben beschriebenen Form stellt sich vor allem bei eidetisch (zu bildhaftem Sehen) veranlagten Menschen ein, sei es spontan, sei es durch Übung. Es gibt aber auch ein völlig bildloses inneres Gespräch, und diesem kommt die gleiche Wirkung zu wie der aktiven Imagination: es fördert die Optimierung der Intentionen des Ich mit denen des Selbst, d. h. das bewusste bzw. ethische Tun im Unterschied zu jenem unbewussten Dahinleben, das die Inder Leben im Samsarazustand nennen.

Phylogenetisch erworbenes Wissen

Wir haben Kommunikation umschrieben als Übermittlung von Information von einem Sender zu einem Empfänger. Nun kann ein Sender Information – im Sinne von Bedeutung – im Bereich des Lebendigen nur dann übermitteln, wenn er sie zuvor „besitzt" bzw. „weiß", und ein Empfänger kann die übermittelte Nachricht nur dann verstehen, wenn er sie in sein „Wissensrepertoire" einordnen kann. Wir berühren damit das Problem des arteigenen Wissens, des phylogenetisch erworbenen wie auch des dazu erlernten. In Hinblick auf unser Thema ist dieses Problem insofern von Gewicht, als immer wieder gefragt wird, woher denn das Selbst wisse, was für das Ich das Richtige sei.

Die Frage, woher das Selbst dieses Wissen habe, kann wohl kaum je im tiefsten Grund beantwortet werden. Immerhin können wir heute sehen, von welcher Richtung her wir das Verständnis dafür erweitern können. Erinnern wir uns, dass die Evolution heute als Erkenntnis gewinnender Prozess verstanden wird: dass somit das „angeborene" Wissen der Lebewesen von der Basis her – Hand in Hand mit der Komplexitätszunahme der lebendigen Systeme – Schritt für Schritt akkumuliert worden ist.

Die evolutionäre Erkenntnistheorie formuliert zudem auf plausible Weise einen „Mechanismus", durch den die Akkumulation des Wissens zustande kam: durch Wechselwirkung der Lebewesen mit der Umwelt im Bemühen ums Überleben. Niemand kann jedoch sagen, was die Evolution – und damit die Fruchtbarkeit dieser Wechselwirkung – letztlich bewirkt hat. Da helfen auch die Theorien von Selbstorganisation und Synergetik, obwohl sie in mancher Hinsicht erhellend sind, nicht weiter.

Im Folgenden soll lediglich der Blick dafür geschärft werden, wie universell die Tatsache phylogenetisch erworbenen Wissens festgestellt werden kann: nicht nur des im Verhalten in Erscheinung tretenden Wissens jedes Individuums einer Art, sondern auch des Wissens all der Subsysteme, über die ein Organismus zu seiner endgültigen Form und vollen Funktion gelangt. Natürlich ist dabei unter Wissen nicht das bewusste Wissen gemeint: nicht das Wissen, mit dem sich die philosophischen Erkenntnistheorien befassen.

Der Ausdruck „Wissen" wird hier anthropomorph verwendet. In der Ausdrucksweise der Tiefenpsychologie spricht man hier von unbewusstem Wissen, in der Sprache der Verhaltensforschung von phylogenetisch erworbenem und in der der Kybernetik von Sollwerten. Mit diesen drei Ausdrücken ist das Gleiche gemeint: die in der zentralen Einheit eines selbstregulierenden Systems gespeicherte Information, die es dieser erlaubt, die einfließende Information zu verarbeiten. Da es hier darum geht, ein Gespür zu bekommen für das, was die Tiefenpsychologie unbewusstes Wissen nennt, verwende ich hier den Ausdruck „Wissen".

Wissen in diesem Sinn besitzt schon die Zelle, und zwar handelt es sich dabei um einen Wissensumfang, von dem wir uns nur schwerlich eine Vorstellung machen können. Denken wir vorerst einmal an die Anforderungen, die der „Betrieb" der programmierten Biosynthesekette an die Zelle stellt. Vorsichtig geschätzt kann eine Zelle ca. 50000 verschiedene Enzym-Proteine synthetisieren. Um diese Arbeit auf dem zur Verfügung stehenden Raum bewältigen zu können, arbeitet sie nach dem Prinzip der fortlaufenden, situationsangepassten Synthese. Zum einen werden zum jeweiligen Zeitpunkt nur gerade die Enzym-Sorten synthetisiert, die gerade benötigt werden, und zwar in der gerade benötigten Menge, zum andern – und das ist das Erstaunliche – werden die Spezialwerkzeuge dazu laufend dem gerade benötigten Bedarf entsprechend hergestellt und nach Gebrauch sofort wieder zerstört.

Naiverweise wird oft so getan, als ergebe sich das alles aus der Erbsubstanz, und nachdem man deren Code entschlüsselt habe, sei das Problem gelöst. Entschlüsselt wurden bisher aber, wie schon gesagt, nur die Herstellungsvorschriften für die Proteine: für deren Aminosäurenfolge. Die betreffenden Gene müssen aber zu einem bestimmten Zeitpunkt abgelesen werden, die Rohkopien (RNAs) müssen oft auf komplizierte Weise gespleißt werden, die Protein-Rohlinge, die sich von den Ribosomen (dem „Herstellungsgerät" für Proteine) abkoppeln, müssen fertig bearbeitet, verpackt, adressiert und an ihren Bestimmungsort gebracht werden usw. All dies setzt ein angeborenes, völlig unbewusstes Wissen voraus.

Denken wir ferner an das Wissen, das zur Heranbildung eines ausgewachsenen Organismus aus der befruchteten Eizelle benötigt wird. Obwohl es Entwicklungsbiologen mit bewundernswerten methodischen Kniffen gelungen ist, Teilvorgänge dieses Prozesses zu beschreiben, ist die Morphogenese als Ganzes noch völlig unverstanden. Die ersten Embryonalzellen sind noch undifferenziert. Noch jede von ihnen kann aus sich einen kompletten Organismus entstehen lassen. Nachfolgende Zellgenerationen jedoch werden auf einen bestimmten Entwicklungsweg festgelegt (determiniert).

Schließlich differenzieren sie sich in Bezug auf Form und Funktion und werden zu spezialisierten Bestandteilen des reifen Organismus. Dabei müssen die Gene, die der Embryo von den Eltern über Ei- und Samenzelle vererbt bekommen hat, in einer genau vorherbestimmten Reihenfolge vorübergehend oder auf Dauer ein- und abgeschaltet werden. Dazu kommt noch die eigentliche Formwerdung (Morphogenese) des Organismus. Da vollziehen sich planmäßige, sehr komplizierte Manöver von Zellen und Organanlagen: Einfaltungen, Einwanderungen, Abschnürungen, Verschmelzungen und Induktionen.

Hand in Hand damit wird die Koordination und Arbeitsteilung zwischen den sich differenzierenden und einander konkurrenzierenden Zelllinien abgestimmt. Koordiniert und kontrolliert werden diese Vorgänge über Regelkreise: durch Kommunikation zwischen Zellen und Organanlagen. Damit aber diese Regelung bzw. Kommunikation stattfinden kann, muss der Plan – hier nach

Art eines Netzplanes – von der zentralen Einheit, wo immer diese gelegen sein mag, gewusst werden.

Werfen wir noch einen Blick auf das unbewusste Wissen im fertigen Organismus. Auf jeder der früher erwähnten Integrationsebenen ist – als Voraussetzung für Integration bzw. Informationsverarbeitung – solches Wissen vorhanden. Je höher wir aber die Stufen der innerorganismischen Hierarchie hinaufsteigen, desto mehr kommt zum angeborenen Wissen erlerntes Wissen hinzu. Auf niedrigen Ebenen wirkt der Input nur als Augenblicksinformation, die lediglich der momentanen Regelung dient, die zentrale Einheit jedoch nicht verändert.

Auf höheren Ebenen tritt, wie erwähnt, individuelle Lernfähigkeit auf. Was dazu gesagt wurde, ist hier zu ergänzen. Was ein lebendiges System lernen kann, ist in seinem Erbgut angelegt. Ein lernfähiges System wird als offenes System bezeichnet („offen" hier in anderer Bedeutung als beim Ausdruck „offenes System" in der Physik). Aber die Anlage eines offenen Systems ist komplexer als die eines (in dieser Bedeutung) geschlossenen. Im Erbgut muss nämlich noch der Rahmen abgesteckt sein für das, was die betreffende Art lernen kann bzw. was sie lernen können muss, um zu überleben.

Das lernfähigste System ist wohl der Gesamtintegrator. In ganz besonderem Maße dürfte dies beim Menschen der Fall sein. Daraus ergibt sich die Antwort auf die oft gestellte Frage, ob auch das Selbst lernfähig bzw. entwicklungsfähig sei. Einerseits „lernt" es vom Ich, das ja, wie erwähnt, ans Selbst rückgekoppelt ist. Außerdem ist aber noch zu bedenken, dass der überwiegende Teil des Inputs, der dem Menschen über die Sinnesorgane zufließt, ins unbewusste Integratorsystem geht und nur ein sehr kleiner Teil ins Bewusstsein.

Aus all dem ergibt sich: Auch unter dem Kommunikationsaspekt betrachtet fügt sich das tiefenpsychologische Modell nahtlos in das von der neueren biologischen Forschung erarbeitete Bild des Menschen ein. Die Kommunikation zwischen Selbst und Ich – in der Tiefenpsychologie als innere Wahrnehmung bezeichnet – erweist sich als Spezialfall eines im Bereich des Lebendigen universell verbreiteten Geschehens. Auch die tiefenpsychologische These von der Fähigkeit des Unbewussten zu Mehrleistung gegenüber dem Bewusstsein – eine These, die von Theologen und Geisteswissenschaftlern immer noch abgelehnt und häufig auch bekämpft wird – erweist sich im Licht der neuen Biologie als etwas geradezu Selbstverständliches.

Spontaneität

Die folgenschwerste Entdeckung C. G. Jungs war nicht die des arteigenen Unbewussten, sondern – diese krönend – die des Selbst: die Entdeckung, dass die gesamte Psyche im Unbewussten zentriert ist und dass das Ich von dort her überwacht, korrigiert, aber auch geleitet und befruchtet wird. Diese Entdeckung führte nicht nur zum paradigmatischen Durchbruch innerhalb der empirischen Psychologie; sie hatte, wie gezeigt, auch die Überwindung der archaischen Weltsicht zur Folge.

Aber auch der Positivismus wurde davon im Kern getroffen. Zwar hatte schon die Entdeckung Freuds, dass Träume wahrgenommen werden, die Enge des positivistischen Empiriebegriffs gesprengt. Dies hatte zwar Folgen für das positivistische Verständnis von Wissenschaft. Das positivistische Selbstverständnis jedoch, dass das Ich die allein denkende, entscheidende und wollende Instanz der Psyche sei, wurde dadurch nicht erschüttert. Wohl löste Freuds Nachweis des Verdrängungsmechanismus und der Komplexe bei vielen einen Schock aus, doch wurde dieser sogleich wieder gemildert durch die Überzeugung Freuds, das Verdrängte könne bewusst gemacht und die Störwirkungen des Unbewussten könnten dadurch behoben werden.

Überwunden wurde das ichzentrierte positivistische Menschenbild erst durch den Nachweis des Selbst. So waren es denn vor allem die enormen Konsequenzen für den praktischen Lebensvollzug, welche bei positivistisch geprägten Menschen so hartnäckige Widerstände gegen Jungs Modellvorstellung der Psyche hervorriefen. Die Betonung der Funktion des Unbewussten im psychischen Haushalt sollte jedoch keineswegs den Eindruck erwecken, in der Tiefenpsychologie werde die Funktion des Bewusstseins gering geschätzt. Die Betonung des Unbewussten in diesem Buch ergibt sich lediglich daraus, dass hier das neue Paradigma der empirischen Psychologie zu schildern ist, und dass bei diesem das Wissen um das Unbewusste zu dem während der positivistischen Zeit allein ins Auge gefassten Bewusstsein hinzugekommen ist.

In der tiefenpsychologischen Praxis gilt es als selbstverständlich, dass der Mensch zuallererst mit allen ihm zur Verfügung stehenden bewussten Fähigkeiten sich bemühen soll, mit dem Leben zurechtzukommen. Erst im Nachhinein soll er fragen, was das Unbewusste dazu „meint" und welche weiteren Vorschläge es macht. Für das Begehen des Individuationsweges, d. h. für die Reifung einer fruchtbaren Kooperation von Ich und Selbst ist es sogar Voraussetzung, dass der Mensch ein Erwachsenen-Ich entwickelt hat: ein gefestigtes

Ich, das bereit ist, Verantwortung für sein Tun zu übernehmen. Da im heutigen Wohlfahrtsstaat viele Menschen infantil bleiben und alles, sogar die eigene psychische Entwicklung von anderen erwarten, muss häufig, bevor der Individuationsweg betreten werden kann, eine Ich-Therapie – eine Nachentwicklung des Ich – durchgeführt werden.

Die Entdeckung, dass in der menschlichen Psyche außer dem Ich noch ein zweites spontanaktives Zentrum existiert, dass dieses sogar dem Ich in mancher Beziehung überlegen ist, ja dass die Spontaneität des Ich sogar vom Unbewussten her aufrechterhalten und genährt wird, bedeutete in Bezug auf das Menschenbild eine Revolution im vollen Sinn des Wortes. Revolutionär war diese Entdeckung jedoch nicht nur für das positivistische Selbstverständnis, sondern ebenso sehr für das archaische, wurde doch in diesem der „Gnadenstrom" nicht als innerpsychisches Geschehen, sondern als etwas vom Himmel Herabkommendes verstanden.

Spontaneität: ein „junger" Begriff der Biologie

Das durch die Tiefenpsychologie erschlossene Menschenbild erscheint jedoch nur dann als revolutionär, wenn man noch auf dem Standpunkt der von der Evolution überholten Menschenbilder steht. Betrachtet man es hingegen vor dem Hintergrund all des Wissens, das die biologische und humanwissenschaftliche Forschung im 20. Jahrhundert – nach der Entdeckung des Selbst – erarbeitet hat, erscheint auch es geradezu als das Selbstverständliche.

Um dies zu sehen, müssen wir allerdings das tiefenpsychologische Modell – insbesondere dessen zentralen Begriff des Selbst – noch unter einem vierten Aspekt betrachten: unter dem Aspekt der Spontaneität. Spontaneität des Unbewussten ist der Grundbegriff der voll entwickelten Tiefenpsychologie. Erst durch die Entdeckung der spontanaktiven, schöpferischen Tätigkeit des Unbewussten durch C. G. Jung wurde die Brücke zwischen Natur und Kultur geschlagen. Wenn wir nun versuchen, von dem dabei am „natürlichen" Ufer errichteten Brückenkopf ins Gebiet der heutigen Naturwissenschaft vorzustoßen, begeben wir uns an die gegenwärtige Front biologischen Denkens. Während nämlich die Begriffe „Artspezifität", „Selbstregulation" und „Kommunikation", anhand deren wir uns bisher in dieses Gebiet vorangetastet haben, schon sozusagen alteingesessene Begriffe heutiger Biologie geworden sind, trat die Spontaneität – als das charakteristische Merkmal des Lebendigen – erst in jüngster Zeit ins Blickfeld der Biologen.

Für traditionelle Biologen ist Spontaneität noch ein revolutionärer Begriff, denn bis vor Kurzem galt es geradezu als Voraussetzung für ein wissenschaftliches Verständnis des Lebensprozesses, dass dieser reaktiv sei: dass Organismen allein durch Zufuhr von Energie in Gang gesetzt und in Gang gehalten werden. Nur durch Annahme dieser Reaktivität – dem Gegenteil der Spontanaktivität – konnte die traditionelle Biologie ihrem erklärten Ziel, den Lebensprozess letztlich auf physikalisch-chemische Vorgänge zurückzuführen, näher kommen.

Nun ist es zwar unbestritten, dass der Lebensprozess durch Zufuhr von Energie – letztlich durch die Strahlung der Sonne – aufrechterhalten wird. Es war auch eine außergewöhnliche Leistung der Biologen, diesen thermodynamischen Aspekt des Lebendigen zu erhellen und bis hinab zu den molekularen Vorgängen quantitativ zu erfassen. Auch war es wohl richtig, das Augenmerk längere Zeit ausschließlich auf diesen Aspekt zu konzentrieren, denn erstens schreitet die Forschung in der Weise voran, dass sie zuerst einen Aspekt ins Auge fasst und dann erst einen andern, zweitens war es nur durch konsequente Anwendung der thermodynamischen Betrachtung möglich, die letzten Überbleibsel archaischen Kausalitätsdenkens zu eliminieren.

In den letzten Jahrzehnten wurden jedoch in zunehmendem Maße Vorgänge beobachtet, die mit dem Energiebegriff der Physik nicht erklärt werden können. Zwar wird heute noch auf alle möglichen Arten versucht, sie mittels dieses Begriffs zu erklären. Ein derartiges Zurechtzerren von Phänomenen, die sich im traditionellen Paradigma nicht unterbringen lassen, ist aber geradezu das Kennzeichen eines bevorstehenden Paradigmawechsels. Aus diesem Grund ist es wohl gerechtfertigt, sich darüber Gedanken zu machen, welch neuartige Sichtweise des Lebensprozesses „in der Luft liegt" bzw. durch die Entdeckung der Spontanaktivität erzwungen wird.

Allerdings ist dabei zu beachten, dass bisherige Paradigmenwechsel in der empirischen Wissenschaft sich immer innerhalb einer Disziplin vollzogen: z. B. von der klassischen Physik zur neuen, von der Bewusstseinspsychologie zur Tiefenpsychologie. Bei dem hier angesprochenen geht es jedoch um einen Wechsel des Gesamtparadigmas der Naturwissenschaft. Im Gange ist dieser Prozess allerdings schon seit einiger Zeit. Seine erste Etappe habe ich schon mehrmals angesprochen.

Es handelt sich dabei um den Übergang vom mechanistischen zum systemischen Verständnis der Natur. Dass dabei durch Einführung des Informationsbegriffs im Rahmen der kybernetischen Betrachtungsweise die materialistische – ausschließlich thermodynamische – Auffassung des Naturgeschehens de facto überwunden worden ist, habe ich erwähnt. Seine Vollendung wird das neue Paradigma jedoch erst im zweiten, sich gegenwärtig vollziehenden

Schritt finden. Bei diesem geht es darum, sich des Sonderstatus der Spontaneität bewusst zu werden: der Tatsache, dass man mit dem Energiebegriff der Physik nur einen Aspekt des Naturgeschehens erfasst, und dass dieser durch einen dazu komplementären – mit einem eigenen Ausdruck zu benennenden – Aspekt ergänzt werden muss.

Dynamischer Aspekt der Spontaneität

Am oberen Pol der Bioevolution, jedoch noch unterhalb der Ebene der Bewusstwerdung, haben die Verhaltensforscher drei Phänomene unter die Lupe genommen, in denen sich Spontaneität äußert: die Gewinn- und Meidinstinkte, das Neugierverhalten und den Spieltrieb. Charakteristisch für Instinkte ist, wie erwähnt, deren Motivations-Aspekt. Weil der Mensch diese Motivation als Getriebensein erlebt, wird, wie auch schon gesagt, für die Instinkte im Fall des Menschen oft der Ausdruck Trieb verwendet.

Die Tiefenpsychologie hat sich – im Unterschied zur Bewusstseinspsychologie – von Anfang an für Triebe interessiert. Sigmund Freud richtete sein Augenmerk lange Zeit ausschließlich – man kann sagen monoman – auf den Geschlechtstrieb. Unter dem Eindruck des Aufflammens von Aggressionen im ersten Weltkrieg postulierte er dann noch einen Todestrieb. Alfred Adler, ein Schüler Freuds, sah das Treibende im Menschen, das beim Zusammenstoß mit der gesellschaftlichen Realität zu Neurosen führt, im Geltungsstreben (Machttrieb). C. G. Jung erweiterte schließlich – Hand in Hand mit der Erweiterung des Konzepts des Unbewussten – das tiefenpsychologische Triebkonzept. Nicht nur, dass er neben dem Sexual- und Machttrieb noch einen Bewusstwerdungstrieb postulierte. Er führte auch – als Oberbegriff für das Treibende in der Psyche – den Libidobegriff bzw. den Begriff der psychischen Energie ein.

Der Bewusstwerdungstrieb äußert sich auf zweierlei Weise; erstens als Erkenntnistrieb, d. h. als Drang, die objektive Wirklichkeit immer gründlicher zu erfassen, zweitens als Getriebensein zu existenzieller Bewusstheit: als Drang, sich aus dem unbewussten, nur von „ungeordneten Neigungen" geleiteten Dahinleben zu bewusstem, ethischem Tun zu erheben. Aus ersterem entstanden die Wissenschaften, aus dem Getriebensein zu existenzieller Bewusstheit entstanden die Schulen der Spiritualität.

Im Lichte dessen, was seither die Verhaltensforschung über spontanaktives Verhalten höherer Tiere erarbeitet hat, erscheint das, was Jung Bewusstwerdungstrieb nannte, als Weiterführung des Neugier- und Spielverhaltens: jener Verhaltensweise, die durch Ethologen als Ausdruck eines von den Instinkten zu unterscheidenden Lerntriebs interpretiert wird. Der Umfang des möglichen Lernens wird bei Tieren durch das arttypische Muster begrenzt, beim Menschen hingegen nicht. Es ist gerade das Charakteristikum der Fähigkeit zu Bewusstheit, dass der Mensch Umwelt und Innenwelt nicht nur anders erkennt als Tiere, sondern dass er dazu gedrängt wird, immer weitere Bereiche der objektiven Wirklichkeit zu erschließen. Da er zudem dank der Wortsprache in der Lage ist, objektunabhängige Tradition zu schaffen, kann jede Generation auf dem weiterbauen, was frühere Generationen erkannt haben. So führt der der menschlichen Natur immanente Erkenntnisdrang nicht nur zu zunehmender Bewusstwerdung eines individuellen Lebens, sondern auch der Menschheit: zur Bewusstseinsevolution.

Die Nervenzell-Gruppen, aus denen die Instinktmotivationen hervorgehen, konnten, wie gesagt, von H. W. Hess im Zwischenhirn lokalisiert werden. Erich von Holst hat dann nachgewiesen, dass Spontaneität im Zentralnervensystem weitverbreitet ist: dass auch das Ingangkommen der Erbkoordinationen – der hochkomplexen „angeborenen" Bewegungsabläufe – auf Spontaneität beruht. Er führte damit wohl den entscheidenden Schlag gegen die behavioristische Theorie. Erich v. Holst trennte hierzu Fischen alle afferenten Nerven – die Nerven, die dem Zentralnervensystem Sinnesreize zuführen – durch. Trotz dieser Deprivation, wie man dies nennt, führten die Fische ihre koordinierten Schwimmbewegungen weiterhin aus. Holst fasste das Ergebnis seiner Versuche in dem Satz zusammen, das Zentralnervensystem sei nicht, wie die Behavioristen glaubten, einem faulen Esel zu vergleichen, den man nur durch Schläge in Bewegung setzen könne, sondern einem temperamentvollen Pferd, das man zurückhalten müsse, damit es nicht durchbrennt.

Spontaneität findet sich jedoch nicht nur in jenen oberen Bereichen innerorganismischer Hierarchie, die vom Ich – wenigstens teilweise – erfahren werden können, sondern schon an der Wurzel des Lebendigen. Sie ist das Kennzeichen aller Lebewesen. Schon Einzeller sind spontanaktiv: sowohl die kernlosen (Bakterien) als auch die kernhaltigen (die sogenannten Protoctisten). In die Augen springt Spontaneität auf dieser Ebene schon in der beeindruckenden Vermehrung durch Teilung. Bei Bakterien äußert sie sich ferner in deren effizienter chemischer Arbeit sowie in deren Fähigkeit, sich mittels Geißeln vorwärts zu bewegen. Bei Protoctisten kommt dazu der Drang, andere Lebewesen zu fangen und sich einzuverleiben, sowie die Fähigkeit zu amöboider Bewegung.

Mit dem Schritt zur Mehrzelligkeit trat eine neue Manifestation der Spontaneität in die Welt: die Autopoiese (vom griechischen autos und poiein, selbst und Aufbau). Auf die wahrhaft erstaunliche, bislang als selbstverständlich hingenommene Tatsache, dass Organismen sich selber aufbauen, mit Nachdruck hingewiesen zu haben, ist das Verdienst des argentinischen Neurologen Humberto Maturana. Beschwörend wie ein alttestamentlicher Prophet verkündete dieser – zusammen mit seinem Schüler Francisco Varela – die Botschaft von der Autopoiese. Das Erstaunliche dabei ist, wie bereitwillig diese Botschaft aufgenommen wurde. Zum Teil mag es daran liegen, dass Maturana eine starke Hausmacht hinter sich hat: dass die Organisation amerikanischer Staaten (OAS) sein Buch herausgegeben hat und ihren großen Propagandaapparat für dessen Verbreitung einsetzt. Entscheidend ist aber wohl, dass die Hinwendung zum Phänomen der Spontaneität in der Luft liegt.

Formschaffender Aspekt der Spontaneität

Das Bewusstheitsfördernde am Begriff „Autopoiese" liegt darin, dass er einen weiteren Aspekt der Spontaneität erschließt: die Tatsache, dass die in ihr aufscheinende Dynamik immer auch mit Formwerdung verbunden ist. Während nämlich das Freisetzen von Energie Formverlust bewirkt – man denke an eine Feuersbrunst – schafft jene Dynamik, die in der Spontaneität zum Ausdruck kommt, Form, ja sogar – wenn man die Evolution ins Auge fasst – immer komplexere Form.

Das, was auf menschlicher Stufe aus dem Unbewussten hervordrängt, schafft – in Kooperation mit dem ebenfalls spontanaktiven Ich – Kultur: die ganze Formenvielfalt kultureller Werke. In der kulturschaffenden Potenz der Spontaneität tritt jedoch nur etwas auf der obersten Etage innerorganismischer Hierarchie ans Tageslicht, das auf allen Etagen am Werk ist. Wie geformt z. B. instinktiv geordnete Bewegungsabläufe sind, hat die Verhaltensforschung in allen Details gezeigt. Geordnet bzw. geformt sind auch die physiologischen Vorgänge. Das wahrhaft staunenswerte Geordnetsein intrazellulärer und interzellulärer Prozesse hat die molekularbiologische Forschung ans Licht gebracht. All das lässt sich leicht aufzählen und lesen. Wie großartig, jedes Begreifen übersteigend dieses Geordnetsein auf allen Stufen ist, eröffnet sich einem jedoch erst dann, wenn man sich in dieses Geschehen vertieft.

Ebenso staunenswert wie das funktionelle bzw. prozessuale Geordnetsein des Lebendigen ist auch dessen Geordnetsein im Raum: jene Ordnung, die schon die Naturkundigen bewundert haben, die aber deren Nachfolger, die Naturwissenschaftler der analytischen Phase, bei ihrem Bemühen um Reduktion der Lebensvorgänge auf die Gesetze der Physik kaum mehr beachteten. Als formschaffende Potenz manifestiert sich die Spontaneität schon auf der

Stufe der Einzeller, insbesondere in der enormen Formenfülle der Protoctisten.

In ihrer Vollendung zeigt sie sich jedoch erst auf der Ebene der Mehrzeller und zwar dann, wenn man deren Fähigkeit zur Autopoiese ins Auge fasst. Um den fortbildenden Aspekt des Selbstaufbaus der Organismen hervorzuheben, verwendet man den Ausdruck Morphogenese (vom griechischen morphe, Form). Die Morphogenese im Rahmen der Autopoiese ist wohl das beeindruckendste Phänomen der gesamten Biologie, aber auch das bisher am wenigsten verstandene. Vorerst teilt sich die befruchtete Eizelle mehrere Male in immer kleiner werdende Tochterzellen. Die dadurch entstehende Hohlkugel stülpt sich dann ein, sodass drei aufeinander liegende Zellschichten – die sogenannten Keimblätter – entstehen: das Ektoderm, das Mesoderm und das Entoderm. Nun beginnt der faszinierende Vorgang der Organogenese: der Ausbildung der einzelnen Organe. Dabei bildet sich aus dem Entoderm der Darmtrakt samt den damit verbundenen Organen wie Bauchspeicheldrüse und Leber; ferner entsteht aus diesem Keimblatt die Lunge. Aus dem Mesoderm bilden sich die vielfältigen Strukturen des Binde- und Stützgewebes, ebenso die Muskulatur sowie das Gefäß- und das Urogenitalsystem. Aus dem Ektoderm schließlich geht die Körperbedeckung samt ihren Anhängen hervor sowie das gesamte Nervensystem mitsamt den Sinnesorganen. Was sich dabei in den Zellen abspielt und wie kompliziert die Choreografie dieses Geschehens ist, habe ich weiter oben skizziert.

Um zu erkennen, welch staunenswerte, facettenreiche, hochkomplex strukturierte Ordnung dabei zustande kommt, muss man sich allerdings in die mikroskopische Anatomie vertiefen. Nach der Geburt geht übrigens der Prozess weiter: als ständige Transformation. Beim Menschen entsteht außerdem – nach einiger Zeit – ein seiner selbst bewusstes Ich. Dieses wächst im Verlauf vieler Jahre – in Kooperation mit dem Selbst – zu seiner vollen Entfaltung heran und schafft dann – ebenfalls in Kooperation mit dem Selbst – in mehr oder weniger großem Ausmaß Kultur.

Der Formwerdung auf der Spur?
Wie die Morphogenese eines Lebewesens gesteuert wird, war bis in die jüngste Zeit völlig unerklärbar. Zwar glaubte man, als es gelungen war, den genetischen Code zu entschlüsseln, das Geheimnis gelüftet zu haben. Wie gesagt, stellte sich jedoch bald heraus, dass man damit nur Einblick in die Codierung der Bauanleitung für Proteinmoleküle gewonnen hatte. Wie die Formwerdung des Organismus gesteuert wird, wusste man damit noch keineswegs.

Nun macht es den Anschein, als eröffne die sogenannte fraktale Geometrie – wenigstens im Prinzip – einen Weg zum Verständnis dieses Vorgangs. Benoit B. Mandelbrot hat, aufbauend auf teilweise wieder vergessenen Ansätzen früherer Mathematiker, 1951 diese Geometrie begründet und dann weiter ausgebaut. In jüngster Vergangenheit haben viele Forscher sie übernommen und an ihrer Anwendung auf verschiedenen Gebieten gearbeitet. Fraktale Geometrie ist in erster Linie eine mathematische Sprache. Ihre Elemente entziehen sich allerdings der direkten Anschauung. Die fraktale Sprache drückt sich nämlich in Algorithmen, d. h. in Verfahrensanweisungen aus, die sich erst mithilfe eines Computers in Formen und Strukturen – sowohl in zwei- als auch in dreidimensionale – verwandeln.beim Spielen mit solchen Algorithmen gingen nun – das war das Erstaunliche – Gebilde hervor, die nicht nur wie Wolken und Gebirge aussahen, sondern auch wie Pflanzenblätter, Blüten, Sträucher und Bäume, ja sogar wie Blutgefäßsysteme.

All dies führte zur Erkenntnis, dass natürliche Strukturen, und zwar anorganische wie lebendige, geometrische Regelmäßigkeiten aufweisen. Es zeigte sich zudem, dass die dem Computer einzugebenden Anweisungen für die Herstellung solcher Strukturen – selbst solcher von scheinbar uneingeschränkter Komplexität – auffallend einfach sind. Es wäre somit denkbar, dass dereinst die Morphogenese der Lebewesen algorithmisch verstanden werden kann. Wie diese Algorithmen in einem lebendigen System verschlüsselt sind und wie sie umgesetzt werden, vollzieht sich allerdings – ebenso wie die Antwort auf die Frage, ob es sie überhaupt gibt – unserer Kenntnis.

Spontaneität und Bioevolution

Aus dem bisher Gesagten dürfte klar hervorgehen, dass sich die Vorstellung von der Spontaneität und Kreativität des Selbst nahtlos ins heutige Bild des Lebendigen einfügt: dass Spontaneität des Selbst als spezielle Ausformung eines im Reich des Lebendigen universell verbreiteten Prinzips zu sehen ist.

Nun handelt es sich aber bei dem, was in der Spontaneität des Selbst – insbesondere als Bewusstwerdungs- und Kulturschöpfungstrieb – zum Ausdruck kommt, um das Gleiche, das – in anderem Kontext – als Psyche und Menschengeist bezeichnet wird. Mit diesen Ausdrücken stoßen wir wiederum auf die Frage nach dem in Gang befindlichen Wandel der Gesamtauffassung der Natur. Bei diesem geht es, wie gesagt, um die Überwindung des materialistischen Naturverständnisses: des Glaubens, das Psychische und das Geistige lasse sich schließlich auf physikalisch-chemische Vorgänge zurückführen.

Da wir uns in diesem Buch mit der Einordnung der tiefenpsychologischen Theorie in die heutige Sicht des Lebendigen befassen, müssen wir uns noch darüber klar werden, welch neue Auffassung des Psychischen sich im Zug des allgemeinen Wandels des Naturverständnisses anbahnt. Bisher haben wir Spontaneität im Rahmen der Ontogenese – der Entwicklung von Individuen – betrachtet. Jetzt gilt es noch den Blickwinkel zu öffnen für die Manifestation der Spontaneität in der Phylogenese: in der Evolution. Dieser Prozess ist, wie zu zeigen sein wird, geradezu ein Musterbeispiel für Spontaneität, doch zeigt diese hier ein etwas anderes Gesicht als in der Ontogenese. Hier zeigt sie sich als fortschreitende Zunahme der Komplexität raumzeitlicher Gebilde.

Betrachten wir zuerst die Bioevolution. Allgemein bekannt ist wohl die Entwicklung der äußeren Form von der Amöbe zum Primaten, besonders die markanten Entwicklungsschritte auf dem Zweig, der zu uns geführt hat: auf dem der Wirbeltiere. Da kennen wohl die meisten die Stufenfolge vom Knochenfisch über Amphibien und Reptilien zu den Säugern. Einen anderen Aspekt der Komplexitätszunahme hat die evolutionäre Kognitionsforschung erschlossen: die fortschreitende Differenzierung der Fähigkeit zu Erkennen, zu Informationsverarbeitung und -Abgabe.

Noch einmal ein anderes Gesicht zeigt die Bioevolution, wenn wir das Komplexerwerden der Organe und Organsysteme betrachten: der „Apparaturen", mit denen die lebensnotwendigen Leistungen der Atmung, der Verdauung, des Kreislaufs, der Ausscheidung, der Reizleitung und -verarbeitung usw. vollbracht werden. Jedes Organsystem entwickelte sich aus einfachsten Organisationsformen zu höchster morphologischer und funktioneller Komplexität. Immer aber genügte es für die Entwicklungsstufe, auf der das betreffende Phylum (Tierstamm) entstand.

Sehen wir uns als Beispiel die Entwicklung des Kreislaufsystems an. Niedrigste Tiere benötigten noch keines. Ansätze zu einem solchen treten erstmals bei den Brachiopoden (Armfüßlern) auf. Es besteht aus einem kurzen, kontraktilen Schlauch, der noch offen ist, sodass das Blut nicht aus Gefäßen, sondern aus Gewebsspalten zur Pumpe zurückkehrt.

Ebenfalls noch offen ist der Kreislauf bei Mollusken (Weichtieren), zu denen z. B. die Schnecken gehören. Bei ihnen wird das Blut jedoch schon zu einem großen Teil durch Gefäße und Blutlakunen gepumpt. Geschlossen ist der Kreislauf hingegen bei Echiuren (Igelwürmern).

Bei Anneliden, denen z. B. die Blutegel zuzuzählen sind, finden wir in den kontraktilen Abschnitten schon Ventilklappen. In der Wirbeltierreihe schließ-

161

lich bilden sich dann Schritt um Schritt ein vierkammeriges Herz und zwei getrennte Kreisläufe – ein Lungen- und ein Körperkreislauf – aus. Über verschiedene Entwicklungsstufen werden die beiden Kreisläufe nach und nach so voneinander getrennt, dass sich das von den Lungen herkommende, mit Sauerstoff beladene Blut nicht mehr mit dem sauerstoffarmen, das aus Organen und Geweben zurückfließt, vermischen kann.

Hand in Hand mit der Entfaltung des Kreislaufsystems entfaltete sich auch das dazugehörige Steuerungssystem: jener Teil des vegetativen Nervensystems, der nicht nur die rhythmischen Impulse für die Kontraktion des Herzens gibt, sondern den gesamten Kreislauf den ständig wechselnden Bedürfnissen des Organismus „vollautomatisch" anpasst.

So interessant und faszinierend die Formwerdung im Zug der Phylogenese ist, das eigentlich Erstaunliche an der Evolution besteht darin, dass sie überhaupt stattgefunden hat. Diesen Sachverhalt zu erklären haben sich denn auch von Anfang an die Evolutionstheorien im engeren Sinn bemüht. Darwin sah Variation und Selektion als die treibenden Kräfte an. Die Neodarwinisten, ursprünglich angetreten, um den Lamarckismus zu überwinden und der Theorie Darwins zum Durchbruch zu verhelfen, betonten dann mehr und mehr die Bedeutung der Selektion. Als sich nämlich herausstellte, dass die Variation der Form und Funktion auf Mutationen der DNA beruht, und dass diese sich nach den Gesetzen des Zufalls vollziehen, sahen sie die Kraft, die die Evolution vorantreibt, in der Selektion. Sie sprachen von Selektionsdruck und taten so, als handle es sich dabei um einen aktiven Druck: um das, was neue Formen hervorbringt. Gegenwärtig vollzieht sich jedoch auch da eine Veränderung des Meinungsklimas, und zwar zu Gunsten der Spontaneität. Man beginnt zu erkennen, dass die Variation Ausdruck des Schöpferischen ist, dass die Spontaneität des Lebendigen sich dabei der Mutation des Genoms „bedient", um neue Formen hervorzubringen, und dass der Selektion mehr die Funktion eines Siebs eignet: eines Siebs, das nur die lebenstüchtigen (fitten) Formen passieren lässt.

Ob aber das Vorantreibende in der Selektion oder in der Spontaneität des Lebendigen gesehen wird: Evolutionstheoretiker versuchen heute noch, es mittels des Energiebegriffs der Physik zu erklären. Biologen haben eben eine geradezu panische Angst, sie könnten sonst des Vitalismus – und damit, nach bisherigem Sprachgebrauch, der Unwissenschaftlichkeit – verdächtigt werden. Die lang dauernde Auseinandersetzung zwischen Mechanisten („reinen" Materialisten) und Vitalisten (Forschern, die zur Erklärung des Lebendigen eine „Lebenskraft" postulierten) hat im 19. Jahrhundert mit einem Sieg der Mechanisten geendet.

Als dann im 20. Jahrhundert bedeutende Biologen wie H. Driesch, J. Reinke, J. v. Uexküll – alle drei Vorläufer der neuen Biologie – die Ganzheit und Zielgerichtetheit der lebendigen Systeme mittels des aristotelischen Entelechie-Begriffs (des Begriffs eines innewohnenden Formprinzips) zu erklären versuchten, wurden sie sogleich als Neovitalisten gebrandmarkt. Die Vehemenz, mit der die Mechanisten damals reagierten, erklärt sich aus der Befürchtung, über den Entelechiebegriff könnte die eben erst aus der Naturbetrachtung eliminierte Übernatur wieder eingeführt werden. Damals war diese Befürchtung vielleicht noch berechtigt.

Seither hat sich jedoch die Situation grundlegend verändert. Erstens hat es sich herumgesprochen, dass die archaische Weltsicht durch die Bewusstseinsevolution überwunden worden ist, zweitens hat die systemische Betrachtung der Natur die mechanische abgelöst, und drittens schließlich hat die Entdeckung der kosmischen Evolution völlig neue Horizonte der Natur erschlossen. Es ist denn auch vor allem die Miteinbeziehung der kosmischen Evolution, die uns der Lösung unseres Problems näher bringt: der Frage, wie das, was man als psychische Energie bezeichnet, und was C. G. Jung „Libido" genannt hat, heute zu verstehen ist.

Spontaneität in der kosmischen Evolution

Dass unser Universum sich mit hoher Geschwindigkeit ausdehnt, ist schon seit einiger Zeit bekannt. Dass diese Ausdehnung vor ca. 14 Milliarden Jahren begonnen hat, weiß man seit den Sechzigerjahren. Wie dieser Prozess vor sich gegangen sein kann, wird in der Standard- oder Urknalltheorie beschrieben. Wann auch immer der „Urknall" stattgefunden hat und wie auch immer der Ausgangszustand – die sogenannte Singularität – beschaffen war, eines ist gewiss: Unser Universum ist geworden, und an diesem Werden ist seit Beginn eine fortschreitende Komplexitätszunahme, d. h. eine Evolution feststellbar.

Es gehört wohl heute schon zum Allgemeinwissen, dass zuerst Strahlung vorhanden war, dass sich bald ein Teil davon zu Teilchen kondensierte, dass während einer gewissen Zeit ein Gleichgewicht zwischen Strahlung und Teilchen bestand, wobei laufend Teilchen entstanden und wieder vergingen; bekannt ist auch, dass Strahlung und Teilchen sich dann entkoppelten und die ersten, noch sehr einfachen Atome entstanden, dass sich bald einmal Galaxien und Galaxienhaufen gebildet haben und dass aus diesen Gaswolken seither laufend Sterne entstanden sind und wieder vergingen.

Diese Makro-Gebilde entstanden und veränderten sich nach der für unbelebte Materie charakteristischen Gesetzmäßigkeit, dass aus Chaos Ordnung entsteht, Ordnung wieder zu Chaos wird und dieses wiederum Ordnung gebiert. Wie außerordentlich dynamisch und vielfältig dieses große raumzeitliche Geschehen war, hat in den letzten Jahren vor allem die Radioastronomie aufgezeigt. Interessant ist übrigens, dass schon in den dabei entstandenen Gebilden fraktale Strukturen nachgewiesen werden können. Von einer Evolution im eigentlichen Sinn kann aber dabei noch nicht gesprochen werden.

Innerhalb dieses Geschehens hingegen vollzog sich eine echte Evolution: die der Materie. In Sternen sowie bei deren Explosion entstanden nämlich immer komplexere Atome: die ganze Reihe der 92 natürlichen Elemente, d. h. die Materie, durch deren Überformung dann die Evolution weiterschritt. Zuerst schritt sie weiter als chemische Evolution, dann – zumindest auf unserem Planeten – als Bioevolution und schließlich als Evolution des Bewusstseins.

Die chemische Evolution begann schon in den Weiten des Universums. Radioastronomen haben bisher in den interstellaren Gas- und Staubwolken ca. 70 Molekülsorten nachgewiesen. Besonders interessant an diesen Molekülen ist das auffällige Übergewicht der Elemente Kohlenstoff, Wasserstoff, Sauerstoff sowie – in etwas geringerer Menge – Schwefel und Stickstoff. Es sind dies die Elemente, die zu den Grundbausteinen der lebendigen Substanz gehören. Schon bei der Anreicherung der interstellaren Moleküle zeigt sich der ungeheure Verschleiß, mit dem die Natur arbeitet. Bei der außerordentlichen Intensität der kosmischen Prozesse – den hohen Temperaturen und der intensiven Strahlung – werden Moleküle immer wieder zerstört. Die Tatsache indessen, dass überhaupt Moleküle im interstellaren Raum zu finden sind – und dazu noch in solcher Vielfalt – ist ein Beweis dafür, dass der Prozess der Molekül-Bildung wesentlich effizienter sein muss als der der Zerstörung.

Soviel zu den Fakten. Wie nimmt sich nun die Frage nach dem, was den Evolutionsprozess bewirkt und unterhält, vor dem Hintergrund dessen aus, was wir heute über die Evolution wissen? Betrachten wir zuerst die heute gängigen Erklärungen.

Energie-Paradigma und Evolutionstheorien

Die heute vorherrschende Theorie der Evolution ist die von der Selbstorganisation der Materie. Sie stützt sich auf die Entdeckung von Jlya Prigogine, dass in gewissen chemischen Systemen, die sich im sogenannten Ungleichgewicht befinden, Formen – z. B. farbige Ringe – auftreten, ferner, dass diese

Vorgänge unterhalten werden können, wenn man das System zu einem dissipativen (Energie zerstreuenden) werden lässt, indem man das Endprodukt der Umsetzung laufend entfernt und die Ausgangssubstanzen in der richtigen Konzentration laufend zuführt, sodass das Ungleichgewicht erhalten bleibt. Prigogine bezeichnete die Gesetzmäßigkeit, die er bei solch einfachen chemischen Systemen beobachtet hat, als Selbstorganisation der Materie.

In der Folge entstand ein eigentlicher Prigoginismus: eine Evolutionstheorie, welche die gesamte Evolution – vom Urknall bis zu Albert Einstein – als Selbstorganisation der Materie versteht. Gegenwärtig ist auch eine Chaos-Theorie im Entstehen. Sie stützt sich auf Beobachtungen über ein Verhalten unbelebter dynamischer Systeme, z. B. von Luft- und Wasserströmungen. Es ist die Beobachtung, dass dabei aus ungeordneten, turbulenten Zuständen geordnete entstehen – z. B. laminare Strömungen oder Wolken –, dass diese wiederum in chaotische übergehen, dass aus diesen wieder geordnete entstehen usw. Die Chaosforschung ist gegenwärtig bemüht, die Gesetzmäßigkeiten, die diesen Veränderungen zugrunde liegen, mathematisch zu erfassen. In zunehmendem Maße werden nun derartige Beobachtungen zur Erklärung der Evolution herangezogen, wobei sich Chaotiker und Prigoginisten über weite Strecken die Hand reichen.

Auch Teilchenphysiker entwickelten Konzepte zur Erklärung der Evolution. Ihre Fachkompetenz liegt im Gebiet des Entstehens der Materie. So sehen sie z. B. die Entstehung der Teilchen und der einfachen Atome als „Ausfrieren". Mit der Abnahme der Energiedichte sollen diese Gebilde – ähnlich wie Schneeflocken aus dem Wasserdampf der Luft – „ausgefroren" sein. Hand in Hand damit wird von Symmetriebrüchen gesprochen. So sagen sie, die vier Grundkräfte der Natur – die Gravitation, die elektromagnetische, die schwache und die starke Kraft – seien durch Symmetriebruch aus einer ursprünglich einheitlichen Kraft hervorgegangen. Bei diesen Formulierungen handelt es sich um handfeste fachwissenschaftliche Theorien über die Entstehung der Materie und der Grundkräfte.

Es ist nun interessant, zu sehen, dass Physiker, die diese Theorien auf die Gesamtevolution extrapolieren, mehr und mehr Ausdrücke aus dem Gebiet der Psychologie verwenden. So schreibt z. B. Peter Kafka vom Max Planck-Institut für Physik und Astrophysik in München, alle möglichen strukturellen Beziehungen seien ausprobiert worden; Kerne hätten den ganzen Bereich im Raum der Möglichkeiten, der der starken Kraft zugänglich ist, erforschen können; in späteren Sterngenerationen sei noch mehr Komplexität zugänglich geworden usw. Während Kollegen von ihm noch vor kurzer Zeit zu sagen pflegten, die Teilchen würden einander fühlen, redet Kafka von der Sprache der Gravitation, der elektromagnetischen Kraft und der Kernkraft. Die Vielfalt der Erklärungsversuche sowie die – gegenüber dem früheren Sprachgebrauch – geradezu ketzerische Ausdrucksweise von Physikern ist wohl als Indiz dafür zu werten, dass mit dem bisherigen Paradigma etwas nicht mehr stimmt.

Meines Erachtens beginnt man sich nämlich jetzt erst der Tatsache der Evolution bewusst zu werden. Bedenken wir, dass die Natur, bei deren Erforschung sich die Naturwissenschaft während der letzten vier Jahrhunderte entfaltet hat, als etwas Statisches aufgefasst wurde. Der biblische Mythos, dass die Welt einst geschaffen wurde, wirkte in dem Sinne nach, dass man die Natur als etwas „seit Urzeiten" Vorhandenes auffasste: zwar als gewaltiges Getriebe, jedoch als Getriebe, das „seit Ewigkeit" nach gleich bleibenden Gesetzen funktionierte. Dass dieses Getriebe sich „seit Anbeginn" im Werden befunden hat, dass es sich weiterhin im Werden befindet, und dass mit jedem großen Entwicklungsschritt neue Eigenschaften und Gesetzmäßigkeiten in die Existenz getreten sind, diese Idee war dem allgemeinen Bewusstsein der „analytischen" Naturwissenschaftler fremd.

Selbst der Nachweis der Bioevolution vermochte die Grundüberzeugung von der immer da gewesenen, sich gleich bleibenden Welt nicht zu erschüttern. Zum einen betraf er nur das Fachgebiet der Biologie, zum andern schien sich die Evolution innerhalb eines fest gefügten Universums und – da die Geologie ein kaum beachtetes Randgebiet war – auf einer fest gefügten, „immer so gewesenen" Erde abgespielt zu haben. Erst der Nachweis der kosmischen Evolution in den Sechzigerjahren vermochte im allgemeinen Bewusstsein die statische Auffassung der Welt zu verdrängen.

Die Quintessenz der analytischen Phase der Naturwissenschaft – der bis in die Mitte des 20. Jahrhunderts von der Denkweise der Physik dominierten Naturwissenschaften – war der Energiebegriff. Zuerst sind „Kräfte" entdeckt worden: mechanische, thermische, elektromagnetische, die Gravitationskraft usw. Es war die große Leistung der Physik in der zweiten Hälfte des 19. Jahrhunderts, all diese Kräfte unter einem einheitlichen Begriff – dem Energiebegriff – zusammenzufassen. Zwar sprechen Physiker heute wieder von vier Grundkräften der Natur, doch wird der Ausdruck „Kraft" hier in einem anderen Sinne gebraucht als in der klassischen Physik. Wie gesagt, versteht man die vier Grundkräfte der Natur als etwas, das durch Symmetriebruch aus einer ursprünglich einheitlichen „Kraft" hervorgegangen ist: aus dem in der ursprünglichen „Singularität" vorhandenen Zustand der Energie. An der

Überzeugung von der Allgemeingültigkeit des Energie-Paradigmas hat sich dadurch nichts geändert. Erkennbar ist dies daran, dass bei der Darlegung der neuen Evolutionstheorien versucht wird, die neu ins Blickfeld tretenden Phänomene – z. B. die erwähnten Manifestationen von Spontaneität – mithilfe des Energiebegriffs zu erklären.

So führen Prigoginisten die Selbstorganisation der Materie, die dem zweiten Hauptsatz der Thermodynamik offensichtlich widerspricht, auf die Tatsache zurück, dass sie in offenen Systemen, d. h. in Systemen, die mit ihrer Umgebung Materie und Energie austauschen, vor sich geht. Sie sagen, der zweite Hauptsatz gelte nur für geschlossene Systeme, nicht aber für offene. Nun impliziert aber der Begriff „offenes System" die Begriffe „Ordnung", „Struktur" und „Form".

Bevor Prigogine die Selbstorganisation der Materie feststellen konnte, musste er selber eine Ordnung schaffen. Er musste durch seine Glasgefäße einen Reaktionsraum – eine räumliche Ordnung – herstellen und außerdem eine chemische Ordnung, indem er die Flüssigkeiten in der richtigen Zusammensetzung und Konzentration hineingab. Erst aufgrund dieser vorgegebenen Ordnung bildeten sich die beobachteten Farbringe. In Gang halten konnte Prigogine diese „Selbstorganisation" zudem nur dadurch, dass er die ständige Abfuhr der Endprodukte und Zufuhr der Ausgangsstoffe gewährleistete, also nochmals eine Ordnung schuf.

Als dann Prigoginisten die bei diesen Experimenten beobachtete Gesetzmäßigkeit auf die Evolution extrapolierten, beschrieben sie zwar Prozesse, die in der „freien Natur" vor sich gehen. Sie beachteten jedoch nicht die Tatsache, dass die in der Natur vorkommenden offenen Systeme, in denen „Selbstorganisation" geschieht, geordnete Strukturen sind: dass selbst einfache Lebewesen einen sehr hohen Ordnungsgrad aufweisen und dass auch Sterne schon eine innere Ordnung haben.

Ein erweitertes naturerklärendes Paradigma zeichnet sich ab

Sieht man genauer hin, findet man Ordnung schon seit dem Urknall. Geordnetsein drückt sich schon in der sogenannten Feinabstimmung der Grundkräfte – der Gravitation, der elektromagnetischen Kraft sowie der starken und der schwachen Kernkraft – aus. Auch die Strahlung, das erste, das vorhanden war, ist geordnet, denn sowohl Frequenz wie Wellenlänge sind Ordnungsbegriffe; auch in der Quantelung der Wirkung bzw. in der planckschen Konstante, die besagt, dass das Produkt aus Energie und Frequenz sich gleich bleibt, drückt sich ein Geordnetsein aus.

Ausdruck von Ordnung sind auch die Teilchen, zumindest die stabilen: die Elektronen, Neutronen und Protonen, denn sie haben alle die gleiche Masse. Einem Ordnungsmuster folgt der Aufbau der Atome: dem Muster von Kern und Schalen. Nach einer im Detail beschreibbaren Ordnung sind ferner die Atome in all den ungezählten Molekülen zusammengefügt. In allen Gesetzmäßigkeiten, welche die Naturwissenschaft erarbeitet und als Naturgesetze bezeichnet hat, drückt sich ein Geordnetsein des Naturgeschehens aus.

Noch werden allerdings vom allgemeinen Bewusstsein unter Naturgesetzen nur die „Gesetze der Physik" verstanden. Die Tatsache, dass mit jedem Evolutionsschritt zu einem komplexeren System neue Gesetzmäßigkeiten in die Welt getreten sind und dass sich auch in diesen ein Geordnetsein des Naturgeschehens ausdrückt, wurde noch kaum rezipiert. Dass die „höheren" – in komplexeren Systemen beobachtbaren – Regularitäten noch nicht als Naturgesetze im eigentlichen Sinn des Wortes aufgefasst werden, mag daran liegen, dass diese „nach oben" einen immer größeren Spielraum – eine größere Variationsbreite – aufweisen. Dabei offenbart sich gerade in dieser Zunahme der Variationsbreite „nach oben" eine Gesetzmäßigkeit der Evolution: eine Gesetzmäßigkeit, aus der schließlich die menschliche „Willensfreiheit" hervorging.

Nun ist Ordnung etwas, das mit dem Energiebegriff der Physik nicht erfasst wird. Energie wird definiert als Fähigkeit, Arbeit zu leisten, und Arbeit leistet jenes Etwas, das wir Energie nennen, indem es in die Senke fällt: dadurch, dass wertvolle Energie zu weniger wertvoller wird bzw. dadurch, dass Energie entwertet wird. Als Maß für entwertete Energie wurde der Entropiebegriff geschaffen. Nun wird Entropie auch definiert als Maß für Unordnung. Dies erklärt sich aus der Art und Weise, wie der Entropiebegriff abgeleitet wurde. Wie dies geschah, tut hier nichts zur Sache. Wichtig scheint mir jedoch zu sehen, dass das Gegenteil jenes Ungeordnetseins, das durch den Entropiebegriff umschrieben wird, nicht jenes Geordnetsein ist, das vorhin als für Strahlung, Teilchen, Atome, Moleküle und Lebewesen charakteristisches Geordnetsein aufgezeigt wurde. Das Gegenteil entropischer Unordnung ist Dichte bzw. höhere Wertigkeit der Energie: die größere Fähigkeit, Arbeit zu leisten.

Solange in der Naturwissenschaft, während deren analytischer Phase, die reduktionistische Einstellung dominierte, wurde das Geordnetsein im Sinne von Organisation und Struktur nicht erfasst. Ins Blickfeld trat es – als wissenschaftliches Problem – erst, als die Evolution in vollem Umfang ins Blickfeld trat: die Tatsache, dass Ordnung nicht nur vorhanden ist, sondern dass das

Geordnetsein der natürlichen Gebilde und Prozesse seit dem „Urknall" fortschreitend zugenommen hat.

Durch die Bewusstwerdung der Zunahme des Geordnetseins drängt sich nun mehr und mehr die Einsicht auf, dass zum vollständigen Erfassen des Naturgeschehens neben dem Energiebegriff noch ein anderer, zu diesem komplementärer Begriff eingeführt werden muss. Unsere Sprache, die ja prozessuales Geschehen nur durch räumliche Ausdrücke beschreiben kann, hält die Ausdrücke für ein solches Begriffspaar schon bereit. Schon umschreiben wir das Geschehen, für das einst der Energiebegriff geschaffen wurde, als Fall in die Senke, und für fortschreitende Komplexitätszunahme verwenden wir den Ausdruck Höherentwicklung. Übernehmen wir diese beiden Richtungsbezeichnungen, können wir den Naturprozess durch das Begriffspaar katagenetische (von griechisch kata, hinab) und anagenetische (von ana, hinauf) Tendenz sprachlich einfangen.

Die Ausdrücke „Anagenese" und „Orthogenese" (von griechisch orthos, aufrecht) wurden ja schon mehrmals vorgeschlagen, doch erregten sie großen Widerspruch. Dieser Widerspruch hatte die gleiche Ursache wie der, der seinerzeit gegen Einführung des Begriffs „Entelechie" erhoben wurde. Es war die Befürchtung, damit werde die Übernatur wieder in die Naturbetrachtung eingeführt. Nun ist aber – im Zug der Bewusstseinsmutation – das komplementäre Denken erfunden worden. Dieses beruht, wie gesagt, auf der Einsicht, dass wir zwar wegen der Struktur bewussten Erkennens, die Wirklichkeit nur mithilfe von Begriffspaaren erfassen können, dass wir jedoch – wenigstens im Grenzbereich bzw. auf der höchsten Abstraktionsebene – nur komplementäre Aspekte eines an sich einheitlichen Seienden benennen.

Die Einführung des Begriffs „anagenetische Tendenz" ist im Grunde nur der Vollzug des zweiten Schritts der Bewusstseinsmutation im Bereich der Naturwissenschaft: jenes Schritts, der im „geistigen" Bereich als „Hereinklappen der metaphysischen Welt" bezeichnet werden kann. Das erkenntnismäßige Erfassen des „Dings an sich" wurde damit nicht geschafft. Dieses bleibt nach wie vor unserem Bewusstsein unerreichbar. Es ist nach wie vor bewusstseinstranszendent. Ebenso wie niemand sagen kann, was Energie ist, kann auch niemand sagen, was jene „Dynamis", für die der Begriff „anagenetische Tendenz" eingeführt wird, ist. In der Einführung des neuen Begriffspaares drückt sich lediglich eine differenziertere Sicht der Wirklichkeit aus. In ihr drückt sich die Tatsache aus, dass wir dem „Ding an sich" – trotz seiner Unerreichbarkeit – im Zuge der Bewusstseinsevolution einen Schritt näher gekommen sind.

Psychische „Energie" im Lichte heutigen Naturverstehens

Kehren wir zu unserem Thema zurück: zur Frage nach der psychischen Energie. Nach dem Gesagten kann die in der Spontaneität des Unbewussten bzw. des Selbst wie auch in der Spontaneität des Ich sich manifestierende „Dynamis" als Manifestation der anagenetischen Tendenz des Naturprozesses gesehen werden. Wie aber nimmt sie sich in diesem Rahmen aus?

Halten wir uns vorerst vor Augen, dass sich das Naturgeschehen, sofern man es unter dem katagenetischen Aspekt betrachtet, recht eintönig erscheint: dass es sich – im Sinn des Reduktionismus – auf einige wenige Grundprozesse zurückführen lässt. So ergibt sich denn auch aus der Betrachtung unter diesem Aspekt notwendigerweise das Suchen nach der Einheitsformel, das heute die Physiker so sehr in Bann zieht.

Demgegenüber zeigt sich uns der Naturprozess, wenn wir ihn unter dem anagenetischen Aspekt betrachten, in außerordentlicher Vielfalt. Da ist einmal die morphologische Vielfalt, die ja schon auf molekularer Ebene sehr groß ist und auf der Ebene des Lebendigen noch einmal enorm zunimmt. Da ist auch die Vielfalt der in einem raumzeitlichen Gebilde vor sich gehenden geordneten und aufeinander abgestimmten chemischen Prozesse. Dazu kommt aber noch eine weitere Vielfalt: die, welche wir unter dem Ausdruck „Innerlichkeit" schon besprochen haben. Innerlichkeit – die Fähigkeit, Information aufzunehmen, zu verarbeiten und abzugeben – trat allerdings erst beim Evolutionsschritt zu lebendigen Systemen in die Welt, doch mit der Komplexitätszunahme der Lebewesen wurde auch sie immer komplexer.

Nun wurden für die verschiedenen Grade von Komplexität der Innerlichkeit in unserem Sprachgebrauch schon seit Langem die Ausdrücke „vegetativ", „animalisch", „psychisch" und „geistig" (im Sinn von Menschengeist bzw. subjektivem Geist) verwendet. Allerdings glaubte man, solange das archaische Denkmuster nicht ganz überwunden war, dies seien voneinander unabhängige Seinsstufen; man glaubte auch, deren Vorhandensein könne nur in der Weise erklärt werden, dass jedes Mal ein göttlicher Eingriff stattgefunden habe. Deshalb denn auch das hartnäckige Festhalten der geistig redlichen – d. h. nicht latent archaischen – Naturwissenschaftler am ontologischen Reduktionismus. Seitdem die Errungenschaft des komplementären Denkens es möglich gemacht hat, die letzten Reste archaisch-dualistischer Naturerklärung fallen zu lassen und den Naturprozess jetzt unter zwei komplementären Aspekten zu sehen, kann vom ontologischen Reduktionismus – und damit vom Festhalten am Energie-Paradigma – ohne Bedenken abgelassen werden. Nun kann man die Natur im vollen Umfang als Prozess sehen, bei dem von

Anfang an zwei „Arten von Dynamik" am Werke sind bzw. von uns unterschieden werden können und müssen.

Der Menschengeist und die Psyche erscheinen dann – ebenso wie das Leben, die molekularen und atomaren Strukturen – als etwas völlig Natürliches: als im Verlauf der Zeit erreichte Organisationsebene bzw. Manifestation der anagenetischen Tendenz; sie erscheinen aber auch als etwas, das immer zugleich auch mit jenem energetischen Geschehen verbunden ist, das wir dann erfassen, wenn wir es unter dem katagenetischen Aspekt betrachten. Hierzu gehören Zerfall und Tod. Das, was C. G. Jung als Libido bzw. als psychische Energie bezeichnet hat, kann nun in einer Linie gesehen werden mit dem, was im Naturprozess als Spontaneität auf allen Stufen des Lebendigen sowie als Tendenz zur fortschreitenden Zunahme der Komplexität aufscheint.

Wir sind am Ende unserer Betrachtung angelangt. Aus dem Dargelegten dürfte klar hervorgehen, dass das Modell des arteigenen, strukturierten, zentrierten und spontanaktiven bzw. schöpferischen Unbewussten, das C. G. Jung erarbeitet hat, durch die neuere natur- und kulturwissenschaftliche Forschung bestätigt worden ist. Nun ist es wohl nur noch Sache der geistigen Redlichkeit, sich die Konsequenzen einzugestehen, die sich daraus für die tradierten Weltbilder – für das archaische wie das positivistische – ergeben.

4. Nachtrag 2012

Betrachten wir das zuletzt Dargelegte noch vor dem Hintergrund der Evolution des Bewusstseins. Auf diese Weise lässt sich nämlich erkennen, welche Bedeutung die Entdeckung des Unbewussten für den Durchbruch bei jenem fundamentalen Wandel des Welt- und Menschenbildes hatte, der sich in Europa seit Beginn der Neuzeit ereignet hat.

Zur Erforschung der Bewusstseinsevolution

Dabei gilt es als Erstes den methodischen Ansatz zu betrachten, der zum Nachweis einer echten Evolution des Bewusstseins geführt hat sowie auch die Unterschiede zwischen der Evolution des Bewusstseins und jener unbewusster Lebewesen.

Bis in die 70er Jahre war die Evolution des Bewusstseins umstritten, weil die Entwürfe, welche Kulturwissenschaftler zu deren Nachweis – unter dem Titel „kulturelle Evolution" – vorgelegt hatten von denen, welchen dies gegen den Strich ging (vor allem Theologen aber auch Ethnologen) vom Tisch geredet werden konnten. Dies war deshalb möglich, weil der methodische Ansatz der Kulturwissenschaftler ungenügend war: weil sie das von Historikern und Ethnografen erarbeitete Material arbiträr in Schichten einteilten und zudem den Eindruck erweckten, die Entwicklung sei auf breiter Front verlaufen und nicht – wie es tatsächlich der Fall war – auf einzelnen Strängen und dazu noch mit unterschiedlicher Geschwindigkeit.

Seit den 70er Jahren liegt jedoch ein naturwissenschaftlich fundierter methodischer Ansatz vor, der bis heute der Kritik standgehalten hat. Er sei hier kurz skizziert. Erstens wird dabei nicht nach der Evolution der Kultur gefragt, sondern nach der des kognitiven Systems, das es dem Menschen ermöglicht, Kultur zu schaffen: des Bewusstseins.

Nun versteht man unter Evolution die fortschreitende Komplexitätszunahme eines Systems. Deren Nachweis setzt allerdings voraus, dass man die konstituierenden Merkmale des betreffenden Systems kennt. Da Bewusstsein beim Evolutionsschritt vom tierischen Primaten zum Menschen erstmals in die Existenz getreten ist (fulgurierte bzw. emergierte), lief dies auf die Frage hinaus, welche kognitive Fähigkeit bei diesem Schritt zu den bis dahin phylogenetisch erworbenen, schon hochkomplexen kognitiven Fähigkeiten hinzugekommen sei. Aus der Zusammenarbeit mit der evolutionären biologischen

Kognitionsforschung ergab sich, dass es die Fähigkeit war, zwischen Ich und Nicht-Ich (zwischen Subjekt und Objekt) zu unterscheiden. Tiere können das nicht. Zwischen Ich und Nicht-Ich zu unterscheiden impliziert zum einen die Fähigkeit, sich als etwas vom Nicht-Ich Verschiedenem inne zu werden, zum anderen die Fähigkeit, am Nicht-Ich immer mehr Dinge und Regelmäßigkeiten zu erkennen sowie dabei immer weiter hinter die Fassade des bloßen Augenscheins vorzudringen.

Durch Anwendung dieser Fähigkeiten schuf der Mensch Kultur. Aus dem Grad von Unterscheidungsvermögen, der sich in einer Kultur manifestierte, konnte dann zurück geschlossen werden auf den Evolutionsgrad des Bewusstseins jener Menschen, die die betreffende Kultur geschaffen hatten.

Evolutionäre Errungenschaften werden jedoch bei der Evolution des Bewusstseins anders an die folgenden Generationen weiter gereicht als bei der unbewusster Lebewesen. Bei letzterer geschieht dies über das Genom, bei der Evolution des Bewusstseins hingegen über die Tradition. Dank der Fähigkeit des Menschen, sich verbal zu äußern, schafft er gleichsam ein Erinnerungsdepot, aus dem sich eine Population während ihrer Sozialisierungsphase das bisher Erreichte aneignet, und das sie um neu gewonnene Einsichten bereichern kann.

Nun geht Evolution immer Hand in Hand mit Diversifikation. Bei der Bioevolution entstanden dabei verschiedene Arten (Spezies). Die Evolution des Bewusstseins vollzog sich zwar innerhalb der gleichen Art, doch wirkte sich dort die Tendenz zur Diversifikation in der Bildung unterschiedlicher Kulturen aus. Während sich indessen Spezies nicht miteinander vermischen, ist dies bei Kulturen die Regel, wobei es sogar meistens die Evolution fördert.

Als zur Rekonstruktion der Evolution des Bewusstseins – entsprechend dem geschilderten methodischen Ansatz – die bisher bekannten Kulturen auf den in ihnen sich manifestierenden Grad des Unterscheidungsvermögens befragt wurden, stellte sich heraus, dass ihnen allen – von der Steinzeit bis ins europäische Mittelalter – das gleiche Muster des Selbst- und Weltverstehens zugrunde liegt. Das bedeutet, dass sie alle trotz ihrer Verschiedenheit Varianten des gleichen Musters des Welterfassens sind.

Bei diesem Muster wurde, wie gesagt, zwischen zwei Bereichen der Wirklichkeit unterschieden: einem sichtbaren (diesseitigen bzw. physischen oder natürlichen) und einem unsichtbaren (jenseitigen bzw. metaphysischen oder übernatürlichen). Den jenseitigen Bereich stellte man sich bewohnt vor von unsichtbaren Wesen. Von diesen nahm man an, sie seien dem Menschen überlegen und besäßen die Fähigkeit, durch bloßes Denken und Wollen auf die sichtbare Welt einzuwirken (Wunder), sich dem Menschen mitzuteilen (zu offenbaren) und ev. einen sichtbaren Leib anzunehmen (sich zu inkarnieren).

Ich bezeichnete diese Weltsicht als die archaische nach dem griechischen Wort archaios, was alt oder veraltet heißt. Oft wird sie auch mythische Sicht genannt, was in dem Sinn zu verstehen ist, dass die Mythen noch nicht bildsprachlich verstanden wurden, sondern konkretistisch: als wörtlich zu verstehende Aussagen über leibhaftige Personen und deren Taten.

Der fundamentale Wandel des Welt- und Menschenbildes, der sich während unserer Neuzeit ereignet hat, bestand im Kern darin, dass dieses konkretistische Verständnis des Mythos durch das bildsprachliche abgelöst wurde: dass man nun Mythen als Gestaltungen des Unbewussten versteht, d.h. als Veranschaulichungen an sich unanschaulicher psychischer Sachverhalte und Gesetzmäßigkeiten. Die Mutation des Bewusstseins war im Kern eine erkenntnistheoretische Revolution, bei der sog. Vorverbindungen des Denkens (Apperzeptionsschemata) verändert worden sind. Bei dieser Veränderung wurde die dualistische archaische Weltsicht überstiegen und von einer grundlegend neuen, nunmehr unistischen abgelöst. Im Unterschied zur archaischen Sicht, die supranaturalistisch war, kann man die neue auch als naturalistische bezeichnen.

Ich bezeichne diesen Wandel, bei dem die Übernatur des archaischen Menschen naturalisiert wurde, als Mutation des Bewusstseins. Obwohl der Ausdruck „Mutation" der Biologie entstammt, erscheint er mir zur Bezeichnung des Wandels der Weltsicht gerechtfertigt. Allerdings ist er hier nicht im Sinne der Genetik zu verstehen, sondern so wie er in der beschreibenden Evolutionslehre verwendet wurde: zur Bezeichnung eines großen Entwicklungsschritts wie z.B. desjenigen von den Amphibien zu den Reptilien oder jenes von den Reptilien zu den Säugern. Dies scheint mir deshalb gerechtfertigt, weil die Evolution des Bewusstseins – ebenso wie die der unbewussten Lebewesen – letztlich von jener universalen Tendenz vorangetrieben wird, die ich im letzten Kapitel als die anagenetische bezeichnet habe.

Der Grund für die Mutation des Bewusstseins

Um zu verstehen, weshalb die Mutation des Bewusstseins sich überhaupt ereignet hat bzw. ereignen musste, ist die Evolution des Bewusstseins während der archaischen Phase gleichsam aus der Vogelperspektive zu betrachten. Dann zeichnen sich nämlich verschiedene Trends der Entwicklung ab, z. B. einer zum Hochschieben des Himmels, ein zweiter zur Reduktion metaphy-

sischer Populationen (von Göttern und Zwischenwesen), einer zur Verinnerlichung des Ziels von Ritenvollzug usw.

Der für das Verständnis der Bewusstseinsmutation wichtigste Trend ist der
zur Entmaterialisierung des Jenseits, insbesondere zur Entmaterialisierung der
jenseitigen Wesen: die Tatsache, dass man sich diese immer weniger materi-
ell vorgestellt hat. In evolutionsmäßig niederen Kulturen hatte man sich die
Jenseitigen ungefähr von gleicher Konsistenz vorgestellt wie die Diesseitigen.
Aus diesem Grund gab man einem Verstorbenen Gegenstände mit ins Grab,
von denen man annahm, er benötige sie „drüben". Durch die fortschreitende
Entmaterialisierung, die ja nur in der Vorstellung stattfand, kam immer mehr
die Unterscheidung zwischen einem materiellen Diesseits und einem geistigen Jenseits zustande. Für den Menschen des Mittelalters bestand schließlich das Diesseits aus Materie, das Jenseits aus Geist. Das daraus resultierende
Begriffspaar von Materie und Geist ist wohl einer der bedeutendsten Erträge
der Evolution des Bewusstseins unter archaischen Vorzeichen.

In der damaligen Auffassung dieses Begriffspaares lag aber auch der Grund
für die Mutation des Bewusstseins. Weil man bei archaischer Weltsicht das
Geistige als etwas auffasste, das für sich allein existieren kann, strebte der Prozess der Entmaterialisierung einem Grenzwert zu, der nie erreicht werden
konnte. Man kann zwar sagen, ein jenseitiges Wesen sei rein geistig. Zu Ende
denken kann man dies jedoch nicht. Ein konkretes Wesen, das wirksam in
diese Welt eingreift und dem Menschen seinen Willen offenbart, kann man
sich zwar noch aus einem ganz feinen Stoff bestehend vorstellen; ganz ohne
Stoff geht es aber nicht. Als die mittelalterlichen Scholastiker zum Schluss
kamen, Gott sei reiner Geist, drohte die Evolution des Bewusstseins an
einem Plafond anzustoßen. Damit sie weiter voranschreiten konnte, musste
eine grundlegend neue, nicht mehr konkretistische Auffassung des Geistigen
gefunden werden. Eine solche kam zustande bei jenem Evolutionsschritt des
Bewusstseins, der sich während der Neuzeit ereignet hat.

Bevor wir betrachten, wie dieser Schritt verlaufen ist, müssen wir uns
darüber klar werden, um was für ein Geistiges es sich dabei handelte. Wohl
die Meisten verstehen unter Geist den des Menschen, d.h. das Bewusstsein.
Hier aber geht es um jenes Geistige, das schon da war, bevor der Mensch –
und mit ihm das Bewusstsein – in die Existenz trat. Die jenseitigen Wesen,
an denen der archaische Geist-Begriff erarbeitet wurde, „waren" ja – gemäß
dem Mythos – auch schon vor dem Menschen da. Wir bezeichnen deshalb das
gesuchte Geistige als das Objektiv-Geistige. Unter Subjektiv-Geistigem hin-

gegen verstehen wir das Bewusstsein, das ja in der Fähigkeit besteht, wischen Subjekt (sich selber) und Objekt zu unterscheiden

Der Verlauf der Bewusstseinsmutation

Betrachten wir nun, wie die Mutation des Bewusstseins verlaufen ist. Zuerst erfolgte ein Wechsel der Blickrichtung. Manifest wurde dieser zurzeit der Renaissance. War die Evolution bis zum Ende unseres Mittelalters fast ausschließlich auf dem metaphysischen Zweig erfolgt – durch Auseinandersetzung mit der jenseitigen Welt, also durch theologische Spekulation – musste sie nun erst einmal auf dem physischen Zweig nachgeholt werden. Hierzu bildete sich ein völlig neuartiger, von der Theologie kategorial verschiedener Typus von Wissenschaft aus: der empirische. Bei empirischem Forschen wurde nicht mehr über Erzählungen reflektiert, von denen man annahm, sie seien von göttlichen Wesen offenbart worden. Man ging von Beobachtungen der sichtbaren Welt aus. Dabei entwickelte man ein methodisches Instrumentarium, mit dem es gelang, hinter die Fassade des Augenscheins vorzudringen, und zwar räumlich bis hinab in die atomare Dimension und hinaus in die kosmische, zeitlich bis in die Anfänge des Universums.

Es waren die empirischen Wissenschaftler (nicht die Philosophen!) die den Wandel des Welt- und Menschenbilds herbeiführten. Allerdings bemühten sich die Forscher nicht um eine neue Auffassung des Geistigen, sondern um immer tiefgründigere Erfassung des Naturprozesses und des Verlaufs der Geschichte. Dabei waren sie aber so erfolgreich, dass gegen Ende des 20. Jahrhunderts, als die Formulierung einer grundlegend neuen Auffassung des Geistigen aktuell wurde, all jene Fakten vorlagen, die hierzu notwendig waren. Ich sagte damals, es müssen keine neuen Fakten mehr erarbeitet werden. Die Elemente zur Bildung eines zeitgemäßen Geistbegriffs lägen gleichsam auf der Straße. Sie müssen nur noch aufgehoben werden.

Betrachten wir nun den tatsächlichen Verlauf der Bewusstseinsmutation. Es können daran zwei Phasen unterschieden werden: zum einen zwei Phasen des Bereichs der Wirklichkeit, der erforscht wurde, zum anderen zwei Phasen der Reflexion über die Konsequenzen, welche die bisherigen Forschungsergebnisse für die Weltsicht hatte.

Der Wirklichkeitsbereich, der während der ersten Phase erforscht wurde, war die anorganische Natur. So ergründeten Kopernikus und Kepler die Bahnen der Planeten, Galilei einige Gesetze der Mechanik; Newton schuf mit seiner Theorie der Gravitation erstmals ein naturwissenschaftliches Paradigma.

Erforscht wurden auch die Gesetze der Optik, der Thermodynamik, der Elektrizitätslehre sowie der Chemie. Im Bereich der Lebewesen kam man während dieser Phase nicht über das Sammeln hinaus. Erst einmal musste festgestellt werden, was für Pflanzen und Tiere es überhaupt gab.

Für die empirischen Forscher galt das Ethos des sogenannten methodischen Positivismus. Dies hieß, nur das dürfe als wissenschaftlich erwiesen gelten, was mittels der sinnlichen Wahrnehmungssysteme nachgewiesen war. Der archaische Mensch kannte zwar noch eine zweite Art der Wahrnehmung, die er als Sehen mit den Augen der Seele bezeichnete. Diese wurde jedoch während der ersten Phase der Bewusstseinsmutation ausgeblendet. Nachträglich lässt sich erkennen, dass dies nötig war, denn nur so konnte der bei archaischer Weltsicht ausgiebig geübte „Wissensgewinn" durch Fantasieren, der zu den Natur und Geschichte erklärenden Mythen geführt hatte, vermieden werden.

Seit dem Beginn des 18. Jahrhunderts begann man – vor allem in Frankreich – darüber nachzudenken, was für Konsequenzen sich aus dem bis dahin empirisch-wissenschaftlich erworbenen Wissen für die überlieferte Weltsicht ergaben. Entscheidend für jene Aufklärung war, dass sich der methodische Positivismus unterdessen zum ideologischen Positivismus entwickelt hatte: zur Überzeugung, was mit den sinnlichen Wahrnehmungssystemen nicht nachgewiesen werden könne, existiere nicht.

Dadurch wurde zum einen das, was der archaische Mensch als metaphysische bzw. übernatürliche Wirklichkeit „gekannt" hatte, als nicht existent erklärt. Zum anderen konnte die Existenz einer „unsterblichen" Seele nicht aufrechterhalten werden. Was man bis dahin als lebendige, zu selbstständiger Existenz fähige Seele angenommen hatte, schrumpfte auf den Begriff „Vernunft" (ratio) zusammen. Was die Vertreter der ersten Aufklärung Vernunft nannten, entspricht dem heutigen Begriff „Bewusstsein".

Die Naturauffassung, die dabei zustande kam, wird heute als wissenschaftlicher Materialismus bezeichnet. Oft nennt man sie auch positivistische Sicht, da sie sich aus dem ideologischen Positivismus ergeben hat. Man glaubte dabei, die Natur bestehe ausschließlich aus Materie. Auch die „Vernunft" galt als Ausfluss der Materie. Erstmals systematisch ausgeführt wurde die materialistische Naturauffassung von Baron Paul Henri de Holbach (1723-1789) in seinem epochalen Werk *Le systeme de la nature*.

Aus heutiger Sicht muss der wissenschaftliche Materialismus als eliminatorischer Materialismus bezeichnet werden. Die Fakten, auf die er sich stützte, schlössen nämlich die Vorstellung von etwas Geistigen nicht prinzipiell aus, wie sich später zeigen sollte. Es war nur die archaische Auffassung des Geistigen, die durch die „Aufklärung" eliminiert wurde.

Von heute aus gesehen erweist sich diese Elimination des Geistigen als Vollzug eines Naturgesetzes psychischen Wandels (vgl. Abb. 5, folgende Seite). Es ist das Gesetz, das in bildhafter Sprache immer schon im Mythologem von Leiden, Tod und Auferstehung eines Gottes formuliert wurde: in jenem Mythologem, das auch den Kern des christlichen Mythos bildet. Es bedeutet – in die Begriffssprache übersetzt –, dass eine grundlegend neue Auffassung sich erst dann durchsetzen kann, wenn die alte überwunden ist. Beim Aufkommen des Christentums war die alte Auffassung der Glaube an die heidnischen Götter sowie das heidnische Opfer- und Zeremonialwesen.

Bis man am wissenschaftlichen Materialismus „litt", verging allerdings noch mehr als ein Jahrhundert. Während dieser Zeit schritt die Forschung rasant voran, vor allem auf den Gebieten Physik und Chemie. Nach der Mitte des 19. Jahrhunderts wurde dann als Oberbegriff für alle bis dahin bekannten Naturkräfte der Ausdruck Energie eingeführt. Nun galten die „Kräfte" als je verschiedene Formen der Energie, und man lernte, die eine Form in die andere umzuwandeln. Allerdings sah man in der Masse noch etwas von der Energie Verschiedenes. Als dann am Anfang des 20. Jahrhunderts Albert Einstein den Nachweis erbrachte, dass das, was wir Masse nennen, hochgradig komprimierte Energie ist, war das sog. Energieparadigma geboren. Von da an herrschte unter Naturwissenschaftlern der Glaube, der gesamte Naturprozess – einschließlich der „Vernunft" – könne mittels des Begriffs „Energie" erklärt werden.

Das „Dilemma zwischen Wissen und Glauben" und seine Überwindung

Nun hatte sich die empirische Forschung außerhalb bzw. neben den Kirchen entwickelt: jenen Institutionen, in denen weiterhin die archaische Weltsicht gepflegt und verkündet wurde. Als im Zug der „Aufklärung" die materialistisch-positivistische Weltsicht aufkam, standen sich infolgedessen zwei miteinander unvereinbare Systeme des Selbst- und Weltverstehens gegenüber (Abb. 5, folgende Seite). In den Sprachgebrauch eingegangen ist dieser Gegensatz als Dilemma zwischen Vernunft und Glaube. Genau gesagt war es das Dilemma zwischen den Ergebnissen der Theologie und denen der empirischen Wissenschaft. Es führte fortan zu ungezählten ergebnislosen Diskussionen zwischen Naturwissenschaftlern und Theologen. Ergebnislos mussten diese Diskussionen sein, weil Dilemmata nicht rational gelöst werden können. Sie müssen –

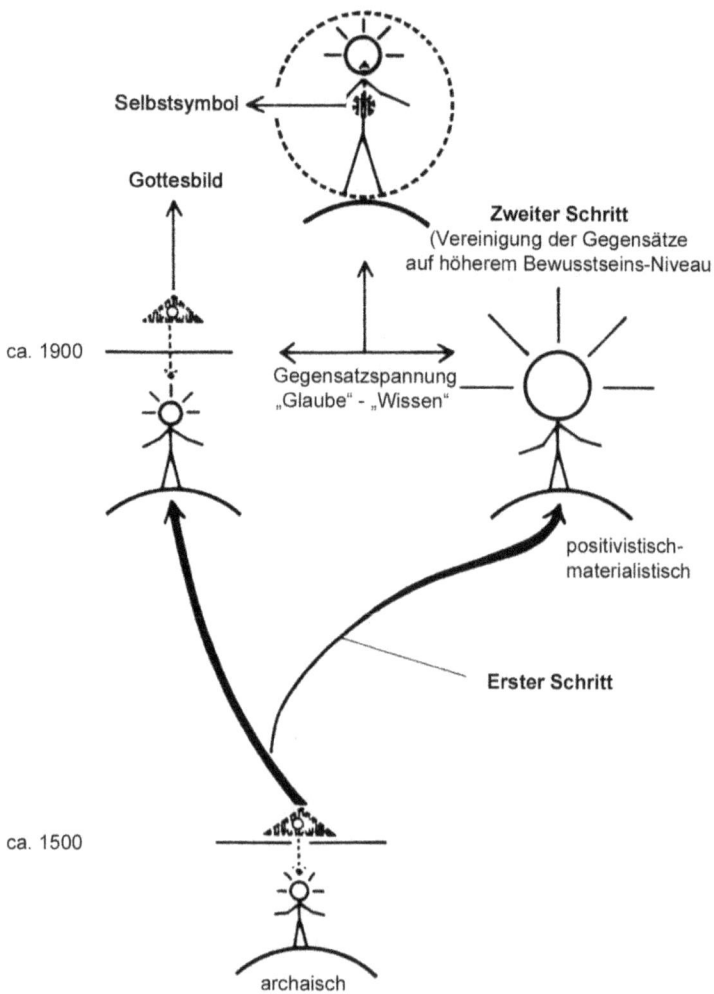

Abb. 5: Die zwei Schritte der Bewusstseinsmutation ©Willy Obrist

im Sinne der Bewusstseinsevolution – überstiegen werden, und dies geschieht aufgrund von Fakten. Diese aber lagen erst gegen Ende des 20. Jahrhunderts vor. Nun konnte über deren Konsequenzen für die Weltsicht reflektiert werden. Das Übersteigen des „Dilemmas', das dabei zur „Wiederauferstehung des Geistigen in neuer Gestalt" und damit zum Durchbruch bei der Mutation des Bewusstseins führte, kann als zweite Aufklärung bezeichnet werden.

Unterdessen war zwar sehr viel geforscht worden, doch geschah dies noch unter dem Energieparadigma. Der Blick richtete sich nun auch vermehrt auf die Lebewesen, wobei Molekularbiologie, Biochemie und Biophysik sich entfalteten. Dadurch erschloss sich ein ganz neues Verständnis des Lebensprozesses. Außerdem erforschte man nun auch das, wofür Adolf Portmann dem Ausdruck „Innerlichkeit der Lebewesen" geprägt hat. Er verstand darunter all das, was Lebewesen erkennen können, was sie als vererbbare, arteigene Verhaltensmuster in sich tragen, was ihre Gestaltwerdung bewirkt usw. Nachdem die Evolution der Anatomie und Physiologie erforscht war, konnte man nun auch die Evolution des Erkennens ergründen. Zudem fand – von den Meisten kaum bemerkt – der Übergang von der mechanistisch-deterministischen Sicht zur systemischen statt. Das Energieparadigma wurde davon jedoch im allgemeinen Bewusstsein nicht berührt.

Nachdem aber Physiker die Atome entdeckt und deren Struktur erschlossen hatten, begann sich gerade bei den besten von ihnen ein Unbehagen in der materialistischen Weltsicht zu regen. So sagte z. B. Wolfgang Pauli, das Atom könne nur dann voll verstanden werden, wenn man es als Ganzheit betrachte; Ganzheit könne aber mit dem Energiebegriff nicht erfasst werden. Dieser impliziere nämlich die Eigenschaften „Quantifizierbarkeit" und „Fall in die Senke". Mit Ganzheit werde aber etwas Qualitatives, nicht Quantifizierbares benannt. Damit sei das Fundament, auf dem die Physik bisher geruht habe, infrage gestellt.

Mit dem Übergang zur systemischen Naturauffassung war noch eine ganze Reihe von Begriffen, die mit dem Begriff „Energie" nicht fassbar waren, in den wissenschaftlichen Sprachgebrauch eingegangen: Komplexität, Selbstregulation, System, Autopoiese, Spontaneität, Information, Kognition, Kommunikation, Verhalten usw. Für alle diese Begriffe musste ein neuer Oberbegriff gefunden werden. Aus unserer sprachlichen Tradition bot sich hierfür der Ausdruck „Geist" an, und es drängte sich die Einsicht auf, es müsse darüber nachgedacht werden, was für ein neues Verständnis des Naturgeschehens sich daraus ergebe. Damit nahm das seinen Anfang, was ich als zweite Aufklärung bezeichne.

Diese fand aber nicht mehr in der Öffentlichkeit statt wie die erste: nicht in Salons und in Vestibülen von Theatern, auch nicht mehr unter „gebildeten Laien". Es formierten sich dazu interdisziplinär arbeitende Forschungsgemeinschaften, in denen Vertreter aller universitären Disziplinen vertreten waren. In Zürich wurde eine solche 1970 gegründet: die Stiftung für Humanwissenschaftliche Grundlagenforschung (SHG). Diese setzte sich zum Ziel, ein zeitgemäßes, erfahrungswissenschaftlich (weder theologisch noch spekulativ-philosophisch) fundiertes Welt- und Menschenbild zu erarbeiten. Entscheidend für den Erfolg dieses Unternehmens erwies sich, dass der Stifter Marc A. Jaeger postuliert hatte, man müsse auch die Entdeckungen der Psychologie des 20. Jahrhunderts in die Betrachtung einbeziehen. Diese mussten aber erst einmal herausgearbeitet werden, weil die Schüler von C. G. Jung fast nur hermeneutisch gearbeitet, die Theorie jedoch vernachlässigt hatten. Beim Bemühen um diese Aufgabe entstand das vorliegende Buch.

Neue Auffassung des Geistigen führt zu neuer Weltsicht

Da das Unbehagen im Materialismus immer weitere Kreise erfasst hatte, stellte sich beim interdisziplinären Gespräch als Erstes die Frage, wie der Begriff des Geistigen wieder eingeführt werden könne. Dabei war von vornherein klar, dass dieser mit dem heutigen Wissen über die Natur kompatibel sein musste. Auch war unterdessen von Niels Bohr das komplementäre Denken gefunden worden und die Einsicht gereift, dass dieses auch bei den obersten Paaren der Begriffshierarchie – bei Materie-Geist sowie Leib-Seele – anzuwenden sei. Das hieß, dass die dualistische Sicht der Wirklichkeit überwunden war und man nicht mehr von der Materie und dem Geist reden sollte, sondern nur noch von einem materiellen und einem geistigen Aspekt der an sich einheitlichen Wirklichkeit. Wie aber sollten die beiden Aspekte auseinandergehalten werden?

Die Lösung dieser Frage ergab sich aus der Art und Weise, wie Physiker Materie definierten. Seit der Erforschung des Atoms war ja Materie nicht mehr der Inbegriff des Kompakten, wie man früher angenommen hatte. Als Erwin Nickel, der Mineraloge unseres Arbeitskreises, sagte, Materie werde heute definiert als geformte Energie, fiel mir die Lösung ein. Diese Definition enthält ja zwei Aussagen: zum einen, dass Materie aus Energie besteht, zum anderen, dass die Energie dabei geformt bzw. geordnet ist. Fragte man nun, woraus ein raumzeitliches Gebilde bestehe, und darauf die Antwort „aus Energie" bekam, erfasste man es unter dem materiellen Aspekt. Fragte man hingegen, wie die Energie darin angeordnet sei, konnte man sagen, man erfasse es unter dem geistigen Aspekt.

Allerdings musste man sich noch bewusst werden, dass man unter dem gesuchten Geistigen nicht wie üblich den Menschengeist zu verstehen hatte, sondern ein Geordnetsein, das die gesamte Natur umfasst: dass man damit das Objektiv-Geistige, nicht das Subjektiv-Geistige suchte.

Verfolgte man nun, wie das Angeordnetsein im Verlauf der Evolution immer komplexer wurde, entfaltete sich ein immer facettenreicherer Begriff des Objektiv-Geistigen bzw. des Geist-Aspekts der Natur. Bei diesem Vorgehen erschien auch die bisher materialistisch aufgefasste Evolution in einem anderen Licht. Auch die in diesem Prozess zum Ausdruck kommende Dynamik, welche zu immer komplexeren Formen geführt hat, kann nämlich mit dem Energie-Begriff der Physik nicht erklärt werden. Während es die natürliche Eigenschaft der Energie ist, in die Senke zu fallen, dabei Formen zu zerstören und lediglich die Entropie des Universums zu vermehren, tritt bei Betrachtung der Evolution eine Dynamik ins Blickfeld, welche „in die entgegengesetzte Richtung läuft": welche nicht Formen zerstört, sondern – im Gegenteil – immer komplexere Formen schafft. Da sie mit dem Energie-Begriff der Physik nicht erfasst werden kann, ist auch sie dem Geist-Aspekt der Natur zuzuordnen. Es ist wohl leicht zu sehen, dass es sich um die gleiche Dynamis handelt, die ich im letzten Kapitel unter dem Stichwort „Spontaneität" behandelt und als anagenetische Tendenz bezeichnet habe.

Betrachten wir den Geist-Aspekt der Natur mit Blick auf die Evolution, manifestiert sich in ihm eine ganz besondere Facette des Objektiv-Geistigen: Kreativität im eigentlichen Sinn des Wortes. Mit Blick auf diese naturhafte Kreativität wird – auf der heutigen Bewusstheitsebene – das erfasst, was bei archaischer Weltsicht zur Vorstellung eines übernatürlichen Weltenschöpfers geführt hat

Dies führt uns zur Frage, was bei der Mutation des Bewusstseins aus Gott geworden sei. Bedenken wir aber, dass die Frage, ob es einen Gott gebe, nur einen Sinn hatte, solange das „Dilemma zwischen Vernunft und Glaube" bestand. Heute ist zu fragen, wie jene Entität, die man bei archaischer Weltsicht Gott nannte, heute aufgefasst werde. Dazu sei aber gleich gesagt, dass man heute nicht mehr von Gott, sondern nur noch von Gottesbildern spricht und dass man diese als Gestaltungen des Unbewussten auffasst. Zu erkennen was diese Gottesbilder „in Wirklichkeit" veranschaulichen, übersteigt allerdings die Leistungsfähigkeit unseres kognitiven Systems.

Der Wandel des Menschenbildes

Durch die Mutation des Bewusstseins hat sich nicht nur das Weltbild gewandelt, sondern auch das Menschenbild bzw. das menschliche Selbstverständnis. Im Grunde genommen ging es dabei um den Wandel der Vorstellung jenes Etwas, das der archaische Mensch als Seele bezeichnet hat, und das er als ein zu selbstständiger Existenz fähiges Wesen auffasste. Leib und Seele waren die konstituierenden Elemente des archaischen Menschenbildes. Dieses war somit ebenfalls dualistisch. Bei heutiger, unistischer Sicht unterscheidet man nur noch zwischen einem psychischen (seelischen) und einem somatischen (leiblichen) Aspekt des an sich einheitlichen Lebewesens Mensch.

Auch der Wandel der Seelenvorstellung hat sich nach der Gesetzmäßigkeit vollzogen, die im Mythologem von Tod und Auferstehung eines Gottes veranschaulicht ist. Mit dem Aufkommen der materialistischen Naturauffassung erfolgte – mythologisch gesprochen – der Tod der Seele. Als um die Mitte des 19. Jh. eine empirische Psychologie entstand und die bis dahin geübte theologische und philosophische Seeelenkunde ablöste, ging sie nämlich vom Menschenbild der Aufklärung aus. In diesem hatte, wie gesagt, die Vernunft (ratio) den Platz der „gestorbenen Seele" eingenommen. Die frühe empirische Psychologie kann somit – wie weite Bereiche der heutigen akademischen Psychologie – als Psychologie ohne Seele bezeichnet werden.

Im positivistisch-materialistischen Menschenbild galt das Ich, das „Zentrum der Vernunft", als das einzige Geistige in der ganzen Welt. Für die Ethik bedeutete dies, dass der Mensch bei seinen Entscheidungen völlig frei sei. Vor allem galt er nicht mehr an den Willen Gottes gebunden. Was für verheerende Folgen diese im Ich fundierte, subjektivistische Ethik hatte, zeigte sich unter der Herrschaft der großen Ideologien, der nationalsozialistischen wie der kommunistischen. Auch der heutige so viel beklagte Relativismus der Werte ist eine Folge des positivistischen Menschenbildes.

Mit der Entdeckung des Unbewussten wurde das Ich als Führungsinstanz der Psyche entthront. Mythologisch gesprochen ereignete sich damit die Auferstehung der Seele in neuer Gestalt. Freud erfasste die Bedeutung, die diesem Ereignis zukam. Das veranlasste ihn zu seinem berühmten Ausspruch, es sei die dritte große Kränkung, die dem abendländischen Menschen zugefügt wurde. Die erste sah er zugefügt durch Kopernikus, die zweite durch Darwin.

Was bei der neuen Modellvorstellung der Psyche an den bis dahin vom Ich eingenommenen Platz trat, wurde erst ersichtlich, als Jung auf den Begriff des Selbst gekommen war. Das Ich erwies sich von nun an als Subzentrum, das in den ersten Lebensjahren aus dem Selbst hervorgeht und dann von diesem – an langer Leine – geführt wird gemäß dem für die Spezies Homo sapiens typischen Ethogramm.

Die vom Selbst geführte Entwicklung des Ich geschieht im Individuationsprozess. Dabei geht es darum, die Strebungen des Ich fortlaufend mit denen des Selbst zu optimieren. Die Impulse des Selbst empfängt das Ich über die innere Wahrnehmung in Form von Intuitionen, Träumen oder Visionen.

Visionen sind hier noch etwas genauer zu betrachten. Sie waren Objekt intensiver tiefenpsychologischer Forschung, und diese trug wesentlich zur Überwindung der archaischen Weltsicht bei. Vor allem C. G. Jung hat sich den Visionen gewidmet. Die entscheidende und folgenschwere Entdeckung, die er dabei gemacht hat war, dass der spontane Eindruck, den eine Vision hervorruft, trügt: dass sie nicht eine Offenbarung ist, die vom Himmel herabkommt, sondern eine Gestaltung des Unbewussten wie die Träume. Mit dieser Einsicht wurde das Fundament jeglicher Theologie – der archaische Offenbarungsbegriff – aufgelöst. Die religionswissenschaftliche Forschung hatte nämlich ergeben, dass das „Glaubensgut" aller Religionen sich auf Visionen zurückführen lässt, falls die Quellenlage dies erlaubt.

Eine Vision befällt den Menschen im Wachzustand. Sie kann nicht unterdrückt werden. Außerdem ist sie sehr erlebnisintensiv. Dabei ist der Visionär überzeugt, dass sich das Geschaute außerhalb von ihm abspielt. Auch erscheint es ihm realer zu sein als alles, was er sonst wahrnimmt. Man sagt, er nehme den inneren Bilderstrom in der Projektion wahr und das bewirke, dass er ihn konkretistisch (als konkrete Personen und reales Geschehen) auffasst.

Die Einsicht, dass der spontane Eindruck bei der Vision trügt, lässt uns heute erkennen, wie einst die archaische Weltsicht zustande kam. Da man vor dem Beginn des 20. Jahrhunderts den Projektionsvorgang nicht kannte, somit das Trügerische des spontanen Eindrucks von Visionen nicht durchschauen konnte, entstand – vor allem aufgrund der Berichte von Visionären – die Vorstellung einer jenseitigen Welt. Nun erfolgen Selbstveranschaulichungen des Selbst in Gestalt von sog. Gottesbildern. Weil diese konkretistisch aufgefasst werden mussten, führte dies zur Vorstellung von göttlichen Wesen.

Heute erscheint zwar das, was in der Tiefenpsychologie als Selbst bezeichnet wird, vielen noch als etwas „Mystisches". Jung hat aber diesen Begriff empirisch gewonnen: durch jahrelange Beobachtung der Wechselwirkung zwischen dem Bewusstsein und dem Unbewussten. Auch wurde seither das neuronale Substrat jener Wirkinstanz nachgewiesen. Es ist das sog. Gesamtintegrationssystem, d. h. jenes Netzwerk, das über die gesamte Grosshirnrinde ausgebreitet ist (S. 131 ff.). Der Neurologe und Hirnforscher Gino Gschwend hat es – auf Anregung seines Lehrers, des Nobelpreisträgers Walter Hess – erforscht. Gschwend, der leider zu früh gestorben ist, tat dies allerdings, ohne Jungs Begriff des Selbst zu kennen. Dass es sich dabei um zwei durch unterschiedliche methodische Zugänge erschlossene Aspekte der gleichen Wirkinstanz handelt, ergab sich erst bei der interdisziplinären humanwissenschaftlichen Arbeit.

Kommen wir zurück auf die Aussage, Gottesbilder entspringen Selbstdarstellungen des Selbst. Da ist darauf hinzuweisen, dass die Religionswissenschaft zwischen zwei Arten von Gottesvorstellungen unterscheidet: der des fernen (transzendenten) und der des nahen Gottes. Dabei galt der ferne Gott als Schöpfer der Welt, unter dem nahen Gott hingegen versteht man den, der unsere Nöte kennt und sich um unser Wohlergehen kümmert. Die beiden Gottesbilder gehören unterschiedlichen Kategorien von Mythen an. Die des Weltenschöpfers gehört zu den erklärenden Mythen, die des nahen Gottes hingegen zu den religiösen. Die erklärenden entstammen der Reflexion, die religiösen der unmittelbaren inneren Erfahrung. In der Religionsgeschichte wurde der nahe Gott oft als Sohn des fernen aufgefasst. Dies geschah auch, als in den frühen Jesusgemeinden der christliche Mythos von der Inkarnation Gottes heranwuchs.

Beide Gottesvorstellungen sind Veranschaulichungen dessen, was wir heute das Objektiv-Geistige nennen. Die des Schöpfers veranschaulicht den Geist-Aspekt der gesamten Natur; die des nahen Gottes veranschaulicht nur eine Ausformung des Objektiv-Geistigen auf der Evolutionsebene des Menschen: dessen Ausformung in jenem Führungszentrum der Psyche, das Jung als Selbst bezeichnet hat.

Die religiöse Dimension wieder erschlossen

Die Entdeckung des Selbst hatte Konsequenzen für das praktische Leben. Sie erschloss dem Menschen nach der prinzipiell areligiösen Phase der materialistisch-positivistischen Weltsicht wiederum die religiöse Dimension. Alles, was ich bis dahin in diesem Buch geschrieben habe, entsprang der objektivierenden Einstellung. Es diente dazu zu erläutern, was man heute unter dem abstrakten Ausdruck „das Unbewusste" zu verstehen hat.

Nun habe ich aber schon darauf hingewiesen, dass die Tiefenpsychologie – im Unterschied zu den positivistischen Disziplinen – auch eine existenzielle Wissenschaft ist (S. 31 ff.): dass sie dem Einzelnen hilft, vor dem Hintergrund der neuen Weltsicht sich um eine religiöse existenzielle Einstellung zu bemühen. Um existenzielle Einstellung hat man sich zwar auch bei positivistischer Sicht bemüht. Man denke an das Motto „Edel sei der Mensch, hilfreich und gut". Dabei ging es allerdings nicht um religiöse existenzielle Einstellung. Gefällt wurden nämlich die Entscheidungen in der konkreten Situation ausschließlich vom Ich. Die positivistische Sicht ließ, wie gesagt, nur eine subjektiv begründete Ethik zu.

Erst die Entdeckung des Selbst sowie der Kooperation des Ich mit diesem ließ es nicht nur sinnvoll, sondern für die psychische Reifung sogar nötig erscheinen, sich um religiöse Einstellung zu bemühen: bei existenziellen Entscheidungen auch die „Meinung" des Selbst zu beachten (religere). Allerdings ist bei dieser Aussage die Unterscheidung zwischen Religion und Religiosität im Auge zu behalten. Während es sich bei Religiosität um eine menschliche Haltung handelt, sind Religionen soziokulturelle Gebilde: historisch gewachsene Ritengemeinschaften, die aus der archaischen Weltsicht hervorgegangen sind. So lange die archaische Sicht gültig war, galt Religiosität nur lebbar innerhalb einer Religion. Nach der Mutation des Bewusstseins hingegen geht es um Religiosität ohne Religion, um die Optimierung der Strebungen des Ich mit denen des Selbst (ausführlich dargestellt habe ich dies in meinem Buch *Religiosität ohne Religion*).

Wenn das Wissen um die Mutation des Bewusstseins sich ausbreiten und immer mehr Menschen sich bemühen würden, den Weg der Individuation zu gehen, könnte wieder das heranwachsen, was bei archaischer Weltsicht die Schulen der Spiritualität waren. Dies würde wohl beträchtlich zur Gesundung der westlichen Gesellschaften beitragen.

5. Literatur

Da die Wurzeln des hier Dargelegten bis in die Anfänge meiner humanwissenschaftlichen Tätigkeit hinabreichen, ist die folgende Auswahl aus den von mir verwendeten Büchern lediglich als weiterführende Literatur zu verstehen: als Hilfe für jene Leser, die sich über im Text berührte Sachgebiete näher informieren möchten.

Alberts, B. / Bray, D. / Lewis, J. / Raff M. / Roberts, K / Watson, J., Molekularbiologie der Zelle, Weinheim, VCH-Verlagsgesellschaft, 1986.

Albrecht, Jörn, Europäischer Strukturalismus. Ein forschungsgeschichtlicher Überblick, Darmstadt, WBG, 1988.

Anderson, John R., Kognitive Psychologie, Heidelberg, Spektrum, 1988.

Atkins, Peter W, Wärme und Bewegung. Die Welt zwischen Ordnung und Chaos, Heidelberg, Spektrum, 1986.

Balmer, Heinrich A., Die Archetypenlehre von C. G. Jung. Eine Kritik, Berlin, Springer, 1972.

Bertalanffy, Ludwig v., Das biologische Weltbild, Bern, Francke, 1949.

Biran, Sigmund, Die außerpsychologischen Voraussetzungen der Tiefenpsychologie, München, Ernst Reinhardt, 1966.

Chomsky, Noam, Sprache und Geist, Frankfurt a. M., Suhrkamp, 1970.

Chomsky, Noam, Studien zu Fragen der Semantik, Frankfurt a. M., Ullstein, 1978.

Dobzhansky, Theodosius, Intelligenz, Vererbung und Umwelt, München, Moderne Verlags G. m. b. H., 1973.

Duve, Christian de, Die Zelle, 2 Bde., Heidelberg, Spektrum, 1986.

Eco, Umberto, Zeichen. Einführung in einen Begriff und seine Geschichte, Frankfurt a. M., Suhrkamp, 1977.

Eco, Umberto, Einführung in die Semiotik, München, Fink, 51985.

Eibl-Eibesfeldt, Irenäus, Die Biologie des menschlichen Verhaltens. Grundriss der Humanethologie, München, Piper, 11986.

Eibl-Eibesfeldt, Irenäus, Grundriss der vergleichenden Verhaltensforschung. Ethologie, München, Piper, 71987.

Eigen, Manfred, Stufen zum Leben. Die frühe Evolution im Visier der Molekularbiologie, München, Piper, 1987.

Eigen, Manfred/ Winkler, Ruthild, Das Spiel. Naturgesetze steuern den Zufall, München, Piper, 4, 1986.

Fanselow, Güberth / Felix, Sacha W., Sprachtheorie, 2 Bde., Tübingen, Francke, 1967 u. 1968.

Freud, Sigmund, Werkausgabe in 2 Bänden. Band 1: Elemente der Psychoanalyse, Frankfurt a. M., Fischer, 11978.

Frey-Rohn, Liliane, Von Freud zu Jung. Eine vergleichende Studie zur Psychologie des Unbewussten, Zürich, Rascher, 1969.

Gschwend, Gino, Die neurophysiologischen Korrelate der Philosophie. In: Haben Soziologie und Psychologie die Philosophie als Grundlagenwissenschaften abgelöst?, Bern, Haupt, 1976.

Gschwend, Gino, Motivation und Verhalten. Hexagon, „Roche" 6, Nr. 6 (1978).

Gschwend, Gino, So kam der Affe auf den Menschen, St. Gallen, Gschwend, 1977.

Haken, Hermann / Haken-Krell, Maria, Entstehung von biologischer Information und Ordnung, Darmstadt, WBG, 1989.

Harrison, Edward R., Kosmologie: die Wissenschaft vom Universum, Darmstadt, Verlag Darmstädter Blätter, 1983.

Hawking, Stephen W., Eine kurze Geschichte der Zeit. Die Suche nach der Urkraft des Universums, Reinbek, Rowohlt, 1988.

Hess, Gertrud, Biologie-Psychologie. Zwei Wege der Erforschung des Lebens, Zürich, Rascher, 1968.

Heusser, Hans (Hrsg.), Instinkte und Archetypen im Verhalten der Tiere und im Erleben des Menschen, Darmstadt, WBG, 1976.

Holst, Erich v., Zentralnervensystem. 5 Beiträge zur Verhaltensphysiologie, München, dtv. Wissenschaft, 1974.

Holst, Erich v., Zur Verhaltensphysiologie bei Tieren und Menschen. Gesammelte Abhandlungen, 2 Bde., München, Piper, 1969.

Jantsch, Erich, Die Selbstorganisation des Universums. Vom Urknall zum menschlichen Geist, München, dtv., 1982.

Jung, Carl Gustav, Von den Wurzeln des Bewusstseins, Rascher, Zürich 1954.

Jung, Carl Gustav, Gesammelte Werke, Olten, Walter, 1971 ff. (20 Bände sowie 3 Briefbände).

Jung, Carl Gustav, Erinnerungen, Träume, Gedanken von C. G. Jung. Aufgezeichnet und herausgegeben von Aniela Jaffe, Olten, Walter, 1962.

Kafka, Peter, Das Grundgesetz vom Aufstieg, München, Hanser, 1989.

Keidel, Wolf D., Biokybernetik des Menschen, Darmstadt, WBG, 1989.

Kind, Hans, Psychotherapie und Psychotherapeuten. Methoden und Praxis, Stuttgart, Thieme, 1982.

Koella, Werner, Physiologie des Schlafes, Stuttgart, Kohlhammer, 1973.

Kurthen, Martin, Psychologie als Individuation. Überlegungen zur Einheit der Lehre C. G. Jungs, Fellbach, Bonz, 1989. 232

Kurzrock, Ruprecht (Hrsg.), Systemtheorie, Berlin, Colloquium-Verlag Otto H. Hess, 1972.

Lenneberg, Eric H., Biologische Grundlagen der Sprache, Anhang: Chomsky, Noam, Die formale Natur der Sprache; Marx Otto, Die Geschichte der Ansichten über die biologische Grundlage der Sprache, Frankfurt, Suhrkamp, 1972.

Levi-Strauss, Claude, Strukturale Anthropologie, Frankfurt a. M., 1977.

Lewontin, Richard, Menschen. Genetische, kulturelle und soziale Gemeinsamkeiten, Heidelberg, Spektrum, 1987.

Lorenz, Konrad, Die Rückseite des Spiegels. Versuch einer Naturgeschichte menschlichen Erkennens, München, Piper, 1980

Lorenz, Konrad / Wuketits, Franz (Hrsg.), Die Evolution des Denkens, München, Piper, 1983.

Maier, Henry W., Drei Theorien der Kindheitsentwicklung, New York, Harper & Row, 1983.

Mandelbrot, Benoit B., Die fraktale Geometrie der Natur, Basel, Birkhäuser, 1987.

Margulis, Lyn / Schwartz, Karlene V., Die fünf Reiche der Organismen, Heidelberg, Spektrum, 1989.

Marxsen, Willy, Die Auferstehung des Jesus von Nazareth, Gütersloh, Gerd Mohn, 1968.

Maslow, Abraham, H., Psychologie des Seins, Frankfurt a. M., Fischer, 1985.

Maturana, Humberto / Varela, Francisco, Der Baum der Erkenntnis, Bern, Scherz, 31987.

Meier, C. A., Die Empirie des Unbewussten, mit besonderer Berücksichtigung des Assoziationsexperiments von C. G. Jung, Olten, Walter, 1968.

Meier, C. A., Bewusstsein. Erkenntnistheorie und Bewusstsein, Olten, Walter, 1975.

Meier, Heinrich (Hrsg.), Die Herausforderung der Evolutionsbiologie, München, Piper, 21989.

Mertens, Wolfgang, Obrist, Willy, Scholpp, Herbert, Was Freud und Jung nicht zu hoffen wagten. Tiefenpsychologie als Grundlage der Humanwissenschaften, Gießen, Psychosozial, 2004.

Meurers, Josef, Metaphysik und Naturwissenschaft, Darmstadt, WBG, 1976.

Morris, Charles W, Zeichen, Sprache und Verhalten, Düsseldorf, Pädagog. Verlag Schwann, 1973.

Obrist, Willy, Die Mutation des Bewusstseins. Vom archaischen zum heutigen Selbst- und Weltverständnis, Bern, Peter Lang, 1980. Neuauflage Stuttgart, opus magnum, 2013.

Obrist, Willy, Theoriebildung in der Tiefenpsychologie: Defizit, Notwendigkeit und Möglichkeiten. Analytische Psychologie, Vol. 16, Nr. 3, 1985. Kostenloser download bei www.opus-magnum.de

Obrist, Willy, Neues Bewusstsein und Religiosität. Evolution zum ganzheitlichen Menschen, Olten, Walter, 1988. Neuauflage unter dem Titel: Religiosität ohne Religion. Stuttgart, opus magnum, 2009

Obrist, Willy, Zur Erforschung der Bewusstseins-Evolution. In: Einheit und Vielfalt, Festschrift für Peter Lang zum 60. Geburtstag, Bern, Peter Lang, 1988.

Obrist, Willy, Religiöse Erfahrung auch ohne Religion. In: Messing, Marcel (Hrsg.), Religion als lebendige Erfahrung, Olten, Walter, 1990.

Obrist, Willy, Die Natur - Quelle von Ethik und Sinn. Tiefenpsychologie und heutige Naturerkenntnis, Düsseldorf, Walter 1999. Neuauflage unter dem Titel: Keine Materie ohne Geist. Tiefenpsychologie und heutige Naturerkenntnis, Stuttgart, opus magnum 2013

Obrist, Willy, Die Mutation des europäischen Bewusstseins. Eine Kurzfassung des Gesamtwerks, Stuttgart, opus magnum, 2009

Obrist, Willy, Religiosität ohne Religion. Stuttgart, opus magnum, 2009

Obrist, Willy, Tiefenpsychologie und Theologie, opus magnum, 2009

Obrist, Willy, Keine Materie ohne Geist. Tiefenpsychologie und heutige Naturerkenntnis. Stuttgart, opus magnum 2013

Oeser, Erhard / Seitelberger, Franz, Gehirn, Bewusstsein und Erkenntnis, Darmstadt, WBG, 1988.

Oppitz, Michael, Notwendige Beziehungen. Abriss der strukturalen Anthropologie, Frankfurt a. M., Suhrkamp, 1975.

Peat, David S., Synchronizität. Die verborgene Ordnung, Bern, Scherz, 1989.

Peirce, Charles S., Phänomen und Logik der Zeichen, Frankfurt a. M., Suhrkamp, 1983.

Piaget, Jean, Der Strukturalismus, Olten, Walter, 1973.

Piaget, Jean, Abriss der genetischen Epistemologie, Olten, Walter, 1974. Piaget, Jean, Die Bildung des Zeitbegriffs beim Kinde, Frankfurt a. M., Suhrkamp, 1974.

Piaget, Jean, Das Weltbild des Kindes, Stuttgart, Klett, 1978.

Piaget, Jean, Biologie und Erkenntnis. Über die Beziehungen zwischen organischer Regulation und kognitiven Prozessen, Frankfurt a. M., Fischer, 1983.

Popper, Karl R. /Eccles, John C., Das Ich und sein Gehirn, München, Piper, 1982.

Prigogine, Ilya, Vom Sein zum Werden. Zeit und Komplexität in den Naturwissenschaften, München, Piper, 1979.

Prigogine, Ilya / Stengers, Isabelle, Dialog mit der Natur, München, Piper, 31981.

Rapaport, Anatol, Allgemeine Systemtheorie, Darmstadt, 1988.

Renane, A. / Storch, V. / Welsch, U., Systematische Zoologie, Stuttgart, Fischer, 1986.

Riedl, Rupert, Die Ordnung des Lebendigen. Systembedingungen der Evolution, Hamburg, Paul Paray, 1975.

Riedl, Rupert, Strategie der Genesis. Naturgeschichte der realen Welt, München, Piper, 21980.

Riedl, Rupert, Biologie der Erkenntnis. Die stammesgeschichtlichen Grundlagen der Vernunft, Hamburg, Paul Paray, 1980.

Rock, Irvin, Wahrnehmung. Vom visuellen Reiz zum Sehen und Erkennen, Heidelberg, Spektrum, 1985.

Saussure, Ferdinand de, Grundfragen der allgemeinen Sprachwissenschaft, herausgegeben von Charles Bally und Albert Sechehaye, Berlin, Walter der Gruyter, 21967.

Schwarzer Hirsch, Ich rufe mein Volk. Leben, Traum und Untergang der Ogalalla-Sioux, aufgeschrieben von John Neidhardt, Olten, Walter, 71987.

Sebeok, Thomas A., Theorie und Geschichte der Semiotik, Reinbek, Rowohlt, 1979.

Seidmann, Peter, Der Weg der Tiefenpsychologie in geistesgeschichtlicher Perspektive, Zürich, Rascher, 1959.

Snyder, Solomon H., Chemie der Psyche, Heidelberg, Spektrum, 1988.

Sperry, Roger, Naturwissenschaft und Wertentscheidung, München, Piper, 1985.

Svilar, Maja (Hrsg.), Das heutige Menschenbild. Entwürfe und Ansätze, Bern, Peter Lang, 1989.

Tart, Charles, Transpersonale Psychologie, Olten, Walter, 1978.

Ulich, Dieter, Das Gefühl. Einführung in die Emotionspsychologie, München, Psychologische Verlagsunion, 1989.

Verschuur, Gerrit L., Die fantastische Welt der Radioastronomie, Basel, Birkhäuser, 1988.

Vollmer, Gerhard, Evolutionäre Erkenntnistheorie, Stuttgart, S. Hirzel, 41987.

Vollmer, Gerhard, Was können wir wissen? Bd. 1: Die Natur der Erkenntnis, Bd. II: Die Erkenntnis der Natur, Stuttgart, S. Hirzel, 21988.

Walsh, Roger / Vaughan, Francis (Hrsg.), Psychologie der Wende. Grundlagen, Methoden und Ziele der Transpersonalen Psychologie, Zürich, Ex Libris, 1986.

Wuketits, Franz M., Evolution, Erkenntnis, Ethik. Folgerungen aus der modernen Biologie, Darmstadt, WBG.

Wuketits, Franz, Evolutionstheorien. Historische Voraussetzungen, Positionen, Kritik, Darmstadt, WBG, 1988

Wuketits, Franz, Grundriss der Evolutionstheorie, Darmstadt, WBG, 21989.

Weitere Werke von Willy Obrist bei opus magnum

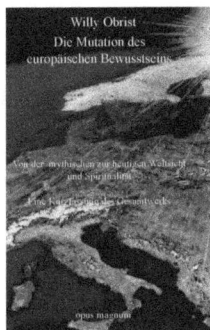

Die Mutation des europäischen Bewusstseins:
Von der mythischen zur heutigen Weltsicht
und Spiritualität

Eine Kurzfassung des Gesamtwerks
156 S.; 2006, ISBN: 978-3939322016, € 14,90

Im diesem Buch hat Obrist das Wesentliche seines umfangreichen Werks knapp und übersichtlich zusammengefasst.

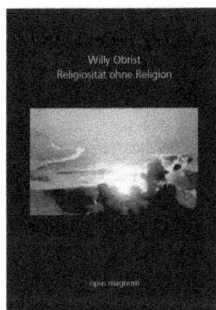

Religiosität ohne Religion
300 S., 2009, ISBN: 978-3939322184, € 24,90

Willy Obrist beleuchtet den grundlegenden Unterschied zwischen Religion und Religiosität: Religion als historisch gewachsenes soziokulturelles Gebilde, das aus der archaisch-mythischen Weltsicht hervorgegangen ist, und Religiosität als existenzielle menschlicher Haltung. Religiosität kann heute auch vor dem Hintergrund der neuen Weltsicht gelebt werden, weil das Bemühen um religiöse Haltung zum angeborenen Programm für die psychische Reifung des Homo sapiens gehört.

Tiefenpsychologie und Theologie:
Zwei Etappen der Evolution des Bewusstseins
192 S., 2009, ISBN: 978-3939322-17-7, € 24,90

Willy Obrist bringt eine allgemeinverständliche Einführung in die Tiefenpsychologie, die sich mit gängigen Einwänden der Theologie ebenso auseinan-
dersetzt wie mit den brisanten Konsequenzen, die der Nachweis des arteigenen Unbewussten für Kirche und Spiritualität hat. Er zeigt auch, dass der
Mensch nicht am archaischen Weltbild festhalten muss, um seinen Glauben
zu leben, da der Kern des Glaubens durch den Wandel der Weltsicht nicht
berührt wird.

Die Mutation des Bewusstseins
Vom archaischen zum heutigen Selbst- und Weltverständnis
ca. 192 S., 2009, ISBN: 978-3-939322-77-1, € 24,90
Willy Obrist zeigt, dass die archaische Weltsicht zwar ein konsistentes, in sich
logisches System des Welterfassens gewesen ist, dass ihre Logik jedoch auf
Prämissen aufbaute, die einer früheren Entwicklungsstufe des menschlichen
Geistes entsprachen und schildert den Wandlungsprozess, den er als Mutation
des Bewusstseins bezeichnet.

Keine Materie ohne Geist
Die Natur, nicht die Übernatur ist die Quelle von Ethik und Sinn
ca. 200 S., 2013, ISBN: 978-3-939322-78-8, € 24,90
In diesem Buch wird jene neue „Sicht der Dinge" dargestellt, welche sich aus
der Überwindung des-supranaturalistischen Welt- und Menschenbildes beim
Evolutionsschritt des europäischen Bewusstseins ergeben hat.

Die Mutation des Bewusstseins fand in Europa statt
ca. 156 S.; 2006, ISBN: 978-3-939322-79-5, € 14,90
In diesem Buch soll die Tatsache ins Bewusstsein gehoben werden, dass nicht
nur die empirisch-wissenschaftliche Grundlagenforschung als einmaliger,
mühsam erarbeiteter Beitrag Europas an die Entwicklung des menschlichen
Geistes zu sehen ist, sondern auch die heute noch kaum bemerkte Überwindung der archaischen Weltsicht und - Hand in Hand damit - die Schaffung
eines grundlegend neuen Welt- und Menschenbildes.